Inhalt

Inmitten der Arktis: Die Varanger-Halbinsel 86
Nordfinnland: Vom Inari bis zu den Skanden 91
Die Wildnis im Norden Schwedens 95

Südschweden: Der Garten an der Küste 98
Die Westküste: Entlang dem Kattegat 100
Malmö und Lund: Ungleiche Nachbarn 102
Die Südküste: Von Trelleborg bis Karlskrona 104
Småland: Das „Kleine Schweden" 107
Öland: Die Blumeninsel 111

Mittelschwedische Senke: Die großen Seen 114
Göteborg und die Schärenküste 116
Die Zwillinge: Vänern und Vättern 119
Stockholm: Das Venedig des Nordens 126
Uppsala: Studentenstadt mit Charme 131

Das Herz Schwedens: Vom Värmland zum Jämtland 134
Värmland: Die Heimat Selma Lagerlöfs 136
Dalarna: Rund um den Siljan-See 139
Unberührte Natur in Härjedalen und im Jämtland 142

Bestimmungsteil 146
Säugetiere 148
Vögel 158
Reptilien und Amphibien 206
Wirbellose 210
Pilze 212
Moose, Flechten, Farne 214
Wildblumen 218
Bäume und Sträucher 260

Reiseinformationen von A–Z 272

Register 280

Impressum 287

Skandinavien
Halbinsel im Norden Europas

Die skandinavische Halbinsel umfaßt Norwegen und Schweden; Finnland und Lappland gehören zur Finno-Karelischen Platte. Schweden nimmt geographisch zwischen dem gebirgigen Norwegen und dem flachen Finnland eine Mittelstellung ein. Durch die große Nord-Süd-Ausdehnung, die von der gemäßigten Zone bis in polare Breiten reicht, ist in Skandinavien und Finnland eine Vielzahl von Tier- und Pflanzenarten heimisch.

Geschichte

Am Anfang waren die Wikinger

Die nordischen Länder Norwegen, Schweden, Finnland und Dänemark sind geschichtlich seit Jahrhunderten eng miteinander verbunden. Erste Spuren einer Besiedelung gibt es aus der Zeit um 8000 v. Chr. an der Eismeerküste. Große Bedeutung kommt aber erst der Wikinger-Ära (800–1050) zu, in der sich die Länder politisch, sozial und kulturell eigenständig entwickelten. Aus dieser Zeit stammen z. B. die Runensteine und Schiffssetzungen. Während die West-Wikinger aus Norwegen und Dänemark ihre Entdeckungsfahrten gen Westen richteten, betrieben die Ost-Wikinger Schwedens hauptsächlich Handel mit dem heutigen Rußland.

Das Mittelalter (1050–1500) war geprägt von Machtkämpfen zwischen den führenden Adelsgeschlechtern um die Vorherrschaft in Nordeuropa. Ab Mitte des 12. Jahrhunderts forcierte Schweden seine Expansion in den Ostseeraum. Die Eroberung Finnlands war 1284 vollendet, und Schwedens Macht blieb dort bis 1808 erhalten. Norwegen erlebte ab dem 14. Jahrhundert einen politischen und wirtschaftlichen Niedergang. Die wichtigsten Ursachen waren die 1319 beginnende Union zunächst mit Schweden und dann ab 1380 mit Dänemark sowie die Übernahme des norwegischen Handels durch die deutsche Hanse.

Die dänische Erbpolitik bereitete ab 1319 den allmählichen dynastischen Zusammenschluß aller drei nordischen Reiche vor. So wurde 1375 die Dänin Margarete Königin von Dänemark und 1387 auch von Norwegen: Als ihr norwegischer Ehemann Haakon VI. Magnusson 1380 gestorben war, bestieg zunächst ihr Sohn als Olaf V. und nach dessen Tod sie selbst den norwegischen Thron. Nachdem sich 1389 auch der schwedische Adel mit ihr verbündete, kam es unter ihrer Führung zur Kalmarer Union (1397), einer Untrennbarkeits-Vereinbarung von Dänemark, Norwegen und Schweden (mit Finnland). Man wollte zusammen der ständig wachsenden Vormacht der Hanse (13.–15. Jahrhundert) entgegentreten.

Während Norwegen bis 1814 in Personalunion von einem dänischen König regiert wurde, regte sich ab 1433 in Schweden Widerstand gegen das Bündnis. Doch erst ab 1523 unter König Gustav Wasa wurde Schweden unabhängig und entwickelte sich zu einem straff geführten Einheitsstaat.

Im 17. Jahrhundert stieg Schweden zur Großmacht auf, während Dänemark und Norwegen Gebiete an Schweden abtreten mußten: 1645 Gotland und Halland (am Kattegat) sowie Jämtland und Härjedalen (heute mittelschwedische Westprovinzen), zudem 1658 noch Schonen und Blekinge (heute südschwedische Provinzen). 1658 besaß Schweden rund um die Ostsee (inklusive Pommerns und Estlands) die größte Ausdehnung seines Territoriums.

Schwedens Vormachtstellung begann zu schwinden, nachdem 1703 der russische Zar Peter I. St. Petersburg zur neuen Hauptstadt erklärt hatte, um den freien Zugang zur Ostsee zu sichern und ein Gegengewicht zu Schweden zu bilden. Als Schweden dies nicht hinnehmen wollte, kam es zwischen den beiden Staaten zu Kriegen, in deren Folge Schweden immer mehr finnische Gebiete an Rußland verlor. 1808 endete schließlich die 600 Jahre währende schwedische Herrschaft über Finnland, das nun den Status eines russischen Großherzogtums bekam. Der Zar sicherte den Finnen weitgehende Autonomie zu.

Geschichtliche Daten Norwegens im Überblick

800–1050	Wikingerzeit
1000–1030	Olaf Tryggvason und Olaf der Heilige versuchen Reichseinigung und vollenden die Christianisierung
11./13. Jahrhundert	Blütezeit des Stabkirchenbaus
1319–1363	Union mit Schweden unter Magnus VII. Eriksson
1380–1814	Personalunion mit Dänemark
1397–1523	Kalmarer Union: Vertrag über die Untrennbarkeit von Dänemark, Norwegen und Schweden
1537	Reformation
1814–1905	Personalunion mit Schweden
17. Mai 1814	Verabschiedung der Verfassung in Eidsvoll, Norweger erkennen Unionsvertrag mit Schweden nicht an
1901	Verleihung des ersten Friedensnobelpreises in Oslo
1905	Selbständiges Königreich unter König Haakon VII.
1949	Beitritt zur NATO
1960	Gründungsmitglied der Europäischen Freihandelszone (EFTA)
1970	Entdeckung von Gas- und Ölfeldern in der Nordsee
1972	Volksentscheid gegen EG-Mitgliedschaft
17. Januar 1991	Harald V. wird zum König gekrönt

Bald erholte sich Schweden und zwang Dänemark nach den Napoleonischen Kriegen im Frieden von Kiel (1814), auf Norwegen zu verzichten. Die Norweger erkannten den Vertrag nicht an und gaben sich am 17. Mai in Eidsvoll am Mjøsa-See eine neue Verfassung als freies, unabhängiges Königreich. Die endgültige Loslösung von Schweden erfolgte 1905 durch eine Volksabstimmung und den Vertrag von Karlstad (s. S. 137). Nach dem Zusammenbruch des Zarenreiches wurde 1917 auch Finnland unabhängig.

Während des Zweiten Weltkrieges verhielten sich Norwegen und Schweden neutral. Wegen seiner strategischen Lage wurde Norwegen 1940 von deutschen Truppen besetzt, was die Ausfuhr schwedischer Eisenerze über den eisfreien Hafen Narvik verhinderte. Erst die deutsche Kapitulation im Mai 1945 brachte die Befreiung Norwegens.

Finnland, das nach dem sowjetischen Angriff von 1939 zwischen beiden Machtblöcken stand, entschied sich 1941 für die deutsche Seite. Mit dem Friedensvertrag verlor es 1947 etwa 12% seines Staatsgebietes (Karelien und den Petsamo-Distrikt, Finnlands einzigen Eismeerzugang) an die UdSSR.

Schweden konnte seine neutrale Stellung nur schwer behaupten. Es unterstützte die finnischen Nachbarn in ihrem Kampf gegen die Sowjetunion mit Kriegsmaterial, genehmigte nach massivem deutschem Druck den Transit deutscher Kampfdivisionen von Norwegen durch Nordschweden nach Finnland, verstärkte aber auch sein humanitäres Engagement und rettete damit vielen Emigranten, vor allem Juden, das Leben.

Geschichtliche Daten Schwedens im Überblick

1150	Erik der Heilige unternimmt Kreuzzug nach Finnland
1319–1363	Union mit Norwegen unter Magnus VII. Eriksson
1362	Finnland wird gleichberechtigte schwedische Provinz
1397–1523	Kalmarer Union mit Dänemark und Norwegen
1527	Reformation
1630	Eintritt Schwedens in den Dreißigjährigen Krieg
1700–1721	Nordischer Krieg, Schweden verliert seine Großmachtstellung
1814–1905	Personalunion mit Norwegen
1866	Verfassungsreform: Zweikammerparlament statt Ständevertretung
1907–1950	König Gustav V. Adolf, Entwicklung zur parlamentarischen Monarchie
1946	Beitritt zu den Vereinten Nationen
1971	Verfassungsreform: Einführung des Einkammersystems
1973	König Gustav VI. Adolf stirbt, Nachfolger Carl XVI. Gustav
1975	Neue Verfassung, Rechte des Königs stark eingeschränkt
1995	Schweden und Finnland werden EU-Mitglieder

Königreiche ohne Herrscher

Norwegen und Schweden sind konstitutionelle Monarchien mit parlamentarischer Demokratie. Das norwegische Staatsoberhaupt, König Harald V., wie auch der schwedische König Carl XVI. Gustav nehmen nur repräsentative Aufgaben wahr.

Norwegen

In der Nationalversammlung, dem Storting in Oslo, sitzen 165 Abgeordnete, die für vier Jahre gewählt sind. Die 19 Provinzen (Fylker) und 435 Gemeinden haben ein weitgehendes Selbstbestimmungsrecht. Da die Storting-Abgeordneten in lokalen Auswahlprozessen nominiert werden, ist ihre Bindung zum eigenen Wahlkreis sehr stark. Somit repräsentieren sie eher ihre Heimatregion als ihre Partei.

Dieses System spiegelt sich in der Platzverteilung im Parlament wider. Die Abgeordneten sitzen nach Wahlkreisen geordnet und nicht nach Parteizugehörigkeit. An der Spitze der Regierung steht der Ministerpräsident mit einem Kabinett von etwa 18 Ministern.

Außenpolitisch gehört Norwegen zum NATO-Bündnis. Innenpolitisch kam es beim Thema EU-Mitgliedschaft zu heftigen Zerreißproben. 1990/91 zerbrach über diesem Streit sogar die konservative Minderheitsregierung. 1972 und zuletzt 1994 lehnte Norwegen in einem Referendum mit 52,5% der Stimmen den EU-Beitritt ab, obwohl seine Nachbarn Schweden und Finnland sich kurz zuvor dafür entschieden hatten. Wichtig für Norwegen war daher das Abkommen mit der EU, das den EFTA-Staaten (heute nur noch Norwegen, Island, Schweiz und Liechtenstein) Zugang zum Europäischen Binnenmarkt und gleiche Wettbewerbsbedingungen zusichert.

Schweden

Der Reichstag als oberstes Organ des Staates hat seit 1971 nur noch eine Kammer mit 349 Mitgliedern, die für vier Jahre gewählt werden. An der Spitze der Regierung steht der Ministerpräsident (Staatsminister), der vom Reichspräsidenten ernannt wird. Seit Ende des 19. Jahrhunderts bewahrt Schweden strikte Neutralität gegenüber jedweden politischen oder militärischen Bündnissen. Der EU-Aufnahmeantrag vom 1. Juli 1991 brachte eine Aufweichung dieser Neutralitätspolitik. Seit 1. Januar 1995 ist Schweden Mitglied der Europäischen Union. Ohne das Prinzip der Neutralität ganz aufzugeben, will das Land sich auch am Aufbau einer politischen Union beteiligen. Der Euro wird in Schweden zunächst nicht eingeführt, während Finnland zu den „Euroländern“ zählt.

Wirtschaft
Tradition und High-Tech

Norwegen – Scheichtum im Norden

Reiche Naturressourcen bilden die Grundlage für Erzverhüttung sowie holz- und fischverarbeitende Industrien. Die geschützten Fjorde eignen sich besonders zur Fischzucht in großen, voll mechanisierten Aquafarmen. Das Land verfügt auch über gewaltige Energievorräte wie Wasserkraft, Erdöl- und Gasvorkommen in der Nordsee. Das Wasserkraftpotential an der Westküste ist wegen der hohen Niederschläge enorm. Dank der relativ preiswerten hydroelektrischen Kraft entwickelte sich hier eine der führenden Aluminiumproduktionen der Welt. Norwegen hat eine stolze Tradition als Schiffahrtsnation. Seit 1987 ist die norwegische Handelsflotte die viertgrößte der Welt. In den reizvollen Landschaften des Landes boomt außerdem der Tourismus.

Dank der Einnahmen aus den Erdölaktivitäten, die 1996 rund 16% (70 Mrd. Kronen) der Staatseinnahmen betrugen, ist die Kasse bislang so gut gefüllt, daß man Steuereinnahmen in einem Petroleumfonds für schlechtere Zeiten parkt. Die Einkünfte aus dem Ölgeschäft bewirkten auch einen enormen Modernisierungsschub. Zudem betreibt der Staat großzügig Arbeitsmarkt- und Industriepolitik. Viele der „Petro-Kronen" haben die Norweger in gigantische Tunnelprojekte und gewagte Brückenkonstruktionen investiert. Manche Krone wurde aber auch verpraßt. So besitzt eine 18.000-Seelen-Gemeinde in der Nähe von Stavanger Schwimmbäder für 60.000 Besucher, unterhält ein Konzert- und Schauspielhaus, ein Theaterensemble, eine TV-Produktionsgesellschaft und ein Musikstudio.

Außerdem leistet sich Norwegen – gemessen an den Subventionen – nach der Schweiz die teuerste Landwirtschaft. Die bäuerlichen Einkommen werden zu 75% vom Staat subventioniert. Insbesondere bezuschußt man die Landwirtschaft am Polarkreis, wo sich z. B. die Schafzucht unter rein ökonomischen Gesichtspunkten nicht mehr lohnt. Durch die finanzielle Hilfe soll eine Entvölkerung dieser entlegenen Gebiete vermieden werden.

Ein erhebliches Risiko für den zweitgrößten Erdölexporteur der Welt ist der enorm schwankende Rohölpreis. Ohne nennenswerte neue Funde müßte der teure Off-Shore-Sektor zurückgefahren werden, wenn der Ölpreis längerfristig unter 15 US-Dollar fällt, während die Gasproduktion im heutigen Umfang noch voraussichtlich 100 Jahre aufrechterhalten werden kann. Längerfristige Prognosen lassen jedenfalls größere Herausforderungen erwarten.

Schweden – In der Globalisierungsfalle

Schweden zählt zu den wohlhabendsten Nationen der Welt. Reiche Bodenschätze wie Eisenerz, Zink oder Blei und Wasserkraft zur Deckung des Energiebedarfs führten schon früh zu rascher Industrialisierung. 90% aller schwedischen Unternehmen befinden sich in Privatbesitz, die übrigen 10% sind meist Genossenschaften. Zu den wichtigen Industriezweigen gehören Kraftfahrzeug-, Flugzeug- und Schiffsbau, Pharmaindustrie, Telekommunikation, holzverarbeitende Industrie sowie Glasherstellung und Lebensmittelproduktion.

Bei der niedrigen Bevölkerungszahl ist die Wirtschaft überwiegend exportorientiert; die erfordert natürlich eine besonders gute Infrastruktur. Göteborg als Hafen zum Westen spielt eine große Rolle. Der Bau des Götakanals (1810–1852, s. Karte S. 123) hat bis heute die gesamte Region um den Vänern an den Seeweg über Göteborg angeschlossen. Mit der im Sommer 2000 fertiggestellten Öresund-Brücke von Malmö nach Kopenhagen rückt Schweden näher an den Kontinent.

Neue Weichen sind auch durch den EU-Beitritt 1995 gestellt worden. Da sich das Wirtschaftswachstum in den 90er Jahren verlangsamt hat, kommt der großzügige Wohlfahrtsstaat jedoch in die Krise. Die teuren Sozialsysteme waren nicht mehr finanzierbar und wurden bereits zurückgefahren.

Finnland – Verschlankter Staat

Nach der tiefen Rezession in den 80er Jahren präsentiert sich die finnische Wirtschaft heute durch konsequente Privatisierung und Förderung zukunftsträchtiger Technologien in glänzender Verfassung. Nach dem Umbau vom „Gemischtwarenladen“ zum Telekommunikationsunternehmen ist Nokia das Vorzeigeunternehmen im Land der Mobiltelefone. Jeder zweite Finne telefoniert inzwischen mobil.

In vielen Fjorden Norwegens produzieren Fisch-„Fabriken“ große Mengen der begehrten Lachse.

Geographie

Bergland und Seenplatte

Norwegen (323.878 km²) ist ein schmales, langgezogenes Land und erstreckt sich über 14 Breitengrade. Der Südzipfel Kap Lindesnes liegt mit 1.700 km Luftlinie vom Nordkap genauso weit entfernt wie von Rom. Die Breite Norwegens erreicht beim Sognefjord maximal 430 km, bei Narvik nur 6,3 km. Als eines der gebirgigsten Länder der Welt ragen 50% der Landesfläche höher als 500 m auf, 25% sogar höher als 1.000 m. Die höchsten Erhebungen konzentrieren sich im alpinen Fjell von Jotunheimen (s. S. 55). Hier liegt auch der mit 2.470 m höchste Berg Galdhøpiggen. Die gesamte festländische Küstenlinie mit ihren tief ins Land greifenden Fjorden wird auf 20.000 km Länge geschätzt, das entspricht etwa der Hälfte des Erdumfangs. Rund 25.000 Inseln bilden den Schärengarten vor der Küste. Mehr als 70% des Festlandes bestehen aus Felsen, Gletschern, Binnenseen und Wildnis – ideal für Naturtouristen.

Weit ziehen sich die westnorwegischen Fjorde, wie hier der Geirangerfjord, ins Land hinein.

Schweden ist mit 449.964 km² etwa 25% größer als die Bundesrepublik Deutschland. Die Nord-Süd-Ausdehnung beträgt 1.600 km, von West nach Ost sind es maximal 450 km. Südküste, Mittelschwedische Senke und der Küstensaum entlang dem Bottnischen Meerbusen sind flach, im Westen Mittel- und Nordschwedens erheben sich die Ausläufer der Skanden mit Gipfeln über 1.000 m. In Schwedisch-Lappland befindet sich der höchste Berg, der Kebnekaise (2.111 m). Mehr als die Hälfte des Landes ist waldbedeckt, viele Flüsse und über 96.000 Seen prägen das Landschaftsbild. Die 7.600 km lange Küstenlinie wird von tausenden kleinen Schäreninseln gesäumt.

Finnland (338.000 km²) erstreckt sich über eine Länge von 1.160 km, die größte Breite beträgt 540 km.

In **Finnisch-Lappland** wechseln auf 100.000 km² Sümpfe und Moore mit lockeren Nadelwäldern. Von der Eiszeit glattgeschliffene Felsrücken erheben sich aus der welligen Moränenlandschaft und weiten, offenen Ebenen. Im äußersten Nordwestzipfel laufen die Skanden aus. Hier erhebt sich mit 1.328 m Finnlands höchster Berg, der Haltiatuntari.

Fjorde und Rundhöcker

Weite Teile Schwedens und ganz Finnland gehören zum Baltischen Schild (Fennoskandia), der ältesten geologischen Einheit Europas (ungefähr 1 Mrd. Jahre alt). Er ist aus stark gefalteten präkambrischen Gneisen, Graniten und Tiefengesteinen aufgebaut.

Norwegen und Westschweden sind hingegen geologisch wesentlich jünger. Sie werden von den Skanden durchzogen, die vor etwa 400–500 Mio. Jahren entstanden, als die westlichen Randgebiete Fennoskandias während der kaledonischen Gebirgsbildung gefaltet, an den uralten Kern im Osten gepreßt und teilweise auf ihn geschoben wurden (Plattentektonik).

Erdgeschichtlich weitaus jünger (225–140 Mio. Jahre) ist nur die Halbinsel Schonen in Südschweden, die aus mesozoischen Sedimenten besteht.

Während der Eiszeiten war Nordeuropa mehrmals von bis zu 2.000 m mächtigen Inlandeismassen überdeckt, zuletzt bis vor gut 15.000 Jahren. Der mächtige Hobel der Gletscher hat hier eine geologische Besonderheit geschaffen: Durch die Bewegung der Eismassen (glaziale Erosion) wurde Nordeuropa fast vollständig von älteren Verwitterungsdecken entblößt, so daß eine stratigraphische, d. h. die Schichtenabfolge unterbrechende Lücke entstand. Unmittelbar auf alte präkambrische und paläozoische Gesteine (u. a. Gneise und Granite) folgen junge pleistozäne Ablagerungen.

Durch die schleifende Tätigkeit des Inlandeises bildeten sich die heute typischen welligen Hochflächen und gerundeten Bergrücken (Rundhöcker). Nur wenige Bergspitzen ragten als sogenannte „Nunataker“ aus dem Eis und zeigen heute steile, schroffe und zerklüftete Felsformen. Markanteste Zeugen der Vergletscherung sind in Norwegen die Fjorde (s. S. 40). Außerdem hinterließ das zurückweichende Eis sandige Grundmoränendecken. Diese werden besonders in Schweden und Finnland von Endmoränen und Osern – das sind lange, wallartige Kiesaufschüttungen – unterbrochen, die oft heute noch den einzigen festen Untergrund für Siedlungen und Verkehrswege bieten.

In der Nacheiszeit stieg zunächst der Meeresspiegel durch das Abtauen vieler Kubikkilometer Eis rasch an, so daß auch die Mittelschwedische Senke überflutet wurde (s. S. 119). Doch bald schon setzte – befreit von der Last der Eismassen – die Landhebung ein, die in Nordskandinavien maximal 290 m beträgt. Am stärksten ist sie bei Umeå am Bottnischen Meerbusen mit heute noch ungefähr 1 cm pro Jahr.

Bevölkerung

Landflucht und Städtewachstum

Norwegen ist mit 4,3 Mio. Menschen und einer Bevölkerungsdichte von 13 Einwohnern pro km^2 dünner besiedelt als die Nachbarländer (s. u.). 80% der Norweger leben innerhalb eines 15 km breiten Streifens an der Küste und in den großen Zentren Oslo, Bergen, Trondheim und Tromsø. In den drei Nordprovinzen dagegen, die immerhin ein Drittel der Landesfläche ausmachen, nimmt die Besiedelung deutlich ab: Durchschnittlich gibt es in Nordland sechs, in Troms fünf und in der kalten Finnmarksvidda nur zwei Einwohner pro km^2.

In **Schweden** leben bei einer Bevölkerung von 8,8 Mio. durchschnittlich 19 Einwohner pro km^2. Sie konzentrieren sich mit mehr als 70 Einwohnern pro km^2 in der Mittelschwedischen Senke. In Nordschweden dagegen beträgt die Bevölkerungsdichte nur drei Einwohner pro km^2.

Finnland hat nur 5 Mio. Einwohner, das sind durchschnittlich 14 Einwohner pro km^2. 60% der Finnen leben im Süden des Landes, insbesondere im Großraum Helsinki. Da die Finnen nach dem Zweiten Weltkrieg gezwungen waren, ungefähr 420.000 Aussiedler aus den verlorenen Ostgebieten einzugliedern und Ersatz für 150.000 ha Ackerland zu schaffen, wurde in Nordfinnland neues Kulturland erschlossen. Kein anderes Land in dieser hohen geographischen Breite war danach dichter besiedelt. Allerdings überwiegt heute auch hier die Landflucht.

Kolonisation und Wanderströme

Die Schweden siedelten während des 16. und 17. Jahrhunderts finnische Zuwanderer im Värmland an (s. S. 137), um das unfruchtbare Land nicht veröden zu lassen, während schwedische Bauern in die fruchtbare Mittelschwedische Senke zogen. Namen wie „Finnskoga“ oder „Finnsjön“ erinnern an diese Kolonisation.

Im 18. und 19. Jahrhundert kamen Quänen (oder Kvænen), Nachkommen früherer Einwanderer aus Finnland, nach Nordnorwegen und betätigten sich als Pelztierjäger und Fischer. In kleinen Gemeinden am Porsangenfjord gaben in den 1950er Jahren immerhin noch 16% der Einwohner das Finnische als Muttersprache an.

Als in der zweiten Hälfte des 19. Jahrhunderts die Industrialisierung nicht mit dem raschen Bevölkerungswachstum in Schweden und Norwegen Schritt halten konnte, verarmten viele Menschen, und es kam zu Hungersnöten. Daher wanderten zwischen 1866 und 1915 etwa 750.000 Norweger und zwischen 1850 und 1930 über 1 Mio. Schweden in die USA und nach Kanada aus.

Alle drei Länder leiden heute unter starker Landflucht und einem deutlichen Wachstum der städtischen Siedlungen. Zu saisonalen Rückwanderungen kommt es im Sommer. Zweitwohnsitze abseits der Ballungsräume sind begehrt. Fast jede schwedische Familie besitzt eine kleine Hütte an einem See oder an der Küste, und viele Norweger haben Hütten in den Fjellgebieten.

Die schönen Trachten sieht man fast nur noch in Museen, etwa im Setesdalen-Freilichtmuseum.

Die Samen – eine Bevölkerungsminderheit

Die Samen (Lappen), die sich über die Nordkalotte Norwegens, Schwedens, Finnlands und Rußlands verteilen, stellen eine ethnische Minderheit dar (s. Kasten S. 84). Sie waren die Urbevölkerung der Nordländer und lebten früher auch in den südlichen Landesteilen, insbesondere in Finnland. Mit Ausbildung der Nationalstaaten wurden sie immer mehr über den Polarkreis gedrängt. Exakte Zahlenangaben über die samische Bevölkerung sind wegen des hohen Assimilationsgrades nicht möglich. Sie schwanken je nach zugrundegelegten Abstammungskriterien aktuell zwischen 40.000 und 75.000; 50–75% der Samen leben in Nordnorwegen.

Der Begriff Samen umfaßt verschiedene Stämme, die über vier Staaten verteilt leben und von Gruppe zu Gruppe erhebliche kulturelle und wirtschaftliche Unterschiede entwickelt haben. Das Samische, das zur finnisch-ugrischen Sprachfamilie zählt, ist eng mit dem Finnischen, Estnischen und Ungarischen verwandt.

Die Situation der Samen war und ist stark abhängig von der Politik des jeweiligen Nationalstaates. Lange Zeit wurden sie von ihren skandinavischen Nachbarn unterdrückt. Mit der Gründung von eigenen Parlamenten in Norwegen, Schweden und Finnland können sie mittlerweile ihre Rechte besser vertreten.

Flora und Fauna

Komplexe Artenvielfalt

Die geographisch-geologische und klimatische Vielfalt schafft die Voraussetzung für eine überraschend reiche Flora in vielen unterschiedlichen Biotopen – von Meeresküsten über Laub- und Nadelwälder bis hin zur arktisch-alpinen Stufe der Fjells (baumlose oder mit Birken bestandene Flächen oberhalb der Nadelwaldgrenze).

Diese unterschiedlichen Vegetationsräume bieten ihrerseits der Fauna mannigfaltige Existenzmöglichkeiten. Das Klima prägt jedoch nicht nur die Höhenzonierung, sondern auch die von Süd nach Nord aufeinanderfolgenden Vegetationszonen oder -gürtel (zonale Vegetation).

Was blüht denn da?

In Südschweden herrschen noch quasi mitteleuropäische Klimabedingungen, daher dominiert hier Laubwald mit Rotbuche, Stiel- und Traubeneiche als natürliche Vegetation. Auf Sandböden kommt die Hängebirke dazu.

Süd- und Mittelschweden sowie die Fjordküste Westnorwegens werden von Mischwald bedeckt, der nördlich einer Linie von Stockholm bis Oslo (60. Breitengrad) in die Taiga, den borealen (nördlichen) Nadelwald, übergeht. Die Taiga erstreckt sich von Skandinavien bis nach Ostsibirien und in Nordamerika vom Pazifik bis zum Atlantik. Sie bildet damit das größte zusammenhängende Waldgebiet der Erde. Hier überwiegen Nadelhölzer (Fichten, Kiefern). Eingesprengt sind je nach Bodenfeuchte Birken und Espen, Ebereschen und Weiden.

Nach Norden zu geht die Taiga in die Tundra über, die arktische Vegetationszone, die sich durch Permafrostböden (Dauerfrostböden) auszeichnet. Hier taut nur die oberste Bodenschicht für wenige Wochen im Jahr auf. Da die Vegetationsperiode, also die Zeit, in der Pflanzenwachstum stattfindet, im hohen Norden außerordentlich kurz ist, bleiben die Pflanzen kleinwüchsig. Selbst holzige Pflanzen wie Zwergbirken bilden nur wenige Zentimeter große Sträucher. Echte Tundra gibt es nur auf der Varanger- und der Porsanger-Halbinsel. Die Übergangszone zwischen Taiga und Tundra, die Waldtundra, besteht aus einem reizvollen Mosaik von niedrigem Wald und Mooren oder Zwergstrauchheiden. Sie erstreckt sich von Trondheim nach Norden über die Gipfelregion der Skanden und entlang dem Inari-See bis zur russischen Kola-Halbinsel.

Diese Einteilung entspricht dem System der die Erde umspannenden Klimagürtel. So fällt z. B. die Südgrenze der Taiga mit der 10 °C-Isotherme zusammen. Das bedeutet: An dieser Grenzlinie erreicht die Temperatur an 120 Tagen im Jahr im Durchschnitt 10 °C oder mehr. In den Gebirgsregionen der Skanden gibt es jedoch auch große Flächen azonaler Vegetation, d. h., hier entsteht höhenbedingt ein Pflanzenwachstum, das man eigentlich erst viel weiter im Norden erwarten würde. Die arktisch-alpinen Fjellregionen bieten das beste Beispiel dafür (norwegisch: Fjell, schwedisch: Fjäll). Dazu muß man wissen, daß das Pflanzenwachstum (außer vom Sonnenlicht) von drei Faktoren abhängt: Temperatur, Boden (Nährstoffversorgung) und Wasserversorgung.

Besteigt man einen Berg, ist das wie eine Reise nach Norden: Man durchwandert zunächst den Laubwald und gelangt dann über die Nadelwaldstufe und die Birkenfjellzone in eine baumlose, tundraähnliche arktisch-alpine Stufe. Diese ist in der Regel nährstoff- und wasserreicher als die echte nordische Tundra (außerdem gibt es hier keinen Dauerfrostboden). Die arktisch-alpine Stufe, das Kahlfjell, weist innerhalb Nordeuropas viele botanische Gemeinsamkeiten auf. Die größten zusammenhängenden Fjellgebiete beginnen in Südnorwegen und erstrecken sich bis zum Dovrefjell. Sie setzen sich entlang den Skanden über Nordschweden und Nordfinnland bis nach Nordnorwegen fort. Auch das Fjell hat Übergangsstufen zum Wald: Fjellbirken bilden die Wald- und Baumgrenze, darüber liegt als höchste Stufe das baumlose Kahlfjell. Je nach Höhenlage besteht der Fjellbirkenwald aus hochwüchsigen bis krüppelförmigen Bäumen. Infolge der klimatischen Bedingungen werden die Bäume in Hochlagen maximal 3-4 m hoch. Der krautreiche Unterwuchs mit blaublühendem Nordischem Eisenhut, violettem Waldstorchschnabel und rotem Schmalblättrigem Weidenröschen leuchtet im Sommer farbenfroh. Der Gebüschwald wird schließlich immer krüppelförmiger und lückiger bis schließlich an der untersten alpinen Stufe das Fjell beginnt.

Charakterpflanzen des Kahlfjells sind Zwergsträucher, Gräser, Moose

und Flechten. Sie bilden einen teppichartigen Bewuchs.

In den Fjellgebieten sind Blütenpflanzen seltener als in den Alpenregionen, denn in den kühlen, nordischen Sommern müssen die Pflanzen in nur 4 bis 6 Wochen wachsen, blühen und fruchten. Auch brauchen sie als Lockmittel keine leuchtenden Kronblätter, denn blütenbestäubende Insekten fehlen wegen der niedrigen Lufttemperaturen. Die Fortpflanzung erfolgt meist durch Windbestäubung oder sogar durch Selbstbestäubung.

Mit zunehmender Höhe wird die Vegetation infolge der extremen Klimabedingungen immer dürftiger. In der oberen alpinen Stufe gedeihen nur noch Schuttsiedler wie z. B. Gletscherhahnenfuß, die auf Rohböden lückige Vegetationsdecken bilden. Auf kalkreichen Böden bildet die Silberwurz ein weißes Blütenmeer, je nach Bodenfeuchte und Wärme (an Südhängen) treten auch andere Pflanzengesellschaften auf. Weitere Sonderstandorte mit azonaler Vegetation sind Meeresdünen und -küsten, Moore, Flußauen oder Seen: Standorte, an denen es zu trocken oder zu naß für die zonalen Pflanzengesellschaften ist. In der dichtbesiedelten Mittelschwedischen Senke findet man heute vorwiegend Ackerland und Weiden. Die ursprünglichen Laubmischwälder wurden schon ab der Nacheiszeit gerodet und in eine Kulturlandschaft umgewandelt.

Tierisch was los

Der Reichtum an seltenen und interessanten Tierarten ist im Vergleich zu Mitteleuropa außerordentlich groß. Bei den Säugern fallen zuallererst große Beutegreifer wie Braunbär, Luchs, Wolf oder Vielfraß auf. Bei den Pflanzenfressern sind es besonders die imposanten Elche, Moschusochsen, Rentiere und die kleineren Schneehasen, die das Bild prägen und die Fauna für den Beobachter höchst attraktiv machen.

Auch die Vogelwelt hat eine Fülle von erwähnenswerten Besonderheiten zu bieten: zahlreiche Seevögel auf den atlantischen Vogelfelsen, seltene Rauhfußhühner in den Urwäldern (Auerhuhn) bis hinauf auf das Fjell (Alpenschneehuhn), Limikolen, Taucher, Gänse, Säger und Enten an den Küsten und den Binnengewässern. Seltene Greifvögel wie Seeadler, Fischadler, Steinadler, Gerfalken und Merline machen Jagd auf eine Vielzahl von Kleinsäugern und Vögeln. Andere wie Schnee-Eulen oder Rauhfußbussarde wiederum nutzen die zyklische Vermehrung der Kleinnager (s. Farbtafel S. 89), um reichlich Beute zu machen. Dazu gibt es die vielen Waldspezialisten wie Dreizehenspecht, Tannenhäher, Haubenmeise, Kreuzschnäbel, Habichtskauz oder Bartkauz. Die Vielfalt dieser Fauna erstaunt die Mitteleuropäer. Arten, die bei uns vom Aussterben bedroht sind, z. B. Kraniche, brüten hier buchstäblich zu Tausenden.

Viele Arten entwickelten spezielle Anpassungen, die es ihnen erlauben, den Winter zu überstehen: Bären halten Winterschlaf, Rentiere ziehen von den Küsten ins trokkene, schneearme Landesinnere Lapplands, Rauhfußhühner leben unter der Schneedecke von Knospen und Samen. Andere haben eine ausgeprägte Zugstrategie und verbringen die kalte Jahreszeit im Süden. Hierzu gehören die meisten Vogelarten.

Andere hingegen – wie die weniger mobilen Reptilien und Amphibien – kommen nur in geringer Artenzahl vor, denn sie haben mit dem Klima Probleme und leben daher an der Grenze ihrer physiologischen Belastbarkeit. Für sie ist es die meiste Zeit des Jahres zu kalt, da sie als wechselwarme Tiere Sonneneinstrahlung brauchen, um ihre Körpertemperatur in angemessenen Grenzen zu halten.

Wirbellose kommen vor allem an den Küsten vor. Im Hinterland hingegen herrscht Artenarmut. Nur wenige Schmetterlinge (wie beispielsweise der Admiral) oder Libellen können hier existieren. Einige Arten sind Spezialisten, die zur Gruppe der blutsaugenden Quälgeister zählen: Mücken, Kriebelmücken und Bremsen. Vor allem die Kriebelmücken, winzige Stechinsekten, kommen in unzählbaren Mengen vor und können dem harmlosen Besucher ganz gehörig zusetzen.

Kapitale Elchbullen in Nordschweden tragen besonders starke Schaufeln.

Klima und beste Reisezeit

Große Kontraste kennzeichnen das Klima Skandinaviens. Durch die enorme Nord-Süd-Ausdehnung von über 1.700 km reicht die Spannweite von der gemäßigten Klimazone im Süden bis zur polaren im hohen Norden. Die nahe der Küste gelegene Gebirgskette trennt die Westseite mit stark maritim geprägtem Klima von der kontinental bestimmten Ostseite.

Für alle Länder nördlich des Polarkreises sind kurze Sommer mit Mitternachtssonne und lange, kalte Winter mit Polarnächten charakteristisch. Im Winter fällt vor allem das Phänomen des Nord- oder Polarlichtes auf. Diese Leuchterscheinung kann in Bögen, Bändern, Strahlenbündeln oder Lichtkronen erscheinen. Grund hierfür ist der Sonnenwind, ein steter Partikelstrom von der Sonne, der beim Eintritt in die Atmosphäre die vorhandenen „Luftmoleküle" ionisiert und so zum Leuchten bringt.

Als Polarkreis bezeichnet man den Breitengrad (66°32'51"), an dem die Sonne am Tag der Sommersonnenwende (21. Juni) auf Meereshöhe nicht untergeht (s. Tab. Mitternachtssonne, S. 277). Je weiter man polwärts kommt, desto länger dauert die Periode der Mitternachtssonne bzw. der Polarnacht. Grund ist die Neigung der Erdachse von 23,5°. Bei der Wanderung der Erde um die Sonne gelangt diese Region zeitweilig ganz in den Strahlenbereich der Sonne, zeitweilig tritt sie aber auch ganz heraus.

Die im Sommer 24 Stunden andauernde oder im Winter fehlende Sonneneinstrahlung hat auch Auswirkungen auf das Klima nördlich des Polarkreises: In Kautokeino oder Ivalo werden Wintertemperaturen von −50 °C gemessen, im Sommer auch angenehme +30 °C. Die Schneedecke bleibt in Lappland etwa 210 Tage im Jahr liegen.

Vergleicht man das Klima in Norwegen, Schweden und Finnland mit dem von Grönland oder Alaska, die auf derselben Breite liegen, dann fällt auf, daß sich der Golfstrom günstig auswirkt. Vom norwegischen Stavanger bis zum russischen Murmansk sind alle Häfen an der Westküste eisfrei! Die winterliche Oberflächentempera-

Nach schneereichen Wintern wird die Fahrt auf Nebenstraßen im Fjell zum Abenteuer.

tur des Meerwassers beträgt bei Hammerfest etwa 5 °C und liegt damit höher als in der südlicher gelegenen Ostsee. Der Golfstrom als „Warmwasserheizung" schafft die wichtigste Voraussetzung für eine relativ dichte Besiedelung der Küstensäume. Der Bottnische Meerbusen liegt dagegen unter kontinentalem Klimaeinfluß und ist bis zu 7 Monate im Jahr vereist.

Im Sommer machen sich Temperaturunterschiede besonders von Süd nach Nord bemerkbar. Während in Oslo die Durchschnittstemperatur im Juli bei 16,4 °C und insgesamt mehr als 4 Monate über 10 °C liegt, beträgt sie in Tromsø nur 2 Monate lang mehr als 10 °C.

Im Winter gibt es noch größere Unterschiede zwischen Küste und Inland. In der Rosenstadt Molde an der Westküste weist kein Monat eine Durchschnittstemperatur unter 0 °C auf, während nur 210 km weiter im östlichen Zentralnorwegen, z. B. in Røros auf 600 m Höhe, eine Januartemperatur von –12 °C bei 180 Tagen Schneebedeckung herrscht.

Im Lee der Skanden schwächt sich der Einfluß des Golfstroms deutlich ab. So sorgen in Schweden die kontinentalen Klimabedingungen für höhere Temperaturen im Sommer und niedrigere im Winter.

Auch Höhe und Verteilung der Niederschläge werden von maritimen oder kontinentalen Einflüssen bestimmt. Die Skanden bilden eine wirkungsvolle Barriere zwischen der stark beregneten Westseite (z. B. in Bergen bis zu 4.000 mm Niederschlag im Jahr) und der relativ trockenen Ostseite. Das Gudbrandsdal leidet bei Niederschlägen von weniger als 500 mm im Jahr unter Trockenheit. Große Teile Schwedens liegen ebenfalls im Regenschatten der Skanden. In Stockholm beträgt der Jahresniederschlag nur 555 mm.

Durchschnittliche Höchsttemperaturen und Jahresniederschläge

	Temperaturen in °C					Niederschläge in mm
	Mai	Juni	Juli	August	September	
Norwegen						
Oslo	13,5	18,1	19,3	18,3	13,7	760
Bergen	12,5	15	15,9	15,9	12,9	2250
Trondheim	11,7	14,7	15,9	15,7	12,1	882
Tromsø	6,2	10,7	13,4	12,5	8,3	1031
Schweden						
Stockholm	14,6	19,2	21,9	20,8	15,3	555
Göteborg	15,5	18,9	21,1	20,1	17,4	670
Östersund	12,6	16,6	20,0	18,1	12,5	?
Kiruna	6,7	13,7	17,6	14,9	8,7	?

Südostnorwegen

Küsten, Täler und Gebirge

Dramatische Gegensätze bestimmen hier das Landschaftsbild. Im Süden liegt die sonnenverwöhnte Schärenküste mit malerischen Fischerdörfern. Am dichtesten besiedelt ist es rund um den Oslofjord mit der Hauptstadt Oslo. Viele Täler erstrecken sich zwischen unzugänglichen Bergregionen und bilden alte Siedlungs- und Kulturinseln mit langer Tradition. Im Osten erheben sich die rauhen Skanden mit mehreren Nationalparks.

Oslo
Norwegens lebendige Metropole

Oslo (480.000 Einwohner), eine traditionsreiche Residenz-, Handels-, Industrie- und Hafenstadt, zählt zu den kleineren europäischen Metropolen. Die Hauptstadt liegt geschützt am Inneren des Oslofjords, eingebettet in eine reizvolle, bewaldete Hügellandschaft. Den Durchgangsverkehr kanalisiert der Oslotunnel, um die Innenstadt zu entlasten. Für die City ist eine Mautgebühr fällig.

Die Altstadt am Hafen

Der Puls der norwegischen Hauptstadt schlägt in der Karl Johans Gate, die vom Hauptbahnhof bis zum Königlichen Schloß verläuft. Sie wird vom **Dom** ❶, dem imposanten **Parlamentsgebäude** ❷, dem Storting, dem **Nationaltheater** ❸ sowie der alten **Universität** ❹ flankiert. Auf einer kleinen Anhöhe liegt das nüchterne **Königliche Schloß** ❺, umgeben von einem

Massig erhebt sich das Osloer Rathaus über dem belebten Hafen der norwegischen Hauptstadt.

Parkgelände. An der Fjordseite der Osloer Metropole erhebt sich im Osten die Burg- und Festungsanlage **Akershus** ❻. Der Umbau der mittelalterlichen Burg zum Renaissanceschloß erfolgte im 17. Jahrhundert durch den Dänenkönig Christian IV.

Am Hafen dominiert vor dem Rådhusplassen der klobige **Rathausbau** ❼ mit den wuchtigen, 60 m hohen Türmen. Die schönen Fresken in den Festsälen bilden einen grandiosen Rahmen bei offiziellen Empfängen. Jedes Jahr im Dezember findet hier die Verleihung des Friedensnobelpreises statt.

Tip

Oslo im Angebot

Das attraktive Rabattpaket umfaßt Hotelzimmer mit Frühstück und die sogenannte Oslo-Card, die freien Eintritt zu einer ganzen Reihe von Museen und Sehenswürdigkeiten, freie Benutzung des öffentlichen Verkehrsnetzes, eine kostenlose kleine Fjordrundfahrt, außerdem deutliche Ermäßigungen bei Stadtrundfahrten und in Restaurants bietet. Der Preis hängt natürlich von der Hotelkategorie ab und gilt für einen Erwachsenen und zwei Kinder unter 16 Jahren, die im gleichen Zimmer wohnen. Vor Ort gibt es die Oslo-Card auch ohne Übernachtung.
Buchung und Informationen erhältlich bei: Norden Tours, Kleine Johannisstraße 10, D-20457 Hamburg, Tel. (040) 3 78 70 22 70.

Tip

Zu den berühmten Wikingerschiffen

Im Vikingskiphuset auf der Museumsinsel Bygdøy kann man die drei berühmtesten Wikingerschiffe aus dem 9. Jahrhundert bewundern (geöffnet tgl. April 11–16 Uhr, Mai bis August 9–18 Uhr, September 11–17 Uhr, Oktober 11–16 und November bis März 11–15 Uhr). Das 21,5 m lange, aus Eichenholz erbaute Oseberg-Schiff diente allein Bestattungen. Es enthielt bei der Ausgrabung nahe Tøndsberg noch reiche Grabbeigaben. Das 23,3 m lange Gokstad-Schiff war ein seetüchtiges Boot. Am schlechtesten erhalten ist das Tune-Schiff.

Kunstgenuß satt

Im Westen schiebt sich die berühmte Museumshalbinsel **Bygdøy** ❽ in den Fjord (Bygdøy-Museen geöffnet im Sommer tgl. 10–18 Uhr, sonst 11–16/17 Uhr). In einem großen Parkgelände liegt das **Norsk Folkemuseum** mit mehreren Gebäuden und führt in einer faszinierenden Zeitreise durch 700 Jahre norwegische Geschichte. In diesem Komplex ist beispielsweise eine Samen-Abteilung und das Arbeitszimmer des Dramatikers Henrik Ibsen (1828–1906) zu besichtigen, außerdem ein Freilichtmuseum mit wertvollen historischen Häusern, den Gamle byen, und die Stabkirche aus der Ortschaft Gol, die im Jahre 1885 hierhergebracht wurde.

Hinter dem **Norwegischen Seefahrtsmuseum** steht im **Fram-Haus** das Polarschiff Fram, mit dem der berühmte Reisende Fridtjof Nansen in den Jahren 1893–1896 das Nordpolarmeer erforschte. Das Nachbargebäude birgt das Balsafloß Kon-Tiki, auf dem Thor Heyerdahl am 28. April 1947 vom peruanischen Callao aufbrach und nach 101 Tagen und 4.300 Seemeilen die ostpolynesische Koralleninsel Raroia erreichte.

Im Osten der Hauptstadt beleuchtet das besuchenswerte **Munch-Museum** ❾ sämtliche Schaffensphasen des expressionistischen Malers Edvard Munch (1863–1944; geöffnet 1. Juni bis 15. September tgl. 10–18 Uhr, sonst Mo geschlossen, Di, Mi, Fr, Sa 10–16 Uhr, Do, So 10–18 Uhr).

Im Nordwesten Oslos liegt der riesige **Frognerpark** ❿, den man durch sieben schmiedeeiserne Tore betritt (ganzjährig geöffnet). Hier befinden sich das **Stadtmuseum** (geöffnet im Sommer Di-Sa 10–18 Uhr, Sa-So 11–17 Uhr) und die vielbesuchte **Vigeland-Anlage** mit bedeutenden Werken des norwegischen Bildhauers Gustaf Vigeland (1869–1943).

Der Holmenkollen

Im Nordwesten Oslos auf der waldbedeckten Höhe des **Holmenkollen** (529 m) ⓫ genießt man eine prächtige Aussicht über die bekannte Skisprungschanze, die Hauptstadt und den Fjord. Ein weiteres Highlight bietet nach 25minütiger Wanderung zum Gipfel der **Tryvannstårnet**, ein 118 m hoher Aussichtsturm mit Fahrstuhl.

Informationen: Norges Informasjonssenter, Brynjulf Bulls plass 1, N-0250 Oslo, Tel. 22 92 52 70, Fax 22 83 81 50.

Oslofjord und Umgebung

Mehr als 100 km erstreckt sich der Oslofjord ins Landesinnere und bildet zusammen mit dem Mjøsa-See geologisch eine gewaltige Grabenbruchzone, die sich von Ostafrika über Rhone-, Oberrhein- und Leinegraben bis hierher erstreckt. Trotz seines Namens hat der Oslofjord also eine ganz andere geologische Entstehungsgeschichte als die „echten" Fjorde an der Westküste (s. S. 40).

Nur etwa 50 km östlich von Oslo verspricht der Elchweg am

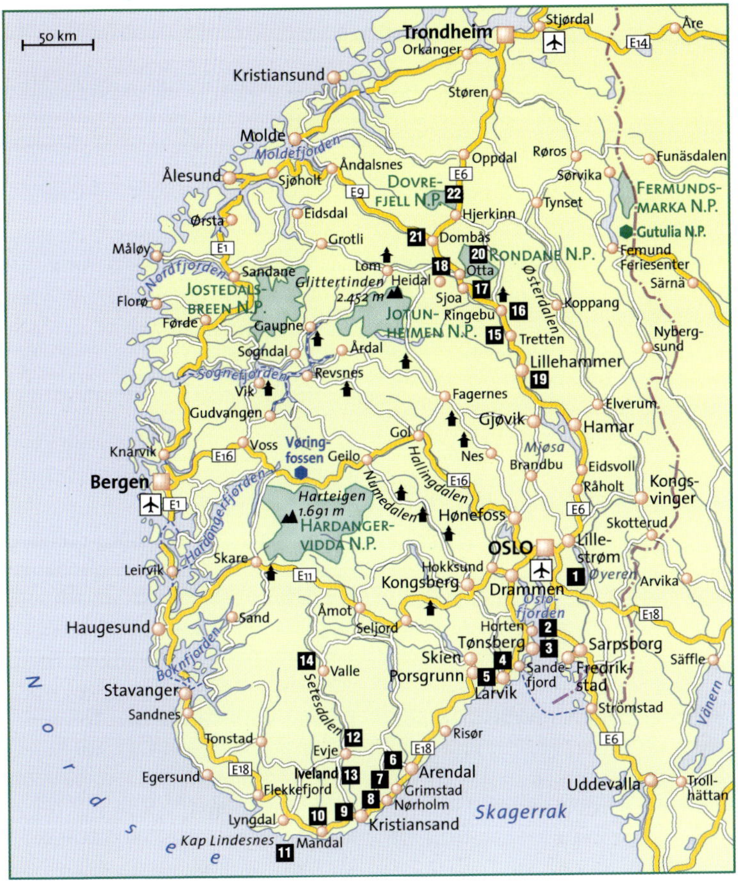

Oslofjord und Umgebung

Davon träumen viele Norweger: von einem Ferienhäuschen direkt am Oslofjord.

Ostufer des **Øyeren** 1 (RV 22) ein grandioses Naturerlebnis, denn hier lebt einer der größten Elchbestände Skandinaviens.

Das Westufer des Oslofjords mit seinen idyllischen Buchten präsentiert sich höchst malerisch. Da fast jeder hier ein Boot besitzt, herrscht bei entsprechender Witterung auf dem Wasser reger Betrieb. Hier wandelt man außerdem auf den Spuren der Wikinger. Zahlreiche Königsgräber dieses Volkes sind beim alten Siedlungsplatz **Borre** zwischen **Horten** 2 und **Tønsberg** 3 zu besichtigen. In der Nähe fand man 1903 das berühmte **Oseberg-Schiff** (s. Tip S. 26).

Die kleinen Städte Tønsberg, **Sandefjord** 4 und **Larvik** 5 sind eng mit der Geschichte des Walfangs verbunden. Bis in die Jahre 1968/69 stach Norwegens zuletzt heftig kritisierte Walfangflotte von hier aus mit Kurs auf das Südpolarmeer in See. An diese Zeit erinnern noch heute das spannende **Walfangmuseum** kurz vor Sandefjord und das imposante Denkmal im Stadtpark.

Tip

Im Spiraltunnel auf den Gipfel

Die Stadt Drammen (52.000 Einwohner) liegt etwa 30 km südwestlich von Oslo an der E 18 und hat eine lange Tradition als Holzexporthafen und in der Holzverarbeitung. Innerhalb der Stadt führt der Spiraltoppen auf den Gipfel des Bragenesåsen (geöffnet im Sommer tgl. 8–22 Uhr, im Winter 8–20 Uhr, Tel. 32 89 69 65). Diese kostenpflichtige Tunnelstraße windet sich im Berg mit insgesamt sechs Spiralen um 200 Höhenmeter hinauf. Oben angekommen, bietet sich dem Besucher ein eindrucksvoller Blick über die Stadt und den Dramsfjord.

Die Südküste

Norwegens Sommerparadies

An der Südküste, „Norwegens Riviera“, leuchten idyllische Fischerdörfer wie weiße Perlen an einer Schnur. Die Holzarchitektur der Häuser gilt als einzigartig. Die Häfen liegen geschützt im Schärengarten am Skagerrak, in den Bootsausflüge angeboten werden.

Das Tyholmen-Viertel in **Arendal** **6** ist für seine Bauten aus dem 18. Jahrhundert berühmt. Daher gewann Arendal 1992 den europäischen Denkmalschutzpreis „Europa Nostra“. Das 1816 im Empirestil erbaute Rathaus ist ebenfalls sehr bemerkenswert. Das Ibsen-Haus in **Grimstad** **7** dokumentiert die Lebensgeschichte des großen Dramatikers (Öffnungszeiten unter Tel. 37 01 40 41). Auf **Gut Nørholm** **8** verbrachte der Schriftsteller Knut Hamsun (1859–1952) seinen Lebensabend.

1641 ließ Dänenkönig Christian IV. **Kristiansand** (70.000 Einwohner) **9** gründen, das noch heute nahezu unverändert das ursprüngliche Stadtbild mit schachbrettartig angeordneten Straßenzügen zeigt. 200 Steinstufen führen auf den Ravnehei, der eine gute Aussicht über die Stadt, den Hafen und die Schären bietet. 28 km südwestlich des Lachsparadieses **Mandal** **10** erreicht man **Kap Lindesnes** **11**, Norwegens südlichsten Punkt.

Arendal zählt zu den hübschesten Hafenorten im Schärengarten.

Ostnorwegische Täler und alte Bauernkulturen

Tip

Die Silberstadt

Von 1624 an beherrschte der Silberbergbau die 21.000-Seelen-Stadt Kongsberg (E 40) im Numedal. In mehr als 70 Gruben gewann man um die Mitte des 18. Jahrhunderts 8–9 t reines Silber pro Jahr. Die letzte Grube schloß 1957. Das Norwegische Bergbaumuseum in der einstigen Schmelzhütte erinnert an die glanzvolle Vergangenheit der 300jährigen Bergbaugeschichte. Wer diese Zeit nacherleben möchte, kann 7 km südlich von Kongsvoll in Saggrenda (E 11) mit einer Schmalspurbahn durch einen 2,5 km langen und etwa 340 m tiefen Stollen in die 200 Jahre alte Silbermine Kongens gruve hineinfahren. Informationen: Die Oslofjordregion, c/o Telemarkreiser AL, Postbox 2813 Kjørbekk, N-3702 Skien, Fax 35 52 70 07.

Die sechs ostnorwegischen Bauerntäler Sirdal, Setesdal, Numedal, Hallingdal, Gudbrandsdal und Østerdal verlaufen als lange, nahezu parallele Täler von Nordwest nach Südost. Dazwischen liegen unzugängliche Gebirgszüge mit Wald- und Fjellgebieten. Die Täler waren schon im frühen Mittelalter bewohnt, die Bergregionen blieben dagegen menschenleer. Da die wenigen Querpfade über die Gebirge große Gefahren bargen, entwickelte sich in jedem Tal eine eigenständige Bauernkultur. Manche dieser individuellen Züge sind noch heute spürbar.

Breite U-förmige Ausweitungen im unteren Abschnitt – Spuren eiszeitlicher Gletscher – kennzeichnen die Täler. Nach Norden steigt der Talboden an, steil aufragende Bergwände flankieren die sich verengenden Täler. Die malerische Birkenfjellstufe geht im Gebirge in die kahle Hochfjellstufe über. Als typisches Erbe der Eiszeiten gelten die Seitentäler, die in einer Stufe als Hängetäler in das Haupttal münden. Über diese Stufen fließen besonders nach der Schneeschmelze Wasserfälle.

Die uralten Gehöfte und Wege befinden sich am sonnenbegünstigten Hang der Täler, da die Bodenfrostgefahr durch das Absteigen der Kaltluftmassen auf dem Talgrund größer ist. Da die Täler im Lee der Gebirgsrücken liegen, fällt relativ wenig Niederschlag. Daher mußten die Bauern schon vor Jahrhunderten komplizierte Bewässerungstechniken anwenden. Während des Sommers betrieben sie bis vor wenigen Jahrzehnten in den oberen Talbereichen die Alm- bzw. Seterwirtschaft. Heute konzentriert sich hier der Wintertourismus.

Setesdalen – ein Mineralien-Dorado

Vom Fährhafen Kristiansand gelangt man auf der RV 39 ins Setesdal, das der fischreiche Fluß **Otra** durchzieht. Dieses Tal zählt wegen seiner Naturschönheiten und der lebendigen Traditionen zu den attraktivsten im Südosten Norwegens. Bei **Evje** 12 und **Iveland** 13 gibt es reiche Mineralienvorkommen, die im Mineralienpark zu begutachten sind.

Als charakteristisch für das Setesdal gelten die Stabbur, Blockhäuser als Vorratsspeicher, die auf Stelzen stehen, damit keine Mäuse eindringen können und die Vorräte vor Frost geschützt sind. Die Dächer bestehen aus einer Birkenrindenschicht, die mit Erde und schließlich mit Grassoden belegt ist. Solche alten Gebäude kann man sich im **Setesdalen-Freilichtmuseum** nördlich von **Valle** 14 ansehen (beschildert hinter der Abzweigung der RV 45, geöffnet im Sommer tgl. 10–18 Uhr). Man gewinnt eine gute Vorstellung, wie die Menschen hier früher gelebt haben. Die Anlage besteht aus zwei Wohngebäuden, einem Stabbur und einem Kuhstall. Die Stube aus dem 15. Jahrhundert mit zentraler Kochstelle und ohne Fenster bewohnten damals bis zu zehn Familienmitglieder. Das zweite Gebäude aus dem 18. Jahrhundert hat schon Fenster und einen Kamin. Während der langen Wintermonate betrieben die Bewohner das Silberschmiedehandwerk. Mittelpunkt dieses traditionsreichen Kunstgewerbes ist der Kirchort Valle. Ketten, Broschen und Nadeln werden noch nach alten Techniken gefertigt. Neben Silberschmieden gibt

Die Otra, ein besonders fischreicher Fluß, strömt durch das Setesdal der Südostküste zu.

Die berühmten Stabkirchen

Die Holzverarbeitung entwickelte sich durch den Schiffsbau der Wikinger zu einer Kunst, die in den Stabkirchen ihren Höhepunkt fand. Sie sind die ältesten Holzbauten des Nordens.

Typisch nordische Kirchenbaukunst: die Stabkirche von Vik.

Das wichtigste und namengebende Element der Konstruktion ist der Stav, der wuchtige Kiefernholzmast, der den überhöhten Mittelraum trägt, an den sich niedrigere Seitenschiffe anschließen. Die erforderliche Stabilität gewährleisten Wände aus senkrecht nebeneinanderstehenden Pfählen. Bei den ältesten Stabkirchen aus dem 9. Jahrhundert rammte man die Pfähle direkt in die Erde, so daß im feuchten Klima das Holz von unten schnell faulte. Sie überdauerten daher keine 100 Jahre. In der nächsten Generation stellte man die Pfostenwände auf einen Steinsockel. Der Innenraum war fast quadratisch, klein und ohne Fenster, da die Herstellung von Glas zu jener Zeit im Norden noch unbekannt war. Im Laufe des 11. und 12. Jahrhunderts erhielten die Baumeister dann Impulse vom europäischen Sakralbau. Architektonisch gibt es durchaus Ähnlichkeiten mit der romanischen Basilika, mit dem Bevölkerungswachstum wurden die Stabkirchen größer und dreischiffig. Als typisch gilt das vielstufige, mit ineinandergeschachtelten Holzschindeln versehene Dach, das die einzelnen Kirchenschiffe getrennt abdeckt.
Die Stabkirchen geben ein lebendiges Zeugnis von der Bekehrung der heidnischen Wikinger. Die uralte Technik des Holzbaus und heidnische Ornamente verbinden sich in ihnen mit romanischen Formen. Züngelnde Drachenköpfe auf den Giebeln erinnern an den Bugschmuck der Wikinger-Langboote. Die kunstvollen Verzierungen und Tierornamente, beispielsweise die Schlangen, entstammen heidnischem Mythos und spiegeln die Spannungen zwischen der altnorwegischen Kultur und dem Christentum wider.
Die 29 heute noch erhaltenen Stabkirchen wurden über die Jahrhunderte verändert und konzentrieren sich im Süden und Westen des Landes. Sie zählen zu Norwegens größten Kulturschätzen und bestechen oft schon durch ihre herausragende Lage – wie etwa die Stabkirche von Urnes am Sognefjord (s. S. 53).

es hier auch Holzschnitzer und Rosenmaler.

Informationen: Nedre Setesdal Reisetrafikklag, N-4660 Evje, Tel. 37 93 14 00.

Reiches Gudbrandsdal

Das Gudbrandsdal, das der Lachsstrom **Lågen** durchfließt, erfreut sich wegen seiner fruchtbaren Böden und sonnenexponierten Hanglagen naturräumlicher und klimatischer Gunst. Getreidefelder säumen den Weg. Hier konnte sich eine stolze und reiche Bauernkultur entwickeln. Auch die Pferdezucht genoß einst einen guten Ruf weit über die Grenzen Norwegens hinaus. Am alten Handelsplatz in **Tretten** **15** gab es den größten Pferdemarkt. Die Stabkirche von **Ringebu** **16** (s. Kasten S. 32) ist Ende des 12. Jahrhunderts errichtet und mit dem Umbau 1630 stark verändert worden. Einzige Reste der ursprünglichen Kirche sind das

Hauptschiff und das Portal mit den verschlungenen Drachenmotiven. Von Ringebu zweigen Fjellwege zum **Østerdal** ab. Als landschaftlich besonders schön erweist sich der **Rondeveien**, der in den **Rondane-Nationalpark** führt (s. S. 35).

Berühmt ist das Tal auch aus der Literatur, denn der Nobelpreisträger Bjørnstjerne Bjørnson ließ seinen Roman „Das Erbe von Bjørndal" hier spielen.

Durch das Gudbrandsdal verläuft die vielbefahrene E 6, die wichtigste Nord-Süd-Verbindung.

Autotour durch das Reich des Peer Gynt

Die faszinierende Bergwelt entlang dem Peer-Gynt-Veien bietet westlich des Gudbrandsdal ein ganz besonderes Naturerlebnis (streckenweise gebührenpflichtig). Etwa 30 km nördlich von Lillehammer ❶ zweigt man in Tretten ❷ an der E 6 auf die RV 254 ab, von der kurz vor Svingvoll ❸ die Peer-Gynt-Straße 60 km weit nach Norden ins Gebirge führt. Man genießt die herrliche Fahrt entlang den Fjellhöhen und einigen Bergseen und trifft bei Vinstra ❹ schließlich wieder auf die E 6. Die Route ist nach dem Träumer und Abenteurer Peer Gynt benannt, der Titelfigur des weltberühmten Dramas von Henrik Ibsen. Zur Rundfahrt wird diese zauberhafte Tour, wenn man für den Rückweg den Espedalveien (LV 255) durch das langgestreckte Espedal ❺ wählt.

Östlich des oberen Talabschnittes gelangt man in den Rondane-Nationalpark (s. S. 35). Biegt man bei **Sjoa** 17 auf die LV 257, kommt man in das gleichnamige Tal, das schon seit Urzeiten die kürzeste Verbindung ins **Jotunheimen-Massiv** (s. S. 55) darstellt. Im Kirchort **Heidal** 18 steht die größte Sammlung alter Holzgebäude. Nirgendwo im Lande hat sich die Bauernkultur so vielfältig erhalten wie gerade hier. Mehr als 100 Häuser auf heute noch bewohnten und bewirtschafteten Gehöften stehen unter Denkmalschutz – ein lebendiges Museum, das eindrucksvoll veranschaulicht, wie ein Gebirgstal vor Hunderten von Jahren besiedelt war. Bjølstad, das größte und älteste Gut beispielsweise, gehört seit dem 16. Jahrhundert der Familie Tordsen. Die Bjølstad-Kapelle von 1531 diente lange Zeit als Scheune, bevor sie neben der Heidal-Kirche wiederum als Kapelle neu errichtet wurde. Von einer früheren Stabkirche stammt das älteste, geschnitzte Portal aus der Mitte des 11. Jahrhunderts (im Sommer tgl. Führungen 11–17 Uhr).

Tip

Mit dem Raddampfer auf dem Mjøsa-See

Der langgestreckte Mjøsa-See nördlich des Oslofjords (s. S. 27) ist mit einer Fläche von 362 km² so groß wie der Gardasee und damit Norwegens größter Binnensee. Er erstreckt sich von Eidsvoll, wo 1814 die erste gesetzgebende Versammlung Norwegens tagte, bis nach Lillehammer, der Stadt der XVII. Olympischen Winterspiele 1994. Die tiefste Stelle des Mjøsa-Sees beträgt immerhin 450 m. Von Mitte Juni bis Mitte August durchpflügt der älteste Raddampfer der Welt aus dem Jahre 1856, der Skibladner, das fischreiche Gewässer.
Den Fahrplan kann man anfordern bei: Skibladner Büro, Parkgate 2, N-2300 Hamar, Tel. 62 52 70 85, Fax 62 53 39 23.

Lillehammer, die Olympiastadt

Wo der Lågen im unteren Gudbrandsdal in den riesigen **Mjøsa-See** mündet, liegt die Kleinstadt **Lillehammer** (25.000 Einwohner) 19, die 1994 die Sportlerelite der Welt zu den XVII. Olympischen Winterspielen einlud. Dieses Großereignis veränderte den verschlafenen Ferienort, dessen Infrastruktur heute als unangemessen großzügig erscheint. Auf der Storgate, Lillehammers Einkaufsstraße, befinden sich zahlreiche Geschäfte mit einem vielfältigen Angebot.

Im Südosten der Stadt liegt Norwegens größtes Freilichtmuseum, **Maihaugen**, mit über 170 alten Gebäuden aus dem Gudsbrandsdal und aus Lillehammer (Öffnungszeiten unter Tel. 61 28 89 00; Internet: www. maihaugen.museum. no). Ein besonderer Schwerpunkt liegt auf dem ländlichen Leben des 19. Jahrhunderts. In einer neuen Dauerausstellung unter dem Motto „Wie das Land unser wurde“ durchwandert der Besucher Norwegens Geschichte von der Eiszeit bis auf den heutigen Tag.

Informationen: Lillehammer Turist, Elvegata 19, N-2600 Lillehammer, Tel. 61 25 92 99.

Die Nationalparks Rondane und Dovrefjell

Eine Mautstraße erschließt die großartige Bergszenerie des Rondane-Nationalparks.

Wanderparadies Rondane

Zwischen oberem Gudbrandsdal und Atnadal erstreckt sich der Rondane-Nationalpark (580 km²) **20**, eine grandiose Gebirgslandschaft. Das Fjell begeistert als hervorragendes und leicht zugängliches Wandergebiet. Im Nordosten ragen zahlreiche gerundete Berggipfel über die Hochfläche, zehn erreichen mehr als 2.000 m Höhe. Moränenmaterial, Eisstausee-Terrassen und Kare erinnern an die Eiszeiten. Von gut markierten Wanderwegen lassen sich die typischen Fjellvögel (s. Farbtafel S. 47) beobachten. Auf den nährstoffarmen Böden wächst nur eine spärliche Vegetation, an wenigen kalkreichen Stellen säumen dichte Hoch-

Tip

Vogelparadies in Fokstumyra

Vogelfreunde kommen im Moorgebiet Fokstumyra voll auf ihre Kosten. Zu den Kostbarkeiten der Avifauna zählen etwa Blaukehlchen, Kornweihe, Rauhfußbussard und Sumpfohreule. Auf dem Wasser schwimmen Krick- und Bergenten. Am Ufer stochern Doppelschnepfen und Regenbrachvögel nach Nahrung. Zwischen Dombås und Hjerkinn an der E 6 muß man am Gehöft Fokstua (Schild) abzweigen. Während der Brutzeit vom 25. April bis 8. Juli ist der Zutritt streng reglementiert. Ein markierter Weg verläuft durch das Gelände (7,5 km²). Man kann das Naturreservat selbst erkunden oder an geführten Exkursionen teilnehmen, die von Mai bis September angeboten werden; für diese Touren ist allerdings Voranmeldung nötig. Informationen sind zu bekommen bei: Dovrefjell-Aktivitetssenter, N-2660 Dombås, Tel. 61 24 15 55.

staudenbestände von Nordischem Eisenhut den Pfad. Der Park ist von der E 6 über Seitenstraßen sehr gut erreichbar.

Informationen: Otta Turistkontor, N-2670 Otta, Tel. 61 23 09 60.

Moschusochsen im Dovrefjell

Nördlich des Rondane-Nationalparks liegt an der E 6 etwa 40 km hinter **Dombås** 21 der Hochgebirgspark **Dovrefjell** (256 km^2) 22, ein großartiges Naturjuwel. Kurz vor **Kongsvoll** blickt man auf den 2.286 m hohen **Snøhetta**, den höchsten Berg im Dovrefjell, der das Landschaftsbild eindrucksvoll prägt. Hinter Kongsvoll verläuft ein Teil des alten Königspfads, der 1400–1820 von Pilgern zum Nidarosdom (s. S. 60) nach Trondheim benutzt wurde und heute als Fernwanderweg hergerichtet ist. Die Fjellstube in Kongsvoll zeigt eine Ausstellung über die hiesige Pflanzen- und Tierwelt (geöffnet Juni bis September tgl. 9–18 Uhr).

Für die Moschusochsen-Tour sollte man genügend Zeit haben, denn man muß die Tiere suchen. Ein markierter Weg führt von Kongsvoll hinauf ins **Stroplsjødal**. Zunächst durchstreift man einen dichten Fjellbirkenwald, in dem Anfang August Birken- und Fliegenpilze zu entdecken sind. Schließlich erreicht der Wanderer nach etwa 1,5 Stunden die Hochfläche. Im Stroplsjødal wie auch im Seitental, dem **Kaldvelldal**, hat man dann die Chance, eine kleine Gruppe der etwa 70 freilebenden Moschusochsen zu beobachten. Mit 300 kg Gewicht und einer Schulterhöhe von 1,45 m bieten die langbehaarten Tiere einen imposanten Anblick.

Vor der Silhouette des Snøhätta: Im Dovrefjell leben halbwilde, robuste Fjordpferde.

Rund um den Femundsee

Die Landschaft um den Femundsee liegt östlich des Rondane-Nationalparks in etwa 600–800 m Höhe unweit der norwegisch-schwedischen Grenze. Das Gebiet ist wahrscheinlich schon seit der Steinzeit besiedelt. Der große Fischreichtum der Gewässer und der hohe Wildbestand konnten die Menschen ernähren. Einige Kanäle für die Holzdriften lassen sich heute noch entdecken; die Waldnutzung für Bau- und Brennholz stellte einen wichtigen Wirtschaftszweig dar. Außerdem betrieben die Bauern Waldweidewirtschaft.
In früheren Jahrhunderten zogen sogar die Samen (s. Kasten S. 84) mit ihren Rentierherden bis hierher. Heute leben in der Gegend nur relativ wenige Menschen – ein Feriengebiet abseits der Touristenströme.
Von Sørvika am Nordufer bis zum Femund Feriesenter an der Südspitze gibt es über einige Zwischenstops eine Schiffsverbindung (Autofähre).
Den 60 km langen Femundsee umgeben viele Buchten. Das sumpf- und schilfreiche Ufer ist zum Teil nur auf Fußpfaden zugänglich. Den See säumen 1.100–1.600 m hoch gelegene Fjells. Er entwässert mit Stromschnellen in den Trysilelv, den schwedischen Kläralven, der schließlich bei Karlstad in den Vänern (s. S. 136) mündet. Im Sommer kann man erlebnisreiche Kanu- oder Kajakfahrten unternehmen. Wenn man ruhig das Ruder durch das Wasser zieht, gleitet die Landschaft an einem vorbei. Verhält man sich leise, schwimmen Mittelsäger, Reiher- oder Samtenten vorbei. Am Ufer stochern Brachvögel nach Nahrung.
Rund um den See stehen lichte Fichten- und Kiefernwälder mit dichten Polstern aus Besenheide und Rentierflechten. Wenn Anfang August die Besenheide rotviolett zwischen der graugelblichen Rentierflechte blüht, bietet diese Landschaft ein beeindruckendes Bild. Die Einheimischen exportieren die üppig wachsende Rentierflechte auch als Grab- und Dekorationsschmuck nach England, Deutschland und Frankreich; sie gelangt als „Isländisches Moos" in den Handel.
Direkt an der Grenze zu Schweden liegen der Femundsmarka-Nationalpark (390 km^2) und der kleine Gutulia-Nationalpark (19 km^2), nahezu unberührte Landschaften ohne markierte Wanderwege. Den Gutulia-Nationalpark bevölkert eine ansehnliche Zahl von Elchen. Im welligen, seenreichen Femundsmarka-Nationalpark leben Elche, halbzahme Rentiere und etwa 30 Moschusochsen.
Informationen: Femund/Engerdal Turistinformasjon, N-2440 Engerdal, Tel. 62 45 80 00.

Respekt ist angesagt; man darf ihnen auf keinen Fall – auch nicht wegen eines Fotos – zu nahe kommen. Fühlen sie sich bedroht, besonders wenn Kälber in der Herde sind, bilden sie einen Halbkreis, wobei sie ihre mit Hörnern bewehrten Köpfe nach außen richten. Einzelne Tiere führen dann sehr ernst zu nehmende Angriffe. Mitte Juni ist die Auftriebszeit für die Fjordpferde, eine der ältesten Pferderassen Europas, die bis Mitte August frei übers Fjell streifen.

Informationen: Turistkontor, N-2660 Dombås, Tel. 61 24 14 44.

Tip

Safari zu Moschusochsen

Das Dovrefjell zählt zu den wenigen Gebieten Europas, wo es freilebende Moschusochsen gibt. Zwischen 1947 und 1953 sind 23 Tiere aus Grönland ausgesetzt worden, heute hat sich eine stabile Population gebildet. Das Dovrefjell- Aktivitetssenter in Dombås (Tel. 61 24 15 55) bietet zwischen Mai und September vier- bis sechsstündige geführte Touren zu den Moschusochsen an. Die Moschus-Safari startet bei mindestens fünf Teilnehmern um 9.30 Uhr in Dombås; man sollte sich auf jeden Fall voranmelden.
Informationen in Kongsvoll (Fjellstube) oder bei Oppdal Turistkontor, Postboks F, N-7341 Oppdal, Tel. 72 42 17 60.

Fjorde und Fjells

Landschaft der Kontraste

Im Westen liegt die beliebteste Urlaubsregion Norwegens. Höhenunterschiede von mehr als 1.000 m zwischen den Fjorden und den Fjellgebieten lassen reizvolle Landschaftsbilder entstehen. Groß sind auch die Klimaunterschiede: Während man mittags in Bergen bei 30 °C schwitzt, kann man schon nachmittags im Fjell bei 8 °C frieren. Die Küstenstädte Stavanger, Bergen, Ålesund und Trondheim bezaubern mit ihrem Charme.

Die Fjordküste

Relikt der Eiszeiten

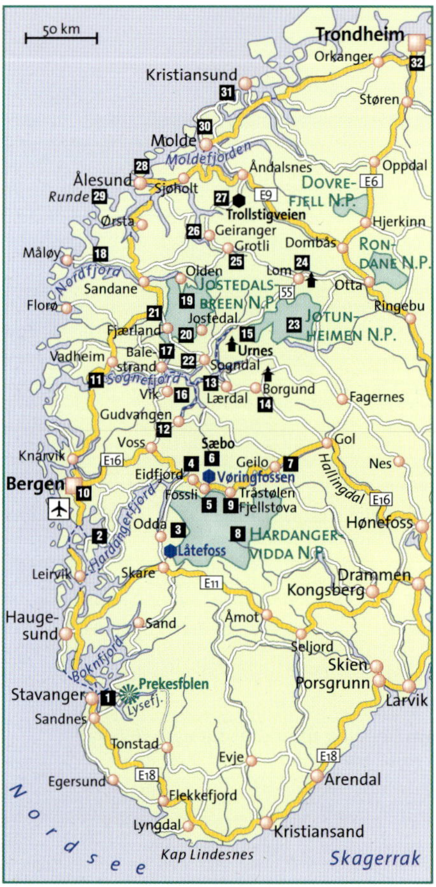

Die norwegische Fjordküste

Ganz typisch für die schärenreiche und zerlappte Westküste Norwegens sind die sich fingerförmig verästelnden Fjorde, die kilometerweit ins gebirgige Landesinnere greifen und bis hin zu den alpinen Regionen von Hardangervidda und Jotunheimen reichen. Vom Schiff aus wirken sie wie enge Schluchten, denn steile, teilweise mehr als 1.000 m hoch aufragende Felshänge fassen sie ein. Spektakulär stürzen zahlreiche wildschäumende Wasserfälle wie der Feigumfoss am Lustrafjord von den Berghöhen in die Tiefe.

Norwegens eisige Vergangenheit

Die Fjorde sind Zeugen der Eiszeiten. Damals, zuletzt vor mehr als 15.000 Jahren, war Norwegen von stellenweise 2.000 m dickem Inlandeis bedeckt. Die Gletscherzungen schoben sich von den Hochebenen durch die Täler in die Nordsee, und die mitgeführten Schuttmassen wirkten als Schleifmittel. Die Erosion verbreiterte die durch Flußarbeit entstandenen V-Täler U-förmig und schuf besonders in den mittleren Verlaufs-

Rund 200 km weit reicht der Sognefjord ins Landesinnere hinein; man blickt hinüber auf das Dorf Vik mit seiner Stabkirche.

strecken enorme Vertiefungen. Als in der Nacheiszeit der Meeresspiegel anstieg, sind diese Täler ertrunken. Außerdem hebt sich – befreit vom Gewicht des Eises – die skandinavische Landmasse noch bis heute. So tauchten die steilen und schroffen Berghänge aus dem Meer auf.

Trotz der nördlichen Lage herrscht besonders an den inneren Fjordarmen eine einzigartige Klimagunst. Der Golfstrom sorgt selbst im Winter für eisfreie Meeresbuchten. An sonnenexponierten und windgeschützten Leelagen können daher Kirschen, Äpfel, Birnen und bis Trondheim hinauf sogar noch Erdbeeren angebaut werden, obwohl man sich hier schon auf gleicher Breite wie Südgrönland befindet.

Neben dem Obstanbau wird in den letzten Jahren verstärkt auch Aquakultur betrieben, die Aufzucht von Farmfischen in freischwimmenden Netzkäfigen. Runde Becken in den Fjordarmen dienen der Aufzucht begehrter Speisefische wie Lachs und Forelle.

Die Städte liegen an der Mündung der Fjorde und an geschützten Häfen. Am besten sind sie auf dem Seeweg über die Hurtigrute (s. Kasten S. 52) zu erreichen. Fährlinien über die Fjorde ergänzen das Straßennetz.

Informationen: Fjord Norge AS, Postboks 4108 Dreggen, N-5023 Bergen, Tel. 55 30 26 40.

Stavanger

Die Ölmetropole

Stavanger 1, die Küstenstadt am verzweigten **Boknfjord**, boomt. Heute ist die Ölmetropole mit 104.000 Einwohnern die viertgrößte Stadt Norwegens. Im Mittelalter Handels-, Hafen- und Bischofsstadt, wurde Stavanger im 19. Jahrhundert durch die Ölsardinen reich, das Silber des Meeres, seit den 1970er Jahren durch Erdöl, das schwarze Gold. Die größten Öl- und Gasfelder „Tor“, „Ekofisk“ und „Eldfisk“ liegen etwa 320 km vor der Küste. Rund 130 m ragen die Ölplattformen über den Meeresgrund, Städte aus Stahl, die nicht besichtigt werden können.

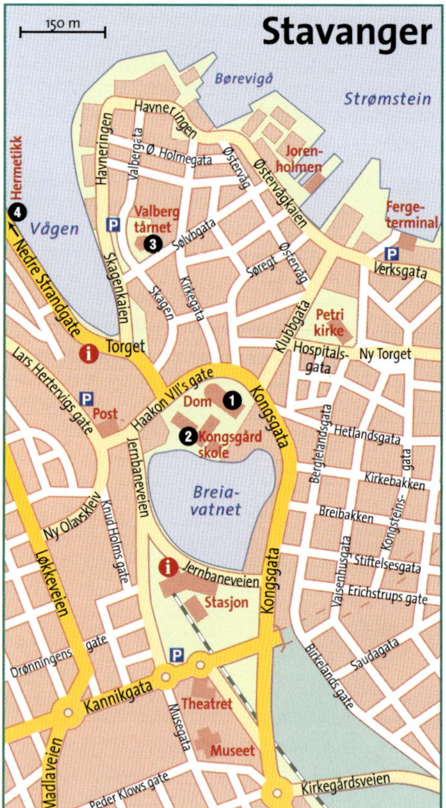

Noch bis Mitte der 1960er Jahre führte Stavanger ein beschauliches Dasein. Mit der Off-Shore-Tätigkeit kam dann der tiefgreifende Wandel. Überall schossen Beton- und Glasbauten in die Höhe. Niederlassungen internationaler Ölkonzerne und der staatlichen Ölgesellschaft Statoil prägen die moderne Stadt. Über 70.000 Menschen verschiedenster Nationalität verdienen ihr Geld direkt oder indirekt im Ölgeschäft. Der Rohölpreis unterliegt jedoch auf dem Weltmarkt zyklisch großen Schwankungen. Durch den 1998 einsetzenden Verfall der Rohölpreise wurde die Goldgräberstimmung vorübergehend gedämpft. Niedrige Preise bedeuteten Rationalisierungen, Entlassungen und geringere Staatseinnahmen; doch 1999 erholte sich der Ölpreis wieder. Das kontinuierlich blühende Erdgasgeschäft bleibt ein stabilisierender Faktor.

Stadtrundgang

Der historische Altstadtkern, Gamle Stavanger, liegt an der Vågenbucht. Entlang den idyllischen, kopfsteingepflasterten Gassen gibt

Spektakuläre 600 Höhenmeter fällt der Prekestolen senkrecht zum Lysefjord ab.

es etwa 170 denkmalgeschützte Holzhäuser, die noch aus dem 18. und 19. Jahrhundert stammen und im typischen Weiß gestrichen sind. Die **Domkirche** ❶, im 12. Jahrhundert im romanischen Stil erbaut, wurde nach einem Brand gotisch erneuert und ist nach dem Trondheimer (s. S. 60) der bedeutendste Dom Norwegens. Daneben liegt am See, dem Breiavatnet, **Kongsgårdskole** ❷, einst Residenz der dänischen Könige und heute Kathedralschule.

Auf dem Marktplatz am Hafen geht es werktags sehr lebhaft zu. Nicht weit ist es von hier zum **Valbergtårnet** ❸, einem ehemaligen Feuerwachturm, von dem man eine herrliche Aussicht über Gamle Stavanger und die neuzeitlichen Stadterweiterungen hat. Alles über die Sprotte, ihre Konservierung als Ölsardine und die frühere Vermarktung erfährt man im **Hermetikk** ❹, dem Konservenmuseum auf der Westseite der Vågen-Bucht (geöffnet 15. Juni bis 15. August Di und Do 11–15 Uhr, sonst am ersten So im Monat 11–15 Uhr). Daß die Sardinenproduktion unvergessen ist, zeigen Fahnen in Stavanger, auf denen ein gelber Dosenöffner leuchtet.

Informationen: Turistkontoret Stavanger, Rosenkildetårnet 1, N-4001 Stavanger, Tel. 51 85 92 00, Fax 51 85 92 02.

Tip

Aufstieg zum Prekestolen

Der Prekestolen liegt am Lysefjord nahe Stavanger. Der Pfad verläuft über Stock und Stein steil hinauf (gutes Schuhwerk und Kondition erforderlich). Der nach Regenfällen sehr glitschige Weg führt in etwa 2 Stunden auf den knapp 600 m hohen Prekestolen, der senkrecht über dem Lysefjord eine markante Felskanzel bildet. Der Ausblick in den bis zu 2 km breiten Fjord ist grandios. Den Parkplatz erreicht man von Sandnes (E 18 nahe Stavanger) auf der E 13 bis Lauvik (hier Fähre nach Oanes) und weiter entlang dem Högsfjord bis Jøssang, wo eine Stichstraße zur Prekestolhytta abzweigt. Von Stavanger fahren auch Ausflugsschiffe in den Lysefjord. Informationen: Destination Ryfylke, N-4130 Hjelmeland, Tel. 51 75 95 10.

Hardangerfjord und Hardangervidda

Am Fjord, an dem die Obstbäume blühen

Der **Hardangerfjord** 2 mit seinen unzähligen Verästelungen und den umliegenden Fjellhochflächen bietet eine einmalige Landschaftskulisse. Nach Osten zu erstreckt er sich mit dem **Eidfjord** bis an den Rand der **Hardangervidda**, nach Süden hin mit dem **Sørfjord** bis zur Stadt **Odda** 3.

Als besonders reizvoll gilt die Reisezeit von Mitte Mai bis Ende Juni, wenn die Apfel- und Kirschbäume an den Südhängen blühen und sich auf der Hardangervidda noch Schneewände neben der Straße türmen. Hier liegt das größte Obstanbaugebiet Norwegens; schon um 1200 führten Mönche den Anbau der Früchte ein.

Als Ausgangspunkt für eine Tour empfiehlt sich der Ort **Eidfjord** 4. Hier kann man Lachse angeln und im Nachbarort Øvre Eidfjord das **Hardangervidda Natursenter** (mit Touristeninformation, Tel. 53 66 59 00) besuchen (geöffnet April bis Mai und September bis Oktober tgl. 10–18 Uhr, Juni bis August tgl. 9–20 Uhr).

Charakteristisch für die Umgebung sind auch die vielen Wasserfälle. Südlich von Odda 3 an der E 13 bietet sich ein großartiger Blick auf den zweiarmigen **Låtefoss**. 165 m stürzt er sich zwischen zwei klammartig eingeschnittenen Felshängen in die Tiefe. Wer von Eidfjord zur Hardangervidda hinauffährt, eine Strecke mit vielen neuen Tunneln, bewundert bei **Fossli** 5 den **Vøringfossen** mit einer Fallhöhe von 180 m. Ob er fließt oder nicht, liegt in der Hand der Sima-Kraftwerksgesellschaft. Immerhin garantiert der Betreiber vom 1. Juni bis 15. September eine Mindestmenge von 12 m^3 Wasser pro Sekunde für den Wasserfall. Bei **Sæbo** 6 im Simadal kann man das 200 m lange, 20 m breite und 40 m hohe Kraftwerk besichtigen, das vollständig in den Berg gebaut ist (im Sommer tgl. Führungen, Informationen s. u.). Mit einer Leistung von etwa 1.100 Megawatt zählt es zu den größten seiner Art in Europa. Der Wasserkraftausbau spielt in Westnorwegen besonders zwischen Lysefjord (bei Stavanger) und Hardangervidda eine große Rolle, denn hohe Niederschlagsmengen und eine gewaltige Reliefenergie lassen sich ideal nutzen, um preiswerten Strom zu erzeugen.

Sobald man den Vøringfossen hinter sich läßt, geht die Fahrt durch einen Fjellbirkenwald, bis man schließlich das Hochplateau erreicht.

Hardangervidda – eine weite Hochebene

Mit 7.400 km^2 ist die Hardangervidda Europas größtes Hochplateau. 1981 erklärten die zuständigen Behörden 3.422 km² des Gebietes zum Nationalpark. Die Vidda ist ein welliges Hochfjell (auf rund 1.200 m gelegen), über das sich nur wenige Berggipfel von 1.400–1.900 m Höhe erheben. Weithin sichtbar ist der Gletscher des 1.862 m hohen **Hardangerjøkulen**. Die Ebene wird von Flüssen zerschnitten, Moränenwälle aus der letzten Eiszeit stauen das Wasser und bilden Seen.

Der größte Teil des Gebietes liegt oberhalb der Baumgrenze, die sich hier bei etwa 1.000 m befindet. Wegen des wechselnden Kalk-, Nährstoff- und Feuchtigkeitsgehaltes im Boden sowie einer unterschiedlichen Dauer der Schneebedeckung erweist sich die Vegetation mit etwa 500 Farn- und Blütenpflanzen als sehr vielfältig. 98 Vogelarten leben hier, unter den 21 Säugetierarten fallen Wildren und Eisfuchs auf; letzter hat seine Baue im sandigen Terrain.

Während im Westen die Hochebene steil zum Eidfjord abfällt, bildet im Osten **Geilo** **7** am Ende des Numedal das Tor zur Hardangervidda. Geilo ist ein Wintersportzentrum, deshalb fallen im Sommer die Skipisten als häßliche Waldschneisen ins Auge. Dank der guten Infrastruktur mit vielen Hotels bildet der Ort im Sommer einen günstigen Ausgangspunkt für Ausflüge in den Nationalpark. Fährt man mit dem Sessellift zum **Geilohøgda** auf 1.100 m Höhe, gewinnt man einen schönen Überblick.

Im Hardangervidda-Nationalpark

Der Nationalpark (3.422 km²) **8** ist ein Paradies für Wanderer und Naturliebhaber. Bei einem Netz von mehr als 1.200 km markierten Wegen verteilen sich die Touristen schnell in der Landschaft, und man bewegt sich schon bald allein in der Natur. Da es auch im Juli und August zu Schneefällen kommen kann, braucht man regendichte und warme Kleidung.

Vom Hochplateau der Hardangervidda stürzt der Wasserfall Vøringfossen 180 m in die Tiefe.

Fjellvögel – schnelle Brüter

Rein, zack – Nest – Eier – Junge – raus! So läßt sich, kurzgefaßt, das Brutverhalten der meisten nordischen Singvögel beschreiben. 6–12 Wochen haben sie Zeit, um zwischen der Varanger-Halbinsel im hohen Norden und der Hardangervidda im Süden ihre Brut im arktisch-alpinen Fjell großzuziehen. Der Flug zu diesem Ort der härtesten Arbeit im Vogelleben heißt im Sprachgebrauch der Vogelzugforscher ironischerweise Heimzug – ein unwirtliches Heim, das nur für kurze Zeit schneefrei ist, dann aber im explodierenden Sommer für Beeren- und Insektenfresser Nahrung im Überfluß bietet.

Die Überwinterungsgebiete der meisten Fjellvögel liegen in Afrika, einem wesentlich stabileren Lebensraum mit ausgeglichenen Temperaturen und Nahrungsangeboten. Warum also in den hohen Norden fliegen? Die Antwort ist heute ziemlich klar: Im Juni und Juli kann in Afrika aufgrund begrenzter Ressourcen nur eine bestimmte Anzahl von Vögeln erfolgreich brüten. Der Nahrungsbedarf liegt während der Brutzeit um ein Mehrfaches über dem Jahresdurchschnitt eines Vogelpaares und steigt mit der Anzahl und dem Alter der Jungen an. Wenn man in Afrika nicht brüten kann, muß man eben für begrenzte Zeit auswandern. Die paar Wochen im Norden verdoppeln oder verdreifachen kurzfristig die Vogelpopulation. Es wächst immer genug Ersatz für Alte und Kranke heran. Das Überleben ist gesichert, selbst wenn auf dem Zug und im Überwinterungsgebiet viele Gefahren und Verluste drohen. Sogar kleine Vögel von 15–50 g Gewicht sind zu diesen außerordentlichen Leistungen fähig. Als Brennstoff dient Körperfett. Da eine „Tankfüllung" längst nicht für die erforderlichen 6.000–8.000 km reicht, fliegen die Vögel nach dem Tankstellenprinzip: Entlang der Zugroute wird an bestimmten Stellen gerastet und soviel wie möglich gefressen. „Rastwanderung" nennen das die Fachleute. Damit dies auch in Zukunft funktioniert, müssen die entsprechenden Biotope zwischen Afrika und Nordeuropa geschützt werden.

Auch im Fjell lauern Gefahren. Schneeammern, Spornammern, Ohrenlerchen, Bergfinken, Steinschmätzer, Ringdrosseln, Steinwälzer, Alpenstrandläufer bis hin zu den Gold- und Mornellregenpfeifern schlagen sich die Bäuche voll mit Beeren und Insekten. Sie ziehen natürlich auch Räuber oder besser gesagt Beutegreifer an: Wanderfalke und Merlin sind spezialisierte Vogeljäger, genauso wie Sperber und Habicht, die in den Randbereichen der baumlosen Fjells jagen. Habicht und Wanderfalke bevorzugen größere Vögel wie Regenpfeifer und Rauhfußhühner, Merlin und Sperber hingegen kleinere Singvögel. Auch hier hat die Natur Angebot und Nachfrage stabil geregelt.

Von der zyklisch erhöhten Produktivität mancher Pflanzen profitieren nicht nur die Fjellvögel, sondern auch Kleinsäuger wie Nager (s. Farbtafel S. 89). Allerdings bilden in den Landlebensräumen des Fjells die kurzen Nahrungsketten (Pflanzen – Insekten/Wirbellose – Vögel – spezialisierter Beutegreifer bzw. Pflanzen – Berglemminge / Wühlmäuse – Beutegreifer) relativ anfällige Strukturen. Schnee zur Unzeit oder dauerhaft schlechtes Wetter zur Brutzeit können zum Ausfall einer Brutsaison für die meisten Arten führen, denn kurzfristiges Ausweichen auf andere Nahrung oder andere Lebensräume bleibt ihnen verwehrt.

Vogeljäger

1 Sperber / Spurvehauk (N) / Sparvhök (S) / *Accipiter nisus*
2 Habicht / Hønsehauk (N) / Duvhök (S) / *Accipiter gentilis*
3 Wanderfalke / Vandrefalk (N) / Pilgrimsfalk (S) / *Falco peregrinus*
4 Merlin / Dvergfalk (N) / Stenfalk (S) / *Falco columbarius*
5 Gerfalke / Jaktfalk (N, S) / *Falco rusticolus*

Lebensraum Kahlfjell und Tundra

6 Mornellregenpfeifer / Boltit (N)/ Fjällpipare (S) / *Eudromias morinellus*
7 Goldregenpfeifer / Heilo (N) / Ljungpipare (S) / *Pluvialis apricaria*
8 Schneeammer / Snøspurv (N) / Snösparv (S) / *Plectrophenax nivalis*
9 Spornammer / Lappspurv (N) / Lappsparv (S) / *Calcarius lapponicus*
10 Steinschmätzer / Steinskvett (N) / Stenskvätta (S) / *Oenanthe oenanthe*
11 Ohrenlerche / Fjellerke (N) / Berglärka (S) / *Eremophila alpestris*
12 Steinwälzer / Steinvender (N) / Roskarl (S) / *Arenaria interpres*
13 Knutt / Polarsnipe (N) / Kustsnäppa (S) / *Calidris canutus*
14 Meerstrandläufer / Fjæreplytt (N) / Skärsnäppa (S) / *Calidris maritima*

Lebensraum Birkenfjell

15 Birkenzeisig / Gråsisik (N) / Gråsiska (S) / *Carduelis flammea*
16 Fitis / Løvsanger (N) / Lövsångare (S) / *Phylloscopus trochilus*
17 Braunkehlchen / Buskskvett (N)/ Buskskvätta (S) / *Saxicola rubetra*
18 Bergfink / Bjørkefink (N) / Bergfink (S) / *Fringilla montifringilla*
19 Wacholderdrossel / Gråtrost (N)/ Björktrast (S) / *Turdus pilaris*
20 Rotdrossel / Rødvingetrost (N) / Rödvingetrast (S) / Turdus iliacus

30–38 cm
1
25–30 cm
50–56 cm
5
2
4
3
39–50 cm
48–63 cm
20–22 cm
6
7
8
10
11
16 cm
28 cm
9
12
16 cm
15 cm
17 cm
23 cm
25 cm
20 cm
14
13
16
11,5 cm
17
12,5 cm
15
12–13 cm
19
18
20
25,5 cm
15,5 cm
21 cm

Gletscher formten einst die Hochebene der Hardangervidda, heute ein arktisch-alpiner Lebensraum.

Von der einzigen (mautpflichtigen) etwa 10 km langen Stichstraße, die von der **Tråastølen Fjellstova** **9** (an der RV 7) nach Süden abzweigt, hat man einen guten Zugang in den Park. Von dem Parkplatz an einem See kann man weit – möglichst mit Gummistiefeln – in die ausgedehnten Moorgebiete hineinwandern.

Man findet niedrig wachsende, arktisch-alpine Vegetation mit Pflanzen wie Schnee-Enzian, Siebenstern, Stengelloses Leimkraut und als besondere Kostbarkeit das Braunspitzige Läusekraut. Es blüht im Juni und hat auf der Hardangervidda sein südlichstes Vorkommen in Norwegen. Verschiedene Heidearten wie Moosbeere, Zwittrige Krähenbeere, Preiselbeere und Echte Bärentraube gedeihen hier. Die Flußufer sind von Zwergbirken, Silber- und Lapplandweiden gesäumt, Schuttfluren sind mit Flechten überzogen.

Überall hört man das Flöten des Goldregenpfeifers, der meist auf Steinen oder erhöhten Vegetationspolstern sitzt. Als typisch für diese Landschaft gelten Ohrenlerche, Spornammer, Steinschmätzer (s. Farbtafel S. 47), Moor- und Alpenschneehuhn. Auf Schneefeldern entdeckt man manchmal Wildrentiere, die sich dort vor den lästigen Mücken schützen. Wichtigster Nager des Parks ist der goldhamstergroße Berglemming (s. Farbtafel S. 89).

Mit dem Auto quert man die Hardangervidda auf der Nationalen Touristenstraße 7 (Teilstrecke der E 16, ganzjährig offen) zwischen Hardangerjøkulen und dem südlich angrenzenden Nationalpark. Die Routen besitzen viele Rastplätze als Ausgangspunkte für Wanderungen in den Park.

Buchung (etwa für das Sima-Kraftwerk, für Fjordrundfahrten u. a.) und Informationen bei: Eidfjord Turist Kontor, N-5783 Eidfjord, Tel. 53 67 34 00.

Bergen
Die alte Hansestadt

Bergen **10**, mit 221.000 Einwohnern Norwegens zweitgrößte Stadt, hat sich ihren Kleinstadtcharme erhalten. Auf der Landseite von bewaldeten Höhen umgeben, liegt sie malerisch am Wasser. Der Hafen bestimmt das Stadtbild. Hier legen Schiffe der Hurtigrute (s. Kasten S. 52), große Kreuzfahrtschiffe und viele Fischerboote an. Seit Jahrhunderten ist die Stadt der kulturelle Mittelpunkt Westnorwegens. Bis 1299 war Bergen die reichste Stadt des Landes und Sitz norwegischer Könige. Erst danach übernahm Oslo die Rolle der Hauptstadt.

Bergen blühte besonders in der Hansezeit: Getreide, Lüneburger Salz und Bier wurden aus Deutsch-

Tip

Bergen im Angebot

Das Rabattpaket, das sich eigentlich kein Bergen-Besucher entgehen lassen sollte, umfaßt Hotelzimmer mit Frühstück, Bergen-Guide und Bergen-Card. Die Karte gewährt freien Eintritt zu den meisten Museen und zur Fløibahn, kostenlose Busfahrten, Ermäßigungen bei Stadt- und Hafenrundfahrten, diversen Sehenswürdigkeiten und Konzerten sowie in Restaurants, Kinos und Theatern. Der Preis hängt ab vom Reisetermin, der gewählten Hotelkategorie und den Aufenthaltstagen; er gilt für einen Erwachsenen und zwei Kinder unter 16 Jahren im selben Zimmer zu stark ermäßigtem Preis. Vor Ort kann die Bergen-Card auch ohne Übernachtungspaket gekauft werden.
Buchung und Informationen: Bergen Tourist Information, Vågsallmenningen 1, N-5014 Bergen, Tel. 55 32 14 80 oder Norden Tours, Kleine Johannisstraße 10, D-20457 Hamburg, Tel. (040) 3 78 70 22 70.

Reges Leben herrscht in den alten Handelshäusern am Hafen von Bergen.

land importiert, Trockenfisch, Salzheringe und Butter exportiert. In vier Jahrhunderten herrschten die deutschen Hansekaufleute zeitweilig sogar als Staat im Staate. Im Jahr 2000 ist Bergen übrigens Europäische Kulturhauptstadt.

Stadtrundgang

Bergens Herz schlägt am **Fischmarkt** ❶ am inneren Ende der Vågen-Bucht. Neben großen Fisch- und Hummerbecken werden leckere Lachsbrötchen angeboten. Um die belebte Hafenbucht Vågen, in der auch die Ausflugsschiffe abfahren, liegen im Halbkreis die ältesten Stadtteile mit vielen Holzhäusern und schmalen Gäßchen. Gegenüber dem Fischmarkt befinden sich das **Hanseatische Museum** ❷, das den Arbeitsalltag jener Zeit sehr anschaulich dokumentiert (geöffnet Juni bis August tgl. 9–17 Uhr, sonst tgl. 11–14 Uhr), und die **Bryggen** ❸, die Deutsche Brücke, die auf der UNESCO-Liste der Weltkulturdenkmäler steht. Während der Hansezeit lebten und arbeiteten in den hochgiebeligen Kontorhäusern aus Holz bis zu 2.000 Menschen. Heute beherbergen die Gebäude kleine Läden, Ateliers von Kunsthandwerkern und Restaurants. Mitten im Viertel steht ein kleiner Steinbau, der Tracteursted, der „Tresor" der damaligen Kaufleute. Hier waren die Hauptbücher und Dokumente vor den oft verheerenden Feuersbrünsten geschützt.

Im Westen der Bryggen, direkt an der Hafeneinfahrt, liegt die alte Festung **Bergenhus** ❹. Innerhalb der Festungswälle wurde bereits 1261 die riesige frühgotische **Håkonshalle** als Festsaal für die Könige fertiggestellt, die heute als Rahmen bei festlichen Anlässen dient. Der benachbarte **Rosenkrantzturm** stammt in seiner heutigen Form aus dem 16. Jahrhundert (Turm und Håkonshalle geöffnet 15. Mai bis 31. August tgl. 10–16 Uhr).

Die **Marienkirche** ❺ hinter der Bryggen ist Bergens ältestes Gebäude (frühes 12. Jahrhundert). Zwei mächtige Türme flankieren das Westportal. Die barocke Kanzel von 1676 zählt zu den größten Kostbarkeiten. Die 1248 errichtete **Domkirche** ❻ erfuhr im Laufe der Jahrhunderte immer wieder Umgestaltungen. Nahe am **Bahnhof** ❼ steht das **Stadttor** aus dem Jahr 1628. Wo heute die Autofahrer eine Mautgebühr an den Bomstasjoner zahlen, mußten schon im 17. Jahrhundert die Bauern eine Zollgebühr entrichten, um in die Innenstadt zu kommen.

Nicht weit entfernt befindet sich im ehemaligen Barackenhospital das **Lepramuseum** ❽ (geöffnet 20. Mai bis 31. August tgl. 11–15 Uhr). Es erinnert an den Bergener Arzt Armauer Hansen, der 1873 das Leprabakterium entdeckte.

Im **Universitätsviertel** ❾ mit dem **Botanischen Garten**, in dem man nach dem Stadtrundgang ausspannen kann, zeigen mehrere **Museen** ihre Schätze, u. a. für **Naturkunde**, **Kulturgeschichte** (beide geöffnet 15. Mai bis 31. August Di-Sa 10–15 Uhr, So 11–16 Uhr, sonst 11–14 Uhr) und **Seefahrt** ❿ (geöffnet Juni bis August tgl. 11–15 Uhr, sonst tgl. 11–14 Uhr). An der äußersten Landspitze der Innenstadt zwischen Vågen und Puddefjord liegt mitten im weitläufigen Nordnespark ein hervorragendes **Aquarium** ⓫ (geöffnet Mai bis September tgl. 9–20 Uhr, sonst tgl. 10–18 Uhr).

Im Stadtzentrum beginnt eine **Kabinenbahn** ⓬, die langsam schaukelnd auf den 319 m hohen **Fløten** fährt (Abfahrt jede halbe Stunde Mai bis August 6–24 Uhr, sonst 6–23 Uhr). Von dort bietet sich eine großartige Aussicht über die Stadt und den Hafen. Zahlreiche Spazierwege führen durch Waldgelände an Seen und Bergen entlang.

Südöstlich von Bergen, erhebt sich der 643 m hohe **Ulriken**, zu dem eine Schwebebahn hinauffährt (Fahrten im Sommer tgl. von 9–23 Uhr). Zu Fuß ist der Gipfel in etwa 2 Stunden erreichbar.

Stadt der Künste

Bergen verehrt seine großen Söhne: den Dichter Ludvig Holberg (1684–1754) und den Komponisten Edvard Grieg (1843–1907). Henrik Ibsen erhebt sich als Bronzestatue

Tip

Per Bahn über das Dach Norwegens

Die Bergen-Bahn verläuft von Oslo durch das Hallingdal über das Fjell bei Myrdal bis Bergen. Unvergeßliche Panoramen ziehen während der Gebirgsfahrt vorbei. Die Flåmbahn, eine der größten Eisenbahnattraktionen der Welt und ein Meisterwerk der Ingenieurkunst, bietet einen weiteren Höhepunkt. Von Myrdal windet sich die Strecke auf einer Länge von nur 20 km gewaltige 865 Höhenmeter hinunter zum Fjord. Trotz mehrerer Tunnel eröffnet die Fahrt Ausblicke auf die atemberaubende Kulisse von Bergen und Wasserfällen. Informationen: NSB Reisesenter, Strømgaten 4, Postfach 673, N-5001 Bergen, Tel. 55 96 69 00, Fax 55 96 60 61.

Über die Hurtigrute

Seit mehr als 100 Jahren verkehren die legendären Postschiffe entlang der norwegischen Küste, der „Reichstraße Nr.1". Am 2. Juli 1893 transportierte das erste Schiff der Hurtigrute Menschen und Fracht zwischen den Häfen Trondheim und Hammerfest. Im Laufe der Zeit wurde der Liniendienst dann immer weiter ausgebaut. Seit 1898 bildet Bergen den südlichen Wendepunkt, Kirkenes seit 1914 den nördlichsten Zielhafen.
Wenn im Winter Straßen und Flughäfen verschneit sind, gilt die Hurtigrute als das zuverlässigste und pünktlichste Fortbewegungsmittel – eine wichtige Lebensader für die Bevölkerung an der Küste. Heute sind die elf Schiffe alltägliches Transportmittel für Post und Fracht mit vier bis maximal 50 Autostellplätzen, außerdem dienen sie als Fähre für Einheimische und komfortable Reisegelegenheit für Touristen. Auf der 2.500 Seemeilen langen, elftägigen Fahrt von Bergen nach Kirkenes und zurück steuern die Schiffe insgesamt 34 Häfen an. In manchen reicht die Zeit gerade für einen kurzen Landgang. In Bergen, Trondheim und Tromsø hat man hingegen mehrere Stunden Aufenthalt, um die Stadt auf eigene Faust zu erkunden oder am organisierten Landprogramm teilzunehmen. Außerdem ist die Route so gewählt, daß man auf der Rückreise dort bei Tag anlegt, wo auf der Hinreise Nacht war.
Meist fährt das Schiff in unmittelbarer Nähe der beeindruckenden Küste und erlaubt so den Blick auf die atemberaubende Landschaft. Vom Liegestuhl auf dem Sonnendeck sieht man steile Fjordhänge und kleine, idyllisch gelegene Fischerdörfer vorbeiziehen. Seevögel begleiten das Schiff. Die Mitternachtssonne taucht die Umgebung in ein warmes Farbenmeer. Als Höhepunkt der Reise erleben die meisten das Nordkap, den vermeintlich nördlichsten Punkt Europas (s. Kasten S. 82).
Die Reise lohnt sich besonders während der Mitternachtssonne und in der Zeit von Ende März bis April, wenn die Frühjahrstage wieder länger und die Fjellgebiete im Norden noch tief verschneit sind.
Die Norwegische Schiffahrts-Agentur bietet verschiedene Rundreisen und Kombinationen an. So kann man z. B. bis Oslo fliegen und mit der Bergen-Bahn die faszinierende Gebirgswelt Norwegens (s. Tip S. 51) erleben, bevor man sich in Bergen einschifft. Ab Tromsø werden sogar Seereisen in die Gletscherwelt Spitzbergens angeboten. Wegen der Eisverhältnisse finden diese Fahrten allerdings nur vom 21. Juni bis zum 23. August statt.
Informationen: NSA, Norwegische Schiffahrts-Agentur GmbH, Postfach 11 08 33, D-20408 Hamburg, Tel. (040) 37 69 30, Fax (040) 36 41 77.

vor dem **Theater** ⓭, das er einige Jahre leitete. Ganzjährig laufen überall in Bergen Theater-, Ballett-, Folklore- und Musikveranstaltungen. Als kultureller Höhepunkt gelten die Bergener Festspiele im Mai/Juni. 1978 wurde für das alljährliche internationale Theater- und Musikfestival eigens die **Grieg-Halle** ⓮ mit hervorragender Akustik gebaut (Tickets unter Tel. 55 21 61 50). Während dieser Festivals genießen Musikliebhaber vor allem die Kammerspiele in der Håkonshalle. Ein weiterer Veranstaltungsort lockt die Gäste: **Troldhaugen** im südlichen Außenbezirk. 22 Jahre lebte hier Norwegens größter Komponist Edvard Grieg. Seine alte Holzvilla, umgeben von einem zauberhaften Garten, ist heute ein Museum (Troldhaugenveien 65, N-5040 Paradis, Tel. 55 91 07 10; geöffnet 18. April bis 1. Oktober tgl. 9–18 Uhr, sonst Mo-Sa 8–15 Uhr). 1985 eröffnete man hier eine Konzerthalle für 200 Besucher.

Informationen: Tourist Information, Vågsallmenningen 1, N-5014 Bergen, Tel. 55 32 14 80, Fax 55 32 14 64, Internet www.bergen-travel.com.

Sognefjord und Jotunheimen

Der Sognefjord 11 gilt als Fjord der Superlative: 200 km zieht er sich ins Gebirge und ist im mittleren Abschnitt bis zu 1.300 m tief. Ins Landesinnere verästelt sich der Sognefjord in viele Seitenarme. Einer davon ist der **Nærøyfjord**, Norwegens schmalster Fjord, umgeben von steil aufragenden Bergwänden und schneebedeckten Gipfeln. Ein besonderes Erlebnis bietet die Fährfahrt von **Gudvangen** 12 durch den Nærøyfjord und den **Aurlandfjord** bis **Lærdal** 13. Direkt am **Lærdalfjord** liegt das Wildlachszentrum (s. Tip).

Stabkirchen und Wikingerzentrum

Etwa 30 km östlich von Lærdal begeistert die hervorragend erhaltene Stabkirche von **Borgund** (1150) 14 mit Drachenköpfen auf den Giebeln und Portalschnitzereien alle Kulturinteressierten. Die Stabkirchen konzentrieren sich rund ums Sognefjord-Gebiet (s. Kasten S. 32). Besonders idyllisch liegen direkt am Ufer des **Lusterfjords** die kleinste und älteste Stabkirche von **Urnes** (1050) 15 und am Sognefjord die von **Vik** 16 (s. Foto S.32).

12 km hinter Vik (RV 13) erreicht man **Vangsnes**. Hier führt eine der vielen Fährverbindungen über den Sognefjord nach **Hella** oder **Balestrand** 17 (beide an der RV 55) und weiter zur Gletscherwelt des Jostedalsbreen oder nach Jotunheimen.

Das **Wikingerzentrum** in Balestrand informiert über die wilde Zeit der Wikinger und ihre Entdeckungsfahrten.

Faszinierende Gletscherwelt

Zwischen den inneren Armen des Sogne- und des **Nordfjords** 18 erstreckt sich der **Jostedalsbreen-Nationalpark** (1.230 km^2) 19 mit einem 500 km^2 großen Gletschergebiet und einer Eisdicke von rund 300 m. Die Gletscher stammen nicht aus der letzten Eiszeit, die vor 10.000 Jahren zu Ende ging, sondern aus einer jüngeren Kälteperiode, die 500 v. Chr. begann. Mitte des 18. Jahrhunderts erreichten die Eismassen wahrscheinlich ihre größte

Tip

Besuch im Wildlachszentrum

Am inneren Arm des Sognefjords, am Ufer des Lærdalselva, liegt das Norwegische Wildlachszentrum. Im „Observatorium“ der Anlage gibt es einen Kolk, durch den 300–1.000 l Wasser pro Sekunde fließen. Hier kann man sehr schön Lachse und Forellen in den Stromschnellen am Wasserfall beobachten. Die Ausstellung informiert über Leben und Meereswanderungen des atlantischen Lachses sowie über das Sportangeln, die Fliegenfischerei. Man kann sich auch einen preisgekrönten Film zu den gezeigten Themen ansehen. Informationen: Norsk Villakssenter, N-5890 Lærdal, Tel. 57 66 67 71, geöffnet Mai und September tgl. 10-18 Uhr, Juni bis August tgl. 9-21 Uhr, Oktober tgl. 10-16 Uhr.

Aus dem Gletscher Nigardsbreen schießt ein reißender Strom und läßt zeitweise ein imposantes Gletschertor entstehen.

Ausdehnung. In jüngster Zeit ziehen sich weltweit die Gletscher aufgrund der Klimaerwärmung zurück.

Vom geschlossenen Eisfeld schieben sich 26 größere Gletscherzungen in die Täler. Besonders eindrucksvoll und gut zugänglich sind der **Nigardsbreen** und der **Briksdalsbreen**. Von **Gaupne** am **Lusterfjord** verläuft die RV 604 nach **Jostedal** **20** und weiter bis **Elvebrok** (letzter Abschnitt bis zum Nigardsbreen mautpflichtig). Um zur Gletscherzunge zu gelangen, kann man das Fährboot nehmen. Am Fuß des Gletschers blickt man in das große Gletschertor, aus dem das Schmelzwasser, die weißlich trübe Gletschermilch, reißend zu Tal stürzt. Man bestaunt auch die Auswirkungen der Glazialerosion: Den Felsuntergrund hat einerseits das Eis abgeschliffen und glatt poliert; andererseits schlugen mitgeführtes Gesteinsmehl und eingefrorene Gesteinstrümmer deutlich erkennbare Schrammen.

Besucher dürfen sich nur bis zur Absperrzone vor dem Gletscher aufhalten. Gletschertouren bieten ein großartiges Erlebnis, sind aber durchaus gefährlich, denn die Gletscher bewegen sich ständig: der Jostedalsbreen beispielsweise um 1–10 m pro Jahr, an Steilpassagen aber auch um 1–2 m am Tag. Mehrere Meter breite Spalten können von Schnee bedeckt sein. Daher sollte man sich unbedingt einer sachkundigen Führung anschließen, die es in verschiedenen Schwierigkeitsgraden gibt (Informationen darüber erhält man in den Gletscherzentren).

Im **Gletscherzentrum Breheimsenteret** in Jostedal **20** erfährt man alles über die Eiszeiten und ihre glazialen Phänomene. Im **Gletschermuseum** in **Fjærland** **21** (RV 5) am gleichnamigen Fjord, das mit den Universitäten von Oslo, Bergen und Tromsø zusammenarbeitet, bestaunen die Besucher eine Nachbildung der Landschaft unter einem Gletscher. Sie gehen auf weichem Boden durch tropfende Höhlen und lernen das Innenleben eines Gletschers kennen.

Vom örtlichen Flugplatz in **Sogndal** **22** (RV 55) werden Rundflüge über den Jostedalsbreen angeboten. Bei schönem Wetter hat man einen gigantischen Rundblick über die weiße Welt.

Informationen: Sogn og Fjordane Reiselivsråd, Postboks 299, N-5801 Sogndal, Tel. 57 67 23 00 und Luster Reiselivslag, N-5820 Gaupne, Tel. 57 68 12 11.

Jotunheimen – Im Reich der Riesen

Das etwa 3.500 km^2 große, vergletscherte Hochfjell von **Jotunheimen** **23** gehört zu den Skanden und liegt am Ende des Sognefjords. 1.145 km^2 des Gebietes stehen seit 1980 als Nationalpark unter besonderem Schutz. 200 Gipfel über 2.000 m Höhe bilden diese dramatische Gebirgswelt, darunter Norwegens höchste Berge der **Galdhøpiggen** (2.469 m), der **Glittertind** (2.452 m, einschließlich Schneedecke 2.470 m). Rund um den Nationalpark ziehen sich mehrere Straßen. Im Süden tangiert die RV 51 das Schutzgebiet.

Von **Gjendesheim** bietet sich ein Bootsausflug (Ende Juni bis Mitte September möglich) über den grünlich schimmernden **Gjende-Gletschersee** nach **Gjendebu** an;

Tip

Mit der Kutsche zum Briksdalbreen

Vom großen Plateaugletscher des Jostedalsbreen schiebt sich die Zunge des Briksdalsbreen auf der gegenüberliegenden Seite des Nigardsbreen zu Tal. Das erzwingt eine weite Umfahrung: von Sogndal auf der RV 5 mit vielen Tunneln bis Skei, auf der RV 1 bis Byrkjelo und weiter auf der RV 60 bis Olden am Innvikfjord, wo eine Stichstraße (30 km) zum Briksdalsbreen abzweigt. Die Eismassen sind ein überwältigender Anblick. Für den 2,5 km langen, steilen Pfad zur Gletscherzunge benötigt man etwa 1 Stunde. Müde Wanderer können daher wie vor 100 Jahren die Pferdekutsche nehmen, die ein robustes Fjordpferd zieht.

Informationen: Jostedalsbreen-Nationalparksenter, Straße 15, N-6890 Oppstryn, Tel. 57 87 72 00.

der Ort gilt als idealer Ausgangspunkt für mehrtägige Wanderungen.

Die berühmte Sognefjellstraße

Die Nationale Touristenstraße 55 (in der Regel von Juli bis September durchgehend befahrbar) durchquert heute gut ausgebaut die imposante Hochgebirgslandschaft des Sognefjells und verläuft nördlich des Jotunheimen-Nationalparks. Man kommt vorbei an kleinen Bergdörfern und den mächtigsten Gipfeln Norwegens. Von der Paßhöhe (1.434 m) bieten sich dem staunenden Blick prächtige Panoramen auf Fels- und Firnfelder. Mehrere Mautstrecken, an denen unterschiedlich lange Wanderungen starten, führen nach Süden in den Nationalpark hinein.

Im Jahr 1984 war die Sognefjellstraße noch nicht asphaltiert und hatte Steigungen bis zu 18%.

Bei **Lom** 24 stößt die Sognefjellstraße auf das **Ottadal**. Lom ist unbestritten das kulturelle Zentrum der Region. Man kann hier neben der imposanten **Stabkirche** (geöffnet 15. Juni bis 15. August tgl. 9–21 Uhr) auch drei außergewöhnliche Museen besuchen: das **Lom Bygdamuseum**, ein Freilichtmuseum, das überraschende Einblicke in das Leben zu Beginn des 19. Jahrhunderts gibt (geöffnet vom 15. Juni bis 15. August tgl. 11–18 Uhr), das **Fossheim Steinsenter** mit einer Sammlung einheimischer Mineralien und Schmucksteine sowie das neue **Norsk-Fjell-Museum**, ein attraktives Gebirgsmuseum, das auf 500 m^2 Ausstellungsfläche die Bedeutung der Bergwelt für das Leben der Norweger darstellt (geöffnet 15. Juni bis 30. Juni und 10. August bis 30. August Mo-Sa 9–18 Uhr, So 12–18 Uhr, 1. Juli bis 9. August Mo-Sa 9–21 Uhr, So 11–19 Uhr, sonst 9–16 Uhr).

Für den, der Stabkirche, Gebirgs- und Freilichtmuseum besichtigen will, lohnt sich das preiswerte Fellesbillet (Sammelticket), zu beziehen u. a. in der Touristeninformation im Gebirgsmuseum (Tel. 61 21 29 90).

Informationen: Jotunheimen Reiseliv, N-2686 Lom, Tel. 61 21 12 86.

Vom Geirangerfjord bis zum Sunndalsfjord

Der Geirangerfjord, eingerahmt von 1.700 m hohen, schneebedeckten Bergen, zählt zweifellos zu den schönsten der Welt; viele Kreuzfahrtschiffe steuern ihn deshalb an. Der Landweg verläuft auf der E 15 über **Lom** [24] nach **Grotli** [25] und weiter auf der schmalen Hochgebirgsstraße RV 63 (November bis Mai gesperrt; bis zu 10% Steigung) nach **Geiranger** [26]. Unterwegs kann man an der Djupvasshytta auf 1.030 m eine 4,5 km lange Bergstraße mit einer Steigung von 12,5%) zum **Dalsnibba** nehmen, einem 1.500 m hohen Felsplateau oberhalb des Geirangerfjords, von dem sich ein spektakulärer Blick auf eine dramatische Landschaftsszenerie bietet. Während des Sommers drängen sich hier die Touristen.

In zahlreichen Serpentinen windet sich die Straße nach Geiranger hinunter. Hier starten zahlreiche Ausflugsfahrten auf dem Fjord entlang den steilen Uferwänden bis zu den berühmten Wasserfällen „Sieben Schwestern", die nur zur Zeit der Schneeschmelze vollständig sind, sowie zu „Brautschleier" und „Freier". Die Adlerstraße (RV 63) erklimmt von Geiranger aus den gegenüberliegenden Fjordhang, um dann gemütlich das **Eidsdal** zu passieren. Einen weiteren Höhepunkt bietet der **Trollstigveien** [27] (s. Tip S. 58).

Informationen: Geiranger Turistinformasjon, N-6216 Geiranger, Tel. 70 26 30 99, für Schiffstouren Geiranger Fjordservice AS, Tel. 70 26 30 07, Fax 70 26 31 41.

Jugendstilstadt Ålesund

Nach einer Fahrt durch das Romsdal auf der E 9 erreicht man die alte Fischer- und Handelsstadt **Ålesund** (38.000 Einwohner) [28]. Als Zentrum der Dorsch- und Heringsfischerei besitzt Ålesund den größten Fischereihafen des Landes. Nach einem Großbrand im Jahre 1904 entstand die gesamte Innenstadt im Jugendstil mit Türmen, Spitzen und Verzierungen an den Fassaden wieder neu. Modern präsentiert sich das Fischereimuseum (1998), das über die Tran- und Klippfischproduktion informiert (Öffnungszeiten in der Touristenzentrale erfragen).

Vom 189 m hohen Stadtberg Aksla und der Aussichtsplattform Kniven (geöffnet Mai bis August tgl. 10–22 Uhr) schweift der Blick über die Stadt, die auf drei in den Schärengürtel vorgeschobenen und durch Brücken miteinander verbundenen Inseln liegt. 418 Stufen und eine Autostraße führen auf den Berg hinauf.

In der Wasserwelt rund um Ålesund tummeln sich zahlreiche Wassersportler und Angler. 1998 eröffnete der attraktive **Atlantik-See-**

park (Atlanterhavsparken), ein Erlebniszentrum im Westen von Ålesund mit beachtlichen 6.000 m² Freiflächen (geöffnet Juni bis August tgl. 10–18 Uhr, September bis Mai tgl. 11–18 Uhr).

Ein Highlight für den Naturliebhaber bietet die Insel **Runde** **29**, der südlichste und besterreichbare Vogelfelsen Norwegens (s. Kasten S. 59).

Informationen: Ålesund Tourist Information, Rådhuset, N-6025 Ålesund, Tel. 70 12 12 02, Fax 70 12 66 06.

Die Atlantikstraße

Molde (25.000 Einwohner) **30**, die Hauptstadt der Provinz Møre og Romsdal, lädt alljährlich Ende Juli zum vielbeachteten internationalen Jazzfestival (Informationen: Molde Turistkontor, Tel. 71 25 71 33). Sie wird auch die Rosenstadt genannt, da sie gut geschützt und klimatisch begünstigt am Moldefjord liegt. Trotz 62° nördlicher Breite gedeihen hier die namensgebenden Edelblumen, aber auch wärmeliebende Laubbäume wie Roßkastanien oder Linden. Man kann das Romsdal-Freilichtmuseum und das Fischereimuseum auf einer kleinen Insel vor der Stadt besuchen. Vom 407 m hohen Varden überblickt man den Fjord sowie sage und schreibe 87 schneebedeckte Gipfel.

Auf der Atlantikstraße RV 64, die direkt am Meer entlang über zahlreiche Brücken von Molde über **Bud** und die Insel **Averøya** weiter zum malerischen **Kristiansund** **31** führt, erlebt man die Küste mit Schären und kleinen Fischerdörfern hautnah.

Bergauf wie bergab bieten die elf Spitzkehren des Trollstigveien Fahrabenteuer.

Tip

Der Trollstigveien

Der 1.800 m hohe Trolltindane mit spitzem Grat und fast 1.000 m senkrecht abfallenden Felswänden zeigt eindrucksvoll das Wirken der Glazialerosion und stellt eine Herausforderung für jeden Straßenbauingenieur dar. Atemberaubend verläuft der Trollstigveien auf der Rückseite des Trolltindane, ein Meisterwerk des Straßenbaus und nur für Schwindelfreie geeignet. In Eidsdal (RV 63) nimmt man die Fähre nach Valldal/Linge und fährt auf der RV 63 bis zur Paßhöhe. Hier senkt sich der Trollstigveien mit elf Spitzkehren durch das Isterdal (ca. 9% Gefälle, von Juni bis Oktober befahrbar).
Möchte man den Trollstigen hinauffahren, biegt man 10 km vor Åndalsnes (E 9) bei Sogge Bru auf die RV 63.

Vogelparadies Runde

Ein Vogelberg mit Hunderttausenden von Seevögeln zur Brutzeit (Mai bis Anfang August) gehört zu den eindrucksvollsten Naturerlebnissen überhaupt. Die Insel Runde ($6{,}4\ km^2$) vor der Møreküste ist der südlichste norwegische Vogelfelsen. Durch nacheiszeitliche Landhebung ragt Runde als steiles Gebirge aus dem Meer. Nur im Süden und Osten erstreckt sich eine flache Strandebene, auf der die beiden Orte Runde und Goksøyr (gesamte Insel: 150 Einwohner) liegen, durch die einzige Straße verbunden. Darüber erhebt sich das Hochplateau (200–250 m), das nach Westen steil abfällt und die unzugänglichen Vogelklippen bildet.
Vom Campingplatz bei Goksøyr führt ein steiler Pfad (Bergschuhe oder Gummistiefel mit guter Sohle) hinauf ins Fuglefjellet (Vogelfjell) und weiter zum 294 m hohen Rundebranden. Hier weht einem schon der typische „Duft" Tausender von Seevögeln entgegen. Stundenlang kann man dem ohrenbetäubenden Treiben der Tiere zuschauen. In den oberen, flachen, grasbewachsenen Hängen haben Papageitaucher ihre Höhlen. Ab Juli kommen sie regelmäßig mit mehreren kleinen Fischen im Schnabel zum Brutplatz zurück, um ihr einziges Küken zu füttern. Sie verteidigen ihr Brutterritorium vehement. Sobald sich ein Tier oder ein Mensch ihrem Brutplatz nähert, wird er mit Sturzflügen angegriffen.
Im Runde-Hafen legen Boote für zwei- bis dreistündige Ausflüge um die Insel ab (Anmeldung: Runde Camping, Tel. 70 08 59 16). Vom Meer aus wirkt der Rundebranden geradezu gewaltig. Es bieten sich faszinierende Blicke in zahlreiche Brutplätze. Man hat auch gute Sicht auf die gänsegroßen Baßtölpel, die hier in den 1930er Jahren erstmals brüteten. Abends versinkt die Sonne dramatisch im Meer.

Papageitaucher sind am bunten Schnabel leicht zu erkennen.

In dieser Felswand auf Runde brüten verschiedene Vogelarten.

Die Schlucht von Kaldekloven ermöglicht eine gute Sicht auf Trottellummen, Tordalken, Eissturmvögel, Baßtölpel, Krähenscharben und Dreizehenmöwen. Mit etwas Glück sieht man einen Wanderfalken entlang den Klippen patrouillieren oder einen Seeadler seine Runden ziehen.
Das Plateau mit kleinen Moortümpeln und Seen bewohnen Herings- und Sturmmöwen. Schmarotzerraubmöwen bilden lockere Kolonien. Seit Anfang der 1980er Jahre beginnen sich Skuas anzusiedeln. Die beiden Raubmöwenarten stehen meist auf erhöhten Plätzen und ver-

Runde ist relativ bequem erreichbar. Nahe Ålesund nimmt man die Fähre Sula-Hareid und fährt auf der RV 61 und der LV 654 über mehrere Inseln (Brückenverbindungen) bis Runde (ca. 2,5 Std. Fahrt von Ålesund).
Informationen: Runde Reiselivslag, Postboks 322, N-6065 Ulsteinvik, Tel. 70 01 37 90.

Trondheim und Umgebung

Tip

Bergbau in Røros

Das Gebirgsdorf Røros (628 m) südöstlich von Trondheim an der RV 30 zählt zum Weltkulturerbe der UNESCO. Die einzigartige Holzhausbebauung aus dem 17. Jahrhundert ist noch erhalten. Über den Dächern erhebt sich das einzige Steingebäude der Stadt, die achteckige Kirche aus dem Jahr 1784. Røros' Aufstieg begann mit der Entdeckung großer Kupfererzlager und der Gründung des Kupferwerkes 1644. Es entwickelte sich hier eines der größten Zentren der skandinavischen Kupfergewinnung. 1977 wurde der Betrieb jedoch eingestellt. Das Rørosmuseet dokumentiert eindrucksvoll das Leben der Bergleute. In die Olavsgrube (13 km östlich) gibt es ganzjährig Führungen.
Informationen: Røros Turistkontor, Postboks 123, N-7461 Røros, Tel. 72 41 11 65, Fax 72 41 02 08.

Die Provinz Sør-Trøndelag

Die Umgebung von **Trondheim** 32 bietet dem Besucher ein höchst anmutiges Landschaftsbild. Der 30–40 km breite Küstensaum mit zahlreichen kleineren und größeren Inseln bleibt relativ flach, nur wenige Hügel erheben sich über 300 m. Die Fjorde schneiden sich nicht mehr so tief ein wie im Süden und wirken lieblicher. Auf den flachen Ufersäumen mit fruchtbaren Böden gedeiht sogar Getreide. Das Gebiet um Trondheim zählt daher neben der Umgebung von Oslo und Jæren nahe Stavanger zu den Kornkammern Norwegens. Berühmtheit erlangten die Erdbeerfelder bei Lensvik. Neben der Landwirtschaft zählt die Fischerei zu den traditionellen Erwerbszweigen. Große Bedeutung besitzt heute die Aquakultur.

Nach Osten steigt das Land an und wird weniger fruchtbar, 70% von Sør-Trøndelag machen Wald- und Fjellgebiete aus (s. Tip). Bekannt ist die Provinz auch für ihre hervorragenden Lachsflüsse Gaula und Orkla.

Trondheim – alte Königsstadt

Der Wikingerkönig Olaf Trygvasson gründete 997 n. Chr. als Handelsplatz das altehrwürdige Trondheim, heute Norwegens drittgrößte Stadt (145.000 Einwohner). Die alte Königs- und Bischofsstadt erlangt heute als Zentrum für Bildung und Wissenschaft neue Bedeutung. Die Universität, 1910 als Technische Hochschule gegründet, genießt einen guten Ruf.

Das historische Zentrum von Trondheim befindet sich auf der vom **Nidelv** gebildeten Halbinsel. Hier steht das Wahrzeichen der Stadt, der **Nidarosdom** ❶, der größte Sakralbau Norwegens, ein Nationalheiligtum und eines der wichtigsten Pilgerziele Europas (geöffnet tgl., Kernzeit Mo-Sa 10–14 Uhr, So 13–16 Uhr; Turmbesteigung 172 Stufen). Die Domkirche erhebt sich über dem Grab Olaf Haraldssons, der 1030 in der Schlacht bei Stiklestad fiel und als Olaf der Heilige in die Geschichte einging. Besonders prunkvoll ist die Westfassade; in den Nischen aus blaugrauem Seifenstein stehen 54 Königsstatuen. Seit dem Mittelalter werden Norwegens Könige hier gekrönt. Neben dem Bau liegt das **Erzbischöfliche Palais** ❷ (Erkebispegården; geöffnet 23. Juni bis 17. August Mo–Fr 10–15 Uhr, Sa 10–14 Uhr, So 12.30–15.30 Uhr).

Trondheims sakrale Bedeutung im Mittelalter spiegelt sich in neun weiteren Kirchen, darunter der **Liebfrauenkirche** (Vår Fruekirke) ❸, und fünf Klöstern wider. Der **Stiftsgården** ❹ am Marktplatz zählt zu Trondheims wenigen Prachtbauten und entstand 1774–1778 im eleganten Rokokostil (Führungen Mai bis August Mo-Sa von 11–14 Uhr jede halbe Stunde). Mit 140 Zimmern ist er eines der größten norwegischen Holzgebäude und Residenz der Königsfamilie.

Mehrere Brücken führen von der Altstadt über den Nidelv in die umliegenden Stadtteile. Von der **Bybrua-Brücke** blickt man auf die

Der Nidarosdom lockte früher zahllose Pilger und dient als Krönungskirche.

schönen alten **Speicherhäuser** ❺, die aus dem 18. Jahrhundert stammen und auf Holzpfählen stehen. Die kleine **Festung Kristiansten** ❻ überragt Trondheim und den Fjord (geöffnet Juni bis August Mo–Fr 10–15 Uhr, Sa-So 10–14 Uhr).

Eine besondere Kostbarkeit Trondheims liegt im östlichen Außenbezirk Lade, das **Ringve Musikhistorische Museum** ❼. In dem Herrenhaus werden Musikinstrumente aus aller Welt wie der Flügel von Chopin oder ein Spinett aus der Zeit Beethovens ausgestellt (tgl. Führungen von Mai–September).

Informationen: Turistinformasjon, Postboks 2102, N-7001 Trondheim, Tel. 73 92 94 00, Fax 73 51 53 00.

Lofoten und Vesterålen

Ein Inselparadies

Die beiden Inselgruppen Lofoten und Vesterålen liegen vor der Nordwestküste Norwegens im Europäischen Nordmeer. Zu Füßen steil aufragender Bergkegel spiegeln sich im Wasser der tief eingeschnittenen Fjorde typische Lofotsiedlungen mit den charakteristischen roten Fischerhütten, den Rorbuern. Höhepunkt der Küstenfischerei ist auch heute noch der spätwinterliche Dorschfang in den Monaten Januar bis April.

Zwischen Å und Andenes

Im Reich der Adler

Die Inselgruppen der Lofoten und der Vesterålen erstrecken sich ungefähr 100–300 km nördlich des Polarkreises und liegen damit auf dem gleichen Breitengrad wie Nordalaska. Hier vor der norwegischen Küste sorgt jedoch der warme Golfstrom für verhältnismäßig mildes Klima mit mittleren Jahrestemperaturen von 4–5 °C und eisfreien Häfen. Das Wetter wechselt hier oben rasch. Die Mitternachtssonne läßt auch die „Nächte" zwischen Ende Mai und Mitte/Ende Juli erstrahlen.

Die Vesterålen mit etwa 13,5 Einwohnern pro km^2 und die Lofoten mit rund 20 Einwohnern pro km^2 verlaufen in einem leichten Bogen von Nordosten nach Südwesten. Sie sind stark zerklüftet und von vielen Fjorden zerschnitten. Die Landschaft auf den Lofoten prägen steile, teils mehr als 1.000 m aufragende und nur recht spärlich bewachsene Berggipfel und Felsnadeln. Auf der Strandflate, der vorgelagerten Küstenplattform, reihen sich kleine Dörfer. Die charakteristischen roten Pfahlbauten der Fischer, die Rorbuern, stehen direkt am Wasser.

Die Vesterålen wirken dagegen weniger schroff. Die Berge sind meist mit Gras bewachsen, die Inseln erscheinen eher flach. Gute Böden und ein relativ mildes Klima ermöglichen intensive Landwirt-

Ein typischer Rorbuer: Die Fischerhütte steht auf Pfählen direkt am Meer.

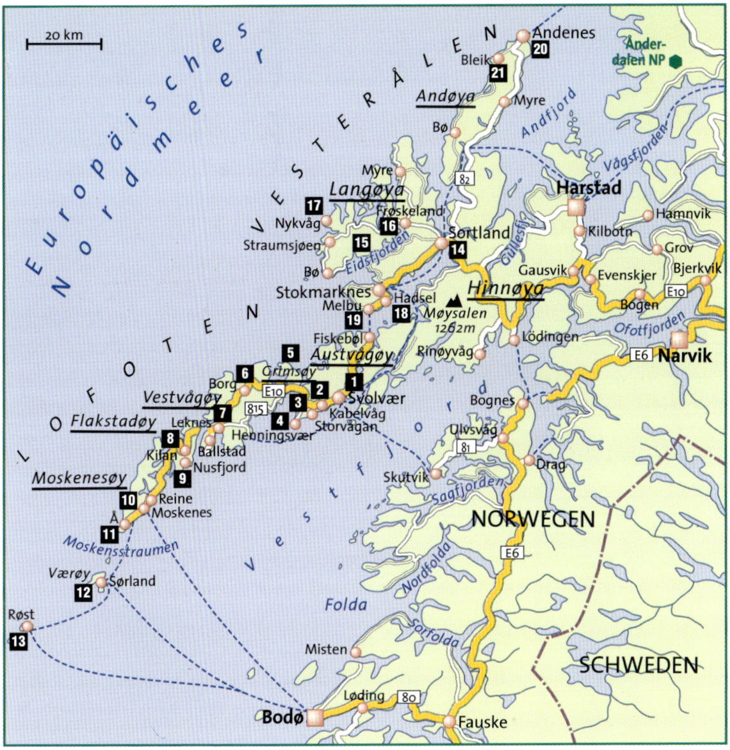

Lofoten und Vesterålen

schaft. Über viele Jahrhunderte bestimmten der Lofotfisch- und der Walfang die Existenz, die Geschichte und die Kultur der Menschen. Heute erhofft man sich von der Aquakultur zur Aufzucht von Lachs und Forelle sowie vom Tourismus eine auskömmliche Zukunft. Seit die meisten Inseln durch Brücken oder Tunnel (beide mautpflichtig) miteinander verbunden sind, stieg die Zahl der Besucher stark an. Man sollte eine der zahlreich angebotenen Bootsfahrten vor der Küste mitmachen, denn vom Meer aus erscheint die Bergszenerie noch gewaltiger (s. Tip S. 66).

Natur pur

Die Inseln sind für Naturliebhaber ein Dorado. Zahlreiche Seevögel brüten an den Steilklippen, regelmäßig ziehen See- und Steinadler ihre Runden. Es ist schon ein ganz besonderes Erlebnis, den großen, majestätischen Seeadler über sich kreisen zu sehen. Den Glanzpunkt bildet eine Walsafari von Andenes aus (s. Kasten S. 73).

Lofoten

Die norwegische Schweiz

Die rund 80 Eilande der Lofoten (Fläche insgesamt 1.227 km^2) bestehen aus den vier größeren Inseln **Austvågøy** (526 km^2), **Vestvågøy** (411 km^2), **Flakstadøy** (110 km^2) und **Moskenesøy** (186 km^2) sowie zahlreichen kleineren Schärengruppen. Schmale Sunde mit starker Gezeitenströmung trennen die Inseln. Bei schönem Wetter blickt man vom Festland über den Vestfjord hinweg auf die gewaltige Bergkulisse der „Lofotwand", eine bizarre Felsformation aus Granit und vulkanischem Gestein. Auf der Insel Austvågøy erhebt sich der höchste Berg der Lofoten, der **Higravtind** (1.161 m).

Das heutige Erscheinungsbild mit den wild anmutenden Felsformationen verdanken die Lofoten den Eiszeiten. Als während der Bronzezeit (3000–500 v. Chr.) hier ein milderes Klima als heute herrschte, bedeckten ausgedehnte Kiefernwälder die Inseln. Durch Klimaverschlechterung, Brandrodung und die Entnahme von Brenn- und Baumaterial durch die Fischer waren die Bäume bis zum 19. Jahrhundert verschwunden. Erst allmählich, mit dem Rückgang der Viehhaltung und mit der Nutzung anderer Energieressourcen, siedeln sich an den Hängen als Pioniergehölze wieder Birken und Weiden an. Heidevegetation bedeckt die Hochflächen, es gibt zahlreiche Moore. Besonders viele Pflanzenarten bergen die Strandwiesen auf kalk- und nährstoffreicheren Böden. Die alpine, pittoreske Landschaft inspiriert viele Künstler, die in zahlreichen Galerien auf den Inseln ihre Werke ausstellen.

Die Hauptfährverbindungen zu den Lofoten verlaufen von Bodø (6 Stunden), Skutvik (2 Stunden) und Narvik (9 Stunden) nach Svolvær (in der Hauptreisezeit meist Voranmeldung nötig). Über die Vesterålen erreicht man die Lofoten mit einer 30minütigen Schiffsfahrt von Melbu auf Hadseløya nach Fiskebøl auf Austvågøy.

Informationen: Destinasjon Lofoten, Postboks 210, Storgate, N-8301 Svolvær, Tel. 76 07 30 00.

Tip

Schiffstour zum Trollfjord

Man zittert mit, wenn sich das Schiff in den nur 100 m schmalen und 2 km langen Seitenfjord des Raftsund langsam hineintastet. Zu beiden Seiten ragen die nahezu vegetationslosen Bergwände steil auf, besonders beeindruckend sind der meist schneebedeckte Higravtinder (1.161 m) und der gezackte Trolltinder (1.045 m). Berühmt wurde der Trollfjord im Jahr 1890 durch die Schlacht zwischen armen Lofotfischern und reichen Dampfbootbesitzern um die Fischgründe. Etwa dreistündige Schiffsausflüge starten im Sommer täglich von Svolvær/Lofoten und Stokmarknes/Vesterålen zum Trollfjord (Buchung in den Touristenzentren).

Wo die Fischotter pfeifen

Svolvær (4.000 Einwohner) **1**, ein lebendiger Fischerort und Hauptverkehrsknotenpunkt auf Austvågøy, ist die Hauptstadt der Lofoten. Eine der größten nordnorwegischen Zeitungen, die „Lofotposten", bei der Siedlung Å **11** auf Moskenesøy. Folgt man ihr nach Südwesten, liegt 5 km hinter Svolvær kurz vor **Kabelvåg** **2** die stattliche, weiß gestrichene Lofot-Kathedrale aus dem 19. Jahrhundert, die größte Holzkirche nördlich von Trondheim.

Bis zu 1.000 m aufragende Felswände charakterisieren die meerumspülte Inselkette der Lofoten.

erscheint hier, im Hafen legen die Schiffe der Hurtigrute an. Als Wahrzeichen von Svolvær gilt **Svolværgeita** (Geita = Ziege), ein Felsen, den zwei dichtstehende, 40 m hohe Gesteinsblöcke krönen, die an Hörner erinnern. Die **Künstlerkolonie Svinøya** (Ausstellung und Verkauf) erreicht man von Svolvær über eine Brücke (geöffnet 20. Juni bis 20. August tgl. 10–20 Uhr, sonst Di-So 11–15 Uhr).

Die Hauptverkehrsader, der Lofotveien (E 10), endet nach 120 km

In der Wintersaison faßte sie einst kaum die zum Gottesdienst kommenden Fischer, heute wirkt sie für den 1.800-Seelen-Ort überdimensioniert.

In **Storvågan** **3** vermittelt das Lofotmuseum (geöffnet im Sommer Mo-Fr 9–18 Uhr, sonst 9–15 Uhr) die Wirtschaftsgeschichte dieses Raums. Im 1989 wiedereröffneten Lofot-Aquarium sind Meeres- und Süßwasserfische der Inselwelt zu bewundern (geöffnet 15. Mai bis 15. September tgl. 10–21 Uhr, 16.

Dorschfang der Lofotfischer

Jahrhundertelang lebten von Januar bis April etwa 30.000 Fischer vom Dorschfang, heute sind es nur noch wenige. Die Grundlage für diese Saisonfischerei bildet die regelmäßige Wanderung des arktischen Kabeljaus (auch Dorsch genannt). Der siebenjährige, geschlechtsreife Fisch wandert im Winter von der Barentssee entlang der norwegischen Küste nach Süden und erreicht zwischen Januar und April seine Laichplätze vor den Lofoten und den Vesterålen. Die Jungfische ziehen dann wieder zur Barentssee, um im Verlauf der nächsten 3 Jahre heranzuwachsen und so den Naturkreislauf erneut zu schließen.

Vom Mittelalter bis in die 1950er Jahre kamen Fischer von allen norwegischen Küstenorten auf die Lofoten und die Vesterålen. Die Menschen wohnten eingeengt unter primitivsten Verhältnissen. Man baute die Einraum-Rorbuer-Hütten auf Pfählen direkt am Wasser, um mit den Booten gleich vorfahren zu können. Wenn die Fischer nachmittags von ihren Fängen zurückkehrten, mußten die Netze für den nächsten Tag geflickt werden. Die Fische wurden auf Holzgerüsten getrocknet, zu Stockfisch verarbeitet und meist nach Südeuropa exportiert. Zu Zeiten der Hanse (13.–15. Jahrhundert) blühte der Handel mit dem Stockfisch und bildete die wichtigste Einkommensquelle der Küstenfischer. Die gute Lagerfähigkeit ermöglichte erst weite Transportwege. Die Lufttrocknung zum Stockfisch ist das älteste und billigste Konservierungsverfahren der Welt.

Auch heute ist die Dorschfangsaison die geschäftigste Zeit für die wenigen verbliebenen Küstenfischer. Wenn die Lofoten noch eingehüllt im Schnee liegen, hängt man nach alter Tradition von Svolvær bis Å die Fische auf den Trockengestellen auf. Bis zum Frühsommer aromatisiert der „Duft" von Fisch die Dörfer. Exportiert wird der Stockfisch vor allem nach Italien, Nigeria, in die USA und nach Deutschland, wo er bei der katholischen Bevölkerung als begehrte Fastenspeise gilt. Sobald die Fangsaison im April beendet ist, wird der Hof bestellt und Grünfutter für das Vieh angebaut. Manche verdienen zusätzlich im kurzen Sommer einige Kronen im Tourismusgeschäft.

In den letzten Jahrzehnten geriet der Lofotfang in die Krise. Überfischung durch fabrikmäßige Fischtrawler haben die Bestände dezimiert: Fing man 1951 noch 116.000 t Dorsch, so waren es 1990 nur noch 15.000 t. Als Folge davon sank auch die Zahl der Lofotfischer auf unter 10% gegenüber früheren Zeiten. Um das Boot abzubezahlen und neue Netze zu kaufen, reicht das Einkommen meist nicht. Die Fischer sind deshalb auf Subventionen aus Oslo angewiesen.

Dorsche trocknen auf groben Holzgestellen zu Stockfisch.

September bis 14. Mai Mo-Fr 10–15 Uhr, Sa 12–18 Uhr, So 11–18 Uhr). Kinder umlagern ständig das Seehundbecken. Zweimal täglich werden Diavorträge über die Lofoten, ihre Fischer und deren Traditionen gehalten (s. Kasten S. 68).

Der Ort **Henningsvær** **4** am Südzipfel von Austvågøy ist eine typische Lofotsiedlung. Die roten Rorbuer-Hütten, durch Stege miteinander verbunden, stehen vor einer gewaltigen Bergszenerie. Am Hafen ragen hohe Trockengestelle auf; auf ihnen hängen die ausgenommenen und an den Schwänzen zusammengebundenen Dorsche, bis sie knochenhart zu Stockfisch getrocknet sind. An den niedrigen Gestellen hängen Fischköpfe, die besonders übel riechen. Sie dienen als Hundefutter oder werden zu Fischmehl verarbeitet.

An der Westküste der Insel kann man mit etwas Glück die possierlichen Fischotter beobachten. Bevor man sie zu Gesicht bekommt, hört man meist ihr durchdringendes, hohes Pfeifen.

Grimsøy – klein aber fein

Die 800 m lange Grimsøystraumen-Brücke verbindet Austvågøy mit der nur 46 km^2 großen Insel **Grimsøy** 5, die von einer 33 km langen Rundstrecke erschlossen wird. Im Norden und Nordosten liegen herrliche Sandstrände.

Auf den Spuren der Wikinger

Die Sundklakk-Brücke führt nach **Vestvågøy**. In **Borg** 6 an der E 10 öffnete 1995 ein einzigartiges Wikingermuseum seine Pforten (Informationen: Lofotr-Viking-museet på Borg, Postboks 84, N-8360 Bøstad, Tel. 76 08 49 00). Bei Ausgrabungen in den Jahren 1986-1989 gelang den Forschern hier ein sensationeller Fund: Sie entdeckten den mit 83 m Länge und 8,5 m Breite größten bisher bekannten Königshof aus der Wikingerzeit, der vermutlich einem der mächtigsten nordnorwegischen Herrscher gehört hatte. Im Hausinnern fand man spektakuläre Goldschätze, die von großem Reichtum und weitreichenden Handelsbeziehungen in jener Zeit (700-850 n. Chr.) zeugen. Das Museum zeigt die beeindruckende, maßstabgetreue Kopie dieses Königpalastes. Während der Saison können Besucher eindrucksvolle Vorführungen von historischem Wikingerhandwerk erleben (geöffnet tgl. 23. Mai bis 14. September 10–17 Uhr, 15. Juni bis 17. August tgl. 10–19 Uhr).

Eine reizvolle Alternative zur E 10 bietet die schmale, ruhigere LV 815. Sie verläuft entlang der Ostküste am Fuß schroffer Berge. Anfang August schwimmen zahlreiche Wasservögel wie Mittelsäger, Berg-, Pfeif- oder Eiderenten mit ihren Jungen dicht am Ufer. Im Schlick stochern Austernfischer, Rotschenkel, Bekassine und Großbrachvogel nach Nahrung. Schmarotzerraubmöwen versuchen mit akrobatischen Flugkünsten, den Küstenseeschwalben die Fische abzujagen.

Bei **Leknes** 7 stößt man wieder auf die E 10. Nach Durchquerung der Halbinsel Offersøya gelangt man zum Nappstraum-Tunnel, der seit 1990 Vestvågøy mit Flakstadøy verbindet.

Zum Nusfjord auf Flakstadøy

Charakterisch für die Insel Flakstadøy sind die bizarren Felsformationen und die karibisch-weißen Sandstrände an der Westseite. Bei **Kilan** 8 sollte man einen Abstecher nach **Nusfjord** 9 (etwa 70 Einwohner) unternehmen. Als eines der letzten typischen Fischerdörfer der Lofoten kam es auf die UNESCO-Weltkulturerbe-Liste. Die alten

Häuser aus dem 18. und 19. Jahrhundert liegen hufeisenförmig um den idyllischen Hafen und bilden eine eindrucksvolle Dorfkulisse.

Nach Å, zur Siedlung mit dem kürzesten Namen

Tiefe Einschnitte von Buchten und Fjorden prägen das Bild der Insel **Moskenesøy.** Die Bergszenerie mit 25 Gipfeln über 700 m wirkt wild und unwirtlich. Die Fahrt entlang dem Selfjord erweist sich als landschaftlich besonders reizvoll. In **Moskenes** 10 legt die Fähre von Bodø an (Fahrtzeit: 4 Stunden). Am Ende der E 10 kommt man zum Fischermuseumsdorf **Å** 11. Der Tourismus hält den Ort einigermaßen am Leben, nur noch wenige Häuser sind bewohnt. Neben den traditionellen Rorbuer-Hütten, die das harte Leben der Fischer dokumentieren, gibt es auf dem Museumsgelände eine Trankocherei (geöffnet mit und ohne Führung im Sommer tgl. 10–15 Uhr).

Von Å aus bieten sich erholsame Wandermöglichkeiten zum Südzipfel der Insel an. Bei schönem Wetter sieht man bis zu den berühmten Vogelbergen **Værøy** 12 und **Røst** 13 (s. u.) sowie auf den Moskenesstraumen. Beim Gezeitenwechsel werden die Wassermassen dieses gefährlichen Gezeitenstroms durch die nur 4 km breite und 40–60 m tiefe Meeresenge mit über 10 km pro Stunde in den 900 m tiefen Vestfjord gepreßt und entwickeln dabei eine unglaubliche Strömung.

Reich der tausend Inseln

35 km südwestlich der Hauptinselgruppe der Lofoten liegt das grüne **Røstlandet**, die größte Insel des Røst-Archipels. Hier leben ungefähr 700 Menschen von Fischfang und Schafzucht. Die höchste Erhebung ragt gerade mal 11 m aus dem Meer, während die umliegenden Felseilande steil aufsteigen und von Millionen von Seevögeln bewohnt werden. Hier brüten beispielsweise Papageitaucher, Tordalken, Trottellummen, Dreizehenmöwen sowie die selteneren Wellenläufer und Sturmschwalben. Das Røst-Archipel gilt daher als größte Seevogelkolonie an Norwegens Küste. Mitte der 1990er Jahre zählten Wissenschaftler allein 600.000 Papageitaucher-Paare; allerdings war die Population in den 70er Jahren noch doppelt so groß. Nahrungsmangel durch Überfischung ließ den Bruterfolg dramatisch sinken.

In einer Vogelkolonie gibt es so viel zu beobachten, daß man sich genug Zeit nehmen sollte. Røst hat Unterkünfte, Schiffsanschluß nach Bodø (4–6 Stunden), Værøy und Moskenes (3 Stunden) sowie Flugverbindungen nach Bodø (40 Minuten) und Leknes. Von Røstlandet werden Bootsfahrten zu den Vogelinseln organisiert.

Informationen: Bodø Turistinformasjon, Postboks 514, N-8001 Bodø, Tel. 75 52 60 00.

Røst Vandrerhjem (Jugendherberge), Fiskarheimen, Røst, Tel. 76 09 61 09, Fax 76 09 61 09.

Vesterålen

Zu Seevögeln und Walen

Auf die Inselgruppe der Vesterålen gelangt der Besucher auch ohne Fähre. Vom Ort **Bjerkvik** (an der E 6) verläuft die E 10 über knapp 170 km nach **Sortland** (4.000 Einwohner) **14**, dem Zentrum auf Langøya. Zu den Vesterålen (insgesamt 2.368 km^2) gehören die Inseln **Hadseløya**, **Langøya**, **Andøya**, der Westteil von **Hinnøya** und unzählige, kleine Eilande.

Die Entfernung vom südlichsten Ort **Melbu** auf Hadseløya nach **Andenes** im äußersten Norden beträgt 150 km. Die höchste Erhebung ist der **Møysalen** (1.262 m) auf Hinnøya.

Als der Vitamin-C-Spender des Nordens schlechthin gilt die geschützte Moltebeere.

Reizvolle Nebenstrecke

Langøyas Reiz liegt in der Landschaftsvielfalt: Moore, Wälder, grüne Berghänge, spitze Felszacken, Sand- und Felsstrände wechseln einander ab. Die Insel wirkt mit ihren vielen Halbinseln und Fjorden stark zerlappt. 5 km nördlich von Sortland blickt man vom **Ramnflaugen** (166 m) auf den Sortland- und den Gavlefjord. Besonders schön ist die Nebenstrecke entlang dem **Eidsfjord** **15**, die bei **Frøskeland** **16** von der LV 820 abzweigt. Diese kurvige Strecke bietet Aussichten auf die gegenüberliegenden Berggipfel, besonders auf den markanten **Reka** (611 m).

In **Nykvåg** **17** auf der Seeseite der Vesterålen, einem der ältesten Fischerdörfer, wird die Mitternachtssonne zum Erlebnis. Vor dem Ort bevölkern Dreizehenmöwen einen Vogelfelsen.

Südlich von Sortland führt die Straße über einen breiten, landwirtschaftlich genutzten Küstenstreifen zur Insel **Hadseløya**. Es gibt zahlreiche Wandermöglichkeiten (Informationen in Sortland). In **Hadsel** **18** lohnt sich ein Besuch der achteckigen hölzernen Kirche (geöffnet Mo–Fr 10–16 Uhr). Das Hurtigruten-Museum zeigt Schiffsmodelle und Filme zur Geschichte der Postschiffe (geöffnet 15. Juni bis 20. August tgl. 10–18 Uhr; s. Kasten S. 52).

Der Fährort **Melbu** (2.300 Einwohner) **19** war bereits im 18. Jahrhundert ein wichtiger Handelsplatz. Im Juli/August feiert die Bevölkerung hier mehrere ausgelassene Volksfeste. Interesse verdient auch das Vesterålen-(Freilicht-)Museum auf dem Gelände eines alten Gutshofes (geöffnet Juni bis August tgl. 10–17 Uhr, sonst Mo-Fr 9–15 Uhr).

Moltebeere – Die Delikatesse des hohen Nordens

Auf **Andøya**, der nördlichsten Insel der Vesterålen, prägen runde Bergrücken und weite Moorlandschaften das Bild. Man fährt vorbei an ausgedehnten Moltebeerfeldern, der Frucht des hohen Nordens. Als wichtige zusätzliche Nahrungsquelle spielt die himbeerähnliche Frucht wegen ihrer Haltbarkeit und ihres hohen Vitamin-C-Gehaltes seit alters eine bedeutende Rolle. Moltebeeren als Marmelade, Kuchenbelag oder auf Pfannkuchen gelten als Delikatesse. Mit Einsatz von Drainage und Düngung werden sie auf Privatgrundstücken oder Gemeindeland kommerziell angebaut und geerntet.

Während jedermann Blaubeeren und Preiselbeeren überall im Fjell pflücken und verzehren darf, genießen die Moltebeeren gesetzlichen Schutz.

Bird- und Whalewatching

Entlang der Westküste Andøyas ziehen sich herrliche weiße, weite Sandstrände. Im kurzen Sommer wird jeder schöne Tag zum Baden genutzt, doch Wassertemperaturen von höchstens 15 °C selbst im

Brücken wie die Sortland-Brücke von Hinnøya nach Langøya verbinden viele der Inseln.

Whalewatching vor Andenes

Auf der Walsafari (Dauer 6–8 Std.) erlebt man Pott-, Schwert-, Schweins- und Zwergwale hautnah. Alles fiebert dem Moment entgegen, an dem der erste Wal gesichtet wird. Da macht der erfahrene Meeresbiologe, der die Fahrt begleitet, einen Pottwal aus. Typisch ist der sehr große, eckige Kopf. Kurz vor dem Abtauchen hebt sich das 20–25 m lange und 30–50 t schwere Säugetier für einen kurzen Moment mit seinem Körper zum Luftholen aus dem Wasser. Zum Schluß ragt nur noch die Fluke, die Schwanzflosse, heraus, von der das Wasser nach allen Seiten abperlt. Jeder beobachtet gespannt von der Reling, ob der Wal wieder auftaucht und dabei den arttypischen Blas (Wasserfontäne) ausstößt. Beim Pottwal ist der Blas beeindruckende 5–15 m hoch und wird für 1–3 Sekunden schräg nach vorne ausgestoßen. Oftmals begleiten Zwergwale und Delphine das Schiff. Übermütig springen die eleganten Delphine, kenntlich an ihrer schmalen Schnauze, ganz aus dem Wasser und lassen ihre hellen Töne erklingen.

Da ehemalige Walfänger mit viel Erfahrung im Sichten der Tiere die Tour führen, bescheren sie meist faszinierende Erlebnisse. Die Walsafaris bieten nicht nur den einstigen Walfängern einen sicheren Arbeitsplatz, sondern dienen auch wissenschaftlichen Zwecken. Um mehr über die Biologie dieser eindrucksvollen Tiere zu erfahren, werden bei jeder Fahrt die Wale beobachtet und gezählt. Die Ergebnisse werden wissenschaftlich dokumentiert.

Die Saison für Whalewatching dauert vom 25. Mai bis zum 15. September. Gestartet wird vom Walzentrum Andenes auf der Insel Andøya/Vesterålen. Da hier der Kontinentalsockel bis in 1.500 m Tiefe steil abfällt, kommen alljährlich etwa 100 Pottwale zur Nahrungsaufnahme her. Das Walzentrum wird vom WWF (World Wide Fund for Nature) unterstützt und informiert Besucher über die eindrucksvollen Riesen und den Walfang. Zur Einführung sieht man ein Multivisionsprogramm, schließlich geht es an Bord. Einziger Wermutstropfen sind die Unbilden des Wetters im hohen Norden: Nach einem Sturm muß sich die See erst einmal beruhigen, bevor die Kutter auslaufen. Daher sollte man einige Tage Aufenthalt einplanen. Inzwischen gibt es mehrere Veranstalter.

Informationen und Anmeldung: Andøykontoret, Postbox 58, N-8480 Andenes, Tel. 76 11 56 00, Fax 76 11 56 10, E-Mail: post@whalesafari.no oder Vesterålen Reiselivslag, Postboks 243, N-8401 Sortland, Tel. 76 12 15 55, Fax 76 12 36 66.

Hochsommer locken nur Abgehärtete.

In **Andenes** (6.600 Einwohner) **20**, dem Zentrum der Insel, bietet die 2,5 km lange Mole, die den Hafen schützt, Aussicht auf die Mitternachtssonne. Der 48 m hohe Leuchtturm stammt aus dem Jahr 1895. Es gibt ein Polar- und Fischereimuseum (geöffnet 10. Juni bis 31. August tgl. 10–18 Uhr) sowie ein Walmuseum (25. Mai bis 15. September tgl. 10–16 Uhr, 15. Juni bis 15. August tgl. 8–20 Uhr). Als Hauptattraktion werden Walsafaris angeboten (s. Kasten S. 73). Der einstige Walfängerort lockt Touristen jedes Jahr im Juli auch mit einem internationalen Hochseefischerei-Festival.

Ein weiteres Highlight bietet sich vor dem kleinen Fischerort **Bleik** **21**. Hier ragt die Vogelinsel **Bleiksøya** markant aus dem Meer. Auf Bootsausflügen (1. Juni bis 20. August tgl. 15.30 Uhr, Dauer etwa 2 Std.) kann man das Treiben auf dem Vogelfelsen aus der Nähe beobachten (Informationen: Turistkontor Andenes, N-8480 Andenes, Tel. 76 11 56 00).

Informationen: Vesterålen Reiselivslag, Boks 243, Kjøpmannsgata 2, N-8401 Sortland, Tel. 76 12 15 55.

Dreiländerreise
zur Mitternachtssonne

Das Reich der Mitternachtssonne liegt nördlich des Polarkreises in der subpolaren bis polaren Klimazone. In diesen entlegenen Gebieten Norwegens, Schwedens und Finnlands leben nur 2–3 Einwohner pro km^2. Die Besiedlung ist jedoch dichter als in Grönland, Alaska oder Sibirien auf gleicher Breite. Ohne das vom Golfstrom begünstigte Klima gäbe es auch hier nur ewiges Eis und Schnee.

Auf dem langen Weg nach Norden

Auf dieser Strecke hat sich so mancher Autofahrer schon bitter verschätzt: Der Weg nach Norden auf der wichtigsten Landverbindung E 6 zieht sich ungeheuer in die Länge, denn die Strecke von Trondheim bis Kirkenes an der russischen Grenze beträgt nicht weniger als 1.800 km. Während der Schneeschmelze im Mai steht die E 6 zudem nicht selten unter Wasser.

Tip

Wandern durch unberührte Natur

Im Børgefjell-Nationalpark (1.107 km^2) an der norwegisch-schwedischen Grenze finden sich zwischen zwei parallel von Nord nach Süd verlaufenden Bergzügen aus Granit einige herrliche Täler mit zahlreichen Seen und Mooren. Die spitzen Gipfel der Westkette mit dem höchsten Berg Kvigtind (1.703 m) tragen Gletscher. Der Nationalpark hat eine artenarme Vegetation, ist aber ein sehenswertes Vogelparadies. Zu den Kostbarkeiten zählen z. B. Odinshühnchen, Eisenten und Falkenraubmöwen. Es gibt keine Zufahrtsmöglichkeit. Diese urtümliche Wildnis muß erwandert werden. Informationen erhält man in Rørvik (LV 773, Tel. 74 39 33 00) und im Helgeland Reiseliv in Mosjøen (E 6, Tel. 75 17 61 20).

Die ökonomischen und sozialen Probleme treffen die hier lebenden Menschen hart – bei den widrigen naturräumlichen Gegebenheiten und der monatelangen Polarnacht. Die daraus resultierende Landflucht bewirkt eine Konzentration der Menschen in wenigen Städten, z. B. in Tromsø; viele ziehen gleich nach Süden. Um die völlige Entvölkerung des Nordens zu verhindern, subventioniert die Regierung Arbeitsplätze, z. B. im Hütten- und Kokswerk in Mo i Rana, mit riesigen Beträgen.

Über den Polarkreis

Nördlich von **Mo i Rana** **1** liegt der **Saltfjellet-Svartisen-Nationalpark** (1.840 m^2) **2**, 1989 eingerichtet, um den Tourismus zu fördern. Im Osten des Parks ragt das **Saltfjellet-Massiv** auf, im Westen befindet sich der **Svartisen-Plateaugletscher**, mit 370 km^2 Norwegens zweitgrößte Vergletscherung nach dem Jostedalsbreen (s. S. 53). Die E 6 verläuft entlang der südlichen und östlichen Parkgrenze und bietet von mehreren Parkplätzen aus Wander-

Dreiländerreise durch den Norden Skandinaviens

möglichkeiten ins Gebiet. Auf kalkhaltigem Untergrund gedeiht eine artenreiche Flora mit weißblühender Silberwurz als Charakterpflanze.

Beliebtes Ausflugsziel ist die Gletscherzunge **Østerdalsisen**. Eine Stichstraße führt von der E 6 in **Røssvoll** **3** zum Eisstausee **Svartisvatnet**. Nach 20minütiger Schiffstour durch die trübe Gletschermilch (Abfahrten 20. Juni bis 31. August tgl. um 10, 12, 14 und 16 Uhr, 10. Juli bis 10. August 10–16 Uhr stündlich) und rund 3 km Fußmarsch kommt man zu der Gletscherzunge, die zur Zeit noch bis an den **Østerdalsvatnet**, den Gletschersee, heranreicht. Auf dem Weg liegen beeindruckende Kalksteingrotten mit Gletschermühlen und unterirdischen Flüssen, die sich durch Einwirkung von Eis- und Schmelzwasser über Jahrtausende gebildet haben. Die **Grønligrotte** ist Norwegens einzige beleuchtete Grotte (Führungen 20. Juni bis 20. August täglich 10–19 Uhr). Die nahe **Setergrotte** erfordert gute Kondition (Führungen 1. Juni bis 3. August tgl.

Tip

Unterwegs im Rago-Nationalpark

Der Rago-Nationalpark (167 km^2) nördlich von Fauske (von der E 6 beschildert) schützt eine grandiose Fjellandschaft, die direkt an den schwedischen Nationalpark Padjelanta anschließt (s. S. 96). An der Grenze erhebt sich das Rago-Massiv mit vergletscherten Gipfeln von bis zu 1.300 m Höhe. In den unteren Lagen dominieren Wälder, Fjellbirken bilden den Übergang zum höhergelegenen Kahlfjell. Da hohe Niederschläge vorherrschen, gedeihen zahlreiche Moose. Als typische Fjellpflanzen fallen Siebenstern, Rosenwurz, Alpen-Frauenmantel und Stengelloses Leimkraut auf. Vom Parkplatz in Lakshåla führt ein markierter, kräftezehrender Wanderpfad (zwei Übernachtungshütten, da mehrtägige Wanderung) quer durch die wilde Landschaft bis nach Schweden. Informationen im Touristenbüro in Fauske, Tel. 75 64 33 03.

11.30 und 15 Uhr; Lampe, Helm, Schutzkleidung und Stiefel werden den Besuchern gestellt).

Bei 66°32' 51" nördlicher Breite überschreitet man den Polarkreis. Hier beginnt das Reich der Mitternachtssonne. Im rauhen **Saltfjell** auf 650 m Höhe liegt das neue **Polarkreiszentrum** 4 mit einem Restaurant und gibt Informationen über Flora, Fauna und Kultur der Region.

Die Mittsommernacht feiern die Menschen in allen skandinavischen Ländern an dem Wochenende, das dem 24. Juni am nächsten liegt – zweifellos der Höhepunkt des lappländischen Sommers. Während der Mittsommernacht liegt ein ganz eigener Zauber in der Luft. Zur Krönung wird das Johannisfeuer angezündet, ein großes, weithin leuchtendes Lagerfeuer, um das sich alle versammeln.

Küstenroute nach Bodø

Eine attraktive Alternativstrecke zur E 6 bietet die Nationale Touristenstraße Kystriksveien 17 von **Steinkjer** 5 nach **Bodø** 6. Sie verläuft direkt entlang der eindrucksvollen Küste, immer wieder müssen die Autofahrer Sunde und Fjorde mit Fähren überqueren. Die spezielle Broschüre Kystriksveien (RV 17 – Prosjektet, Postboks 91, N-7700 Steinkjer, Tel. 74 16 36 17, Fax 74 14 56 35) informiert über Fährpaß und -routen.

Neben runden Bergkuppen ragen steile Felsgrate auf wie die berühmten **„Sieben Schwestern"**. In den Westteil des Saltfjellet-Svartisen-Nationalparks gelangt man von **Braset** 7 aus.

30 km südöstlich von Bodø kann man dann das gigantische Naturschauspiel des Saltstraumen miterleben, eines der weltweit stärksten Gezeitenströme. Mit einer Geschwindigkeit von bis zu 29 km pro Stunde werden viermal täglich rund 370 Mio. Kubikmeter Wasser während des Gezeitenwechsels durch den nur 150 m breiten und 3 km langen Sund zwischen den Inseln Straumen und Straumøya hindurchgepreßt.

Informationen: Saltstraumen, Opplevelsessenter AS, Postboks 1, N-8056 Saltstraumen, Tel. 75 56 06 55 und Destinasjon Bodø, Sjøgata 21, Postboks 514, N-8001 Bodø, Tel. 75 52 60 00, Fax 75 52 21 77.

Tromsø

Pforte zum Eismeer

Tromsø (58.000 Einwohner) 8, die Hauptstadt der Provinz Troms und der Fläche nach Norwegens größte Stadtkommune (2.500 km^2), existierte hier bereits im 13. Jahrhundert als Kirchort, die Stadtrechte erhielt Tromsø erst 1794. Die Altstadt liegt auf der Insel **Tromsøya**. Als die Bevölkerung ab den 1960er Jahren sprunghaft anstieg, dehnte sich die Stadt aus. Wachstumsimpulse brachten die 1.036 m lange **Tromsø-Brücke** über den Sund zum Festland, der Flughafenbau, die 1.220 m lange **Sandnessund-Brücke** zur benachbarten Insel **Kvaløy** und die Gründung der nördlichsten Universität der Welt 1972.

Von der Altstadt in Tromsø blickt man über den Tromsø-Sund hinüber zur Eismeerkathedrale.

Stadtrundgang

Tromsø war immer schon Ausgangspunkt für Expeditionen in die Arktis und in die Antarktis. Von hier starteten beispielsweise einst die Polarforscher Roald Amundson (1872–1928, 1911 als erster Mensch am Südpol), an den ein **Denkmal** ❶ am Hafen erinnert, und Fridtjof Nansen (1861–1930, Friedensnobelpreis 1922) ihre Entdeckungsreisen.

Im Zentrum der pulsierenden Stadt, die wegen ihrer Weltoffenheit auch schon als „Paris des Nordens" bezeichnet worden ist, stehen wunderschöne Holzhäuser und die gleichfalls aus Holz erbaute **Domkirche** ❷ von 1861. Einen Besuch lohnen darüberhinaus das **Stadtmuseum Skansen** ❸ und das benachbarte **Polarmuseum** (geöffnet tgl 11–15 Uhr, 15. Juni bis 31. August tgl. 11–20 Uhr). Aus dem Jahr 1999 stammt das Informations- und Erlebniszentrum **Polaria** mit einem Aquarium (Hjalmar Johansensgate 12, geöffnet Mai bis August tgl. 10–19 Uhr, sonst 12–17 Uhr, Tel. 77 75 01 00). 4 km südwestlich vom Zentrum bildet im **Tromsø-Museum** ❹ die Kultur der Samen ein Schwerpunktthema (geöffnet Juni bis August täglich 9–19 Uhr, September bis Mai Mo-Fr 8.30–15 Uhr, Sa-So 11–15).

Tip

Die Insel Senja

Steile Berghänge, bewaldete Hügel, geschützte Buchten und tiefe Fjorde an der Seeseite charakterisieren die Landschaft auf der Insel Senja (1.590 km²). Im Südwesten um den Åndervatn-See liegt die urige Wildnis des Ånderdalen-Nationalparks (68 km²). Zwei Drittel des Parks befinden sich oberhalb der Baumgrenze, die hier auf etwa 300 m Höhe verläuft. Südlich des Sees gibt es tiefe Schluchten mit Kiefern- und Fjellbirkenwäldern. Die ältesten Kiefern im Trolldalen sind bis zu 500 Jahre alt. Auf halber Strecke zwischen Narvik und Tromsø kann man bei Andselv auf die RV 86 zur Insel abbiegen.
Information: Turistkontor, N-9301 Finnsnes, Tel. 77 85 07 30.

Das geheimnisvolle Leuchten der winterlichen Polarlichter und die Mitternachtssonne zeigt der 3-D-Film „Arktisches Licht" im **Nordlysplanetariet** ❺ (Stadtteil Breivika, geöffnet Juni bis 20. August Mo–Fr 12–19 Uhr, in Deutsch um 18 Uhr, Sa-So 12–18 Uhr, in Deutsch um 12 Uhr, Tel. 77 67 60 00).

Ein unübersehbarer Blickfang ist die **Eismeerkathedrale** ❻ neben der Brücke auf dem Festland. Die Architektur der spitz zulaufenden Kirche wirkt sehr modern, obwohl als Vorbild althergebrachte Trockengestelle für Stockfisch dienten (geöffnet Juni bis 15. August täglich 10–20 Uhr, So 13–20 Uhr, im Mai und 1. August bis 15. September tgl. 15–18 Uhr).

Die **Kabinenseilbahn Fjellheisen** ❼ führt auf den **Storsteinen** (420 m) und bietet dem Besucher ein eindrucksvolles Panorama (April bis September tgl. 10–17 Uhr, Juni bis August bei gutem Wetter bis 1 Uhr nachts).

Informationen: Turistkontoret, Storgata 63, Postboks 312, N-9001 Tromsø, Tel. 77 61 00 00, Fax 77 61 00 10.

Nordküste und Finnmarksvidda

Lichtstimmungen wechseln schnell im hohen Norden: am Vargsundstraumen bei Hammerfest.

Die riesige Provinz Finnmark, in der auf 46.500 km² nur 75.000 Menschen leben, ist größer als die Schweiz, die 90mal mehr Einwohner hat. Naturräumlich unterscheidet man die Nordküste mit flachen, breiten Meeresbuchten von der weitflächigen Plateaulandschaft mit vermoorten Seen, reißenden Flüssen und endlosen Kahlfjellgebieten. Doch nur dem flüchtigen Blick erscheint der Norden eintönig.

An der Nordküste

Alta (15.000 Einwohner) **9** liegt am **Altaelv**, einem der längsten und

Tip

Felszeichnungen aus der Steinzeit

1973 entdeckten Forscher die ersten Felsbilder in der Bucht von Alta, bis heute ist ihre Zahl auf fast 3.000 gestiegen. Sachkundige Führer erklären die geheimnisvollen, 2.000–5.000 Jahre alten Felszeichnungen in Hjemmeluft (UNESCO-Weltkulturerbe). Man kann das Gelände zu Fuß erkunden. Neben zahlreichen Felszeichnungen fand man sieben prähistorische Wohnplätze. Das nahegelegene, preisgekrönte Alta-Museum erzählt die Kulturgeschichte der Finnmark von der Steinzeit bis zum Zweiten Weltkrieg (geöffnet Mai bis September tgl. 9–18 Uhr, 15. Juni bis 15. August tgl. 8–23 Uhr).
Informationen: Destinasjon Alta, Postboks 1327, N-9501 Alta, Tel. 78 43 79 99.

Am Ende der Welt

Nur selten erlebt man in der Saison das Symbol des Nordkaps so einsam; meist umlagern zahllose Touristen die Weltkugel-Skulptur.

Das Nordkap auf der Insel Magerøya übt seit jeher auf zahlreiche Menschen eine magische Anziehungskraft aus. Einmal mitten auf dem 307 m hohen Felsplateau, das bei exakt 71°10'21" senkrecht ins Meer stürzt, die Mitternachtssonne (vom 14. Mai bis 30. Juli) erleben – davon träumen viele.
Doch am Nordkap scheiden sich auch die Geister. Für manche ist es nur ein öder, grauschwarzer, von Rissen durchfurchter Schieferfelsen, scheinbar ohne Vegetation, meist eingehüllt in Nebel und dabei nicht einmal die nördlichste Spitze Europas! Denn dieses begehrte Etikett beansprucht das benachbarte Kap Knivskjellodden, das immerhin 1,5 km nördlicher liegt, aber nicht über Straßen erreichbar ist.
Die Begeisterung Hunderttausender Nordkap-Fans kann dies nicht trüben. Sie brettern über die E 4 in Schweden, die Eismeerstraße in Nordfinnland und die E 6 in Norwegen, um nach mehr als 2.000 km auf der E 69 durch den 2,8 km langen Skabergtunnel nach Kåfjord zu gelangen. Ab hier geht es auf der Nordkapfähre (45 Minuten) nach Honningsvåg auf Magerøya. Während der Hauptsaison rollt die Blechlawine im Schneckentempo, am Fährhafen stauen sich die wartenden Autos. Manche nehmen deshalb ab Honningsvåg für die letzten 34 km den Bus (fährt von Mai bis September; Straße im Winter gesperrt). Demnächst gibt es auch einen Untersee-Tunnel nach Magerøya.
Der zunehmende Tourismus läßt in Honningsvåg für etwa 4 Monate im Jahr die Kasse kräftig klingeln, denn jeder muß zahlen, bevor er das Nordkap betreten darf.
Früher gab es auf dem Felsen nur das Wahrzeichen mit der Weltkugel und eine kleine Halle mit Postamt, heute steht hier ein großes Erlebniszentrum, die tief in den Fels gebaute Nordkapphallen (geöffnet 7. April bis 5. Oktober; Tel. 78 47 68 60, Fax 78 47 68 61). Eine Multivisionsshow zeigt die Landschaft, die schon seit 1929 unter Naturschutz steht, in ihrer vollen Schönheit in den warmen Farben der Mitternachtssonne. So nimmt man wenigstens einen Eindruck mit, sollte draußen einmal wieder alles in Nebel gehüllt sein. Außerdem gibt es ein Panorama-Restaurant, Bars und Souvenirshops.
Informationen: Nordkapp Information, Postboks 78, N-9751 Honningsvåg, Tel. 78 47 28 94, Fax 78 47 35 43.

berühmtesten Lachsflüsse Norwegens. Prähistorische Felszeichnungen im Ortsteil Hjemmeluft und auf dem Komsafjell beweisen, daß diese Gegend zu den ältesten Siedlungsräumen Europas zählt (s. Tip S. 81).

Etwa 7 km vor Alta auf der RV 93 bietet sich von einem Plateau ein Blick in die **Sautso-Schlucht**. Hier hat sich der Altaelv kurz vor seiner Mündung in den **Altafjord** 300–400 m tief in den Fels gewaschen.

Auf der Weiterfahrt nach **Hammerfest** **10** kommt man über das Kahlfjell **Sennaland** (bis 380 m), eine Sommerweide für Rentiere. Hammerfest (7.000 Einwohner) liegt auf der Insel **Kvaløya** an einer geschützten Bucht mit Naturhafen

(Information: Hammerfest Turistforening, Strandgate, N-9601 Hammerfest, Tel. 78 41 21 85, Fax 78 41 19 00). Vor der Kulisse der kahlen Landschaft bieten die buntgestrichenen Häuser ein freundliches Bild. Die Menschen leben von der fischverarbeitenden Industrie, denn die betriebsame Stadt ist Ausgangspunkt der Eismeerfischerei. Westlich des Marktes befindet sich die architektonisch beeindruckende Evangelische Kirche mit einer großen Glasmalerei. Sie erinnert an die Eismeerkathedrale von Tromsø (s. S. 80).

Hammerfest nennt sich stolz „nördlichste Stadt der Welt". Fast hätte sie diesen Titel 1996 an **Honningsvåg** (3.500 Einwohner) **11** auf **Magerøya** verloren. Die Emotionen schlugen hoch, denn man fürchtete um das Touristenaufkommen. Oslo mußte schließlich schlichten: Ein Ort darf erst ab 5.000 Einwohnern zur Stadt werden, und so schmückt sich Honningsvåg heute mit dem Titel „Kommune am Nordkap". Versüßt wurde den Honningsvågern die Niederlage mit Millionen aus dem Regionalfonds. Aber auch Hammerfest profitiert vom Besuchermagneten **Nordkap** **12**. Von Hammerfest gibt es Charterflüge, und auch die Hurtigrute bietet Tagesausflüge zum Nordkap (s. Kasten S. 82).

Wer nach dem Nordkap-Trubel die Einsamkeit sucht, kann nördlich von **Lakselv** **13** im **Stabbursdalen-Nationalpark** (98 km^2) **14** wandern. Nahe **Stabbursnes** **15** an der E 6 –

Waldtundra mit Fichtenbeständen und Moorseen bedeckt weite Teile der Finnmarksvidda.

Leben zwischen zwei Welten

Die Bevölkerungsminderheit der Samen ist über vier Staaten am Rande Europas verbreitet (vgl. S. 15). Früher lebten sie in Siidas, in Großfamilien. Man kannte nur Gemeinschaftsbesitz, wohnte in Zelten, war Selbstversorger und stellte nur Dinge für den Eigenbedarf her. Dadurch war die Eigenständigkeit der Familien gesichert.
Traditionell unterteilt man das Volk der Samen entsprechend der Lebens- und Wirtschaftsweise in drei Hauptgruppen: erstens die Berg- und Fjellsamen, zweitens die Waldsamen in Nordschweden und Nordfinnland – beide Gruppen folgen ihren Rentierherden mit Zelten zu den Sommer- und Winterweiden – und drittens die seßhaften Küsten-Samen, die zwischen Ackerbau in den kurzen Sommermonaten und Fischfang wechseln.
Heute arbeitet die Mehrzahl der 40.000 bis 75.000 Samen (je nach Abstammungskriterium) in vielen Berufen und wohnt in modernen Häusern. Die Volkstracht ziehen sie nur noch zu festlichen Anlässen wie zu Ostern an, wenn das Ende des Winters gefeiert wird. Im Sommer verkaufen manche Rentierfelle und kunsthandwerkliche Erzeugnisse.
In Norwegen verdienen nur noch etwa 500 Samen ihr Geld mit traditioneller Rentierhaltung. Dabei passen sie sich wie schon vor Jahrhunderten dem Lebensrhythmus der Tiere an, lenken jedoch die Wanderungen mit modernster Technik (Hubschrauber, Schneemobile, Mobiltelefone) nach ihrem Willen. Die meisten Winterweiden liegen in der Finnmarksvidda. Hier wird es mit –50 °C sehr kalt; da es zugleich trocken ist, liegt der Schnee locker und pulverig. Die Rentiere können mit ihrem Geweih und den Hufen den Schnee wegscharren, um an ihre Hauptnahrung, die Flechten, zu kommen. Die Herdenbesitzer wohnen im Winter in festen Häusern.
Im Frühjahr begleiten sie die Tiere 400–500 km auf traditionellen Routen bis zur Küste auf die Sommerweiden, wo die Vegetation mit zunehmender Sonnenscheindauer genügend Nahrung bietet. Hier kommen dann auch die Jungtiere zur Welt. In letzter Zeit müssen die Rentiere allerdings bis zu den vorgelagerten Inseln ausweichen, weil die Weidewirtschaft räumlich vom Tourismus, aber auch vom Verkehrs- und Wasserkraftausbau eingeschränkt wird.
Im Herbst erfolgt dann die Rückwanderung, da die Herbststürme an der Küste den Schnee zu sehr verfestigen. Bei Karasjok und bei Kautokeino treiben die Samen die Tiere in großen Umzäunungen zusammen. Mit dem altbewährten Lasso fangen sie die Kälber zur Markierung und die erwachsenen Tiere zum Schlachten heraus. Das Rentierfleisch enthält wenig Fett und gilt sowohl frisch als auch geräuchert als teure Delikatesse. Der heutige wirtschaftliche Erfolg stärkt das ethnische Selbstbewußtsein der Samen.

In Kautokeino trifft man noch Samen in ihrer bunten Tracht.

hier liegt auch ein Informationszentrum – führt eine Schotterstraße zum Nationalpark. Allerdings gibt es keine markierten Wanderwege!

Weite Finnmarksvidda

Während die Winter an den eisfreien Küstensäumen noch relativ mild sind, herrscht in der Finnmarksvidda extrem kontinentales Klima. Die Temperaturen schwanken von +30 °C im Sommer bis –60 °C im Winter. Da nur geringe Niederschläge fallen, müssen die Bauern das kultivierte Grünland bewässern. In diesem äußerst dünn besiedelten und verkehrsmäßig wenig erschlossenen Gebiet gibt es nur zwei größere Gemeinden, Kautokeino und Karasjok, in denen vornehmlich Samen leben. **Kautokeino** (1.600 Einwohner) [16] ist mit einem Freilichtmuseum (geöffnet 15. Juni bis 15. August Mo-Sa 9–19 Uhr, So 12–19 Uhr), einem Kulturhaus und einer Silberschmiede das Zentrum der samischen Kultur. Der Verkauf von samischem Schmuck trägt – neben der Rentierhaltung – wesentlich zum Einkommen bei. **Karasjok** (1.400 Einwohner) [17], die „Hauptstadt" der Samen, beherbergt seit 1989 das samische Parlament (Sameting), das alle 4 Jahre zusammen mit dem Storting in Oslo gewählt wird (Informationen: Karasjok Opplevelser AS, Samelandssenteret, N-9730 Karasjok, Tel. 78 46 69 00).

In der Finnmarksvidda fährt man durch grenzenlose Einsamkeit. Wer völlig abseits jeder Zivilisation sein möchte, den zieht es in den schwer zugänglichen **Øvre-Anarjokka-Nationalpark** (1.400 km^2) [18] im Herzen Lapplands. Man erreicht den Park über eine Schotterstraße (RV 92), die östlich von Karasjok bei **Karigasniemi** nach Süden abzweigt. 10 km Fußmarsch sind es bis zum Park (keine markierten Wege!).

Kirkenes – Tor zum Osten

In der Hafen- und Industriestadt **Kirkenes** (5.000 Einwohner) [19] auf der Südseite des **Varangerfjords** befindet sich der Endpunkt der E 6 und der Zielhafen der Hurtigrute. Die Menschen leben vor allem vom Abbau und der Verhüttung des Eisenerzes. Dank „Perestroika" bildet Kirkenes heute das Tor nach Rußland. Waren in den 1980er Jahren noch die Störsender während der Radionachrichten zu jeder vollen Stunde sehr aktiv, so ist die Grenze heute durchlässig. Bei Wanderungen sollte man trotzdem keinesfalls außerhalb des offiziellen Übergangs russischen Boden betreten, denn zur Zeit benötigt man für einen Tagesausflug nach Rußland einen Passierschein oder Reisepaß.

Die LV 885 führt in südlicher Richtung zum 63 km^2 großen Øvre-Pasvik-Nationalpark, eine fast unberührte, flache Naturlandschaft aus Mooren und Sümpfen ohne markierte Wanderwege.

Informationen: Grenseland AS, Postboks 8, N-9900 Kirkenes, Tel. 78 99 25 44.

Inmitten der Arktis
Die Varanger-Halbinsel

Vom Dorf Ekkeroy erkennt man jenseits des Varangerfjords die russische Kola-Halbinsel.

Tip

„Knigge" für das Varanger-Fjell

Auf Varanger brüten einige seltene und hochsensitive Vogelarten wie beispielsweise die Schnee-Eule und der Gerfalke. Weite Teile der Fjells stehen daher unter Naturschutz und dürfen zur Brutzeit nicht betreten werden. Außerdem ist die Pflanzendecke auf dem Permafrostboden sehr empfindlich. Die Einwohner dieser Gegend sind vielfach engagierte Naturfreunde; wenn man also nach altem Jedermannsrecht hier nichtsahnend einfach herumstapft, dann kann es schnell passieren, daß die Polizei per Mobiltelefon verständigt wird. Am Auto wird man dann von den Uniformierten empfindlich zur Kasse gebeten. Herausreden kann man sich nicht, denn die Sperrschilder entlang der Straße sind unübersehbar.

Südöstlich der Varanger-Halbinsel zwischen **Tanabru** **20** und **Varangerbotn** **21**, begrenzt durch die E 6, geht die Landschaft in die russische **Kola-Halbinsel** über. Die Varanger-Halbinsel liegt mit 70–71° nördlicher Breite genau so weit im Norden wie Point Barrow in Nordalaska, doch der Golfstrom mildert das Klima. Die Häfen von Vadsø und Vardø bleiben daher auch im Winter eisfrei.

Entlang dem Varangerfjord findet man in geschützten Tallagen Birkenfjell, ansonsten überwiegt Kahlfjell mit Schneefeldern, weiten Mooren und zahlreichen Seen, auf denen sich Sterntaucher und Odinshühnchen tummeln.

Der Norden der Halbinsel zählt zur Arktis. Hier gibt es die weite Tundrenlandschaft mit den typischen Permafrostböden, die das ganze Jahr über steinhart gefroren sind. Nur die oberen Zentimeter tauen im kurzen Sommer auf. Die Vegetation besteht aus einem niedrigen Teppich von Silberwurz und Zwergsträuchern. Die dazwischenstehenden Birkenpilze sind daher manchmal größer als die niederliegenden Zwergbirken.

Vadsø und Vardø

In **Vadsø** (ca. 6.000 Einwohner) **22**, der größten Stadt der Halbinsel, gibt es ein Hotel, Fischverarbeitungsbetriebe und ein großes Einkaufszentrum. **Vardø** (3.100 Einwohner) **23** auf einer vorgelagerten Insel erreicht man nur über einen Tunnel, der in 88 m Tiefe unter der Barentssee verläuft. Sehenswert sind die Festung Vardøhus, um 1310 gegen den wachsenden russischen Einfluß erbaut, und die alten Lagerhäuser am Hafen, die Brodtkorksjaene, die Dreizehenmöwen in Beschlag genommen haben. Sie bauen ihre Nester auf Fensterrahmen und alten Fischkisten, die an die Wände genagelt wurden. Von Vardø blickt man auf die Vogelinseln **Hornøya** und **Reinøya** **24**, wo sogar Dickschnabellummen brüten.

Hamningberg – Fjell-Einsamkeit

Nordwestlich von Vardø führt eine Schotterstraße noch 40 km entlang der Barentssee nach **Hamningberg** **25**. Das gesamte Fjell steht hier unter Naturschutz und darf während der Brutzeit nicht betreten werden (s. Tip S. 86). Doch

Der Weg zum Fischerdorf Hamningberg führt durch eine faszinierende „Mondlandschaft".

Alles hängt am Lemming

In nördlichen Breiten beobachtet man seit Menschengedenken eine zyklische Vermehrung von Kleinnagern, Beerenfrüchten und Vögeln. Diese Zyklen treten in Skandinavien in drei- bis fünfjährigen Abständen auf. Allgemein bekannt sind die sogenannten Massenvermehrungen der Lemminge – einschließlich des grausigen Märchens vom gemeinsamen Lemming-Selbstmord.

Was ist dran an dieser hanebüchenen Story? Nun, einen winzigen wahren Kern gibt es: Alle 3–5 Jahre findet man als Fjellwanderer oder Autofahrer auf Nebenstraßen durch die Bergwelt viele tote Lemminge. Der Hintergrund ist die regelmäßige Massenvermehrung von Kleinnagern, zu denen der Berglemming sowie Wühlmäuse wie Erdmaus und Rötelmaus gehören. Ausgehend von einer geringen Kleinnager-Population gibt es zunächst einen langsamen, später dann einen starken Anstieg der Individuenzahl (mindestens um den Faktor 50). Im Falle des Lemmings kann es auf dem Höhepunkt der Populationsdichte zu Abwanderungen kommen. Es folgt dann unausweichlich ein Massensterben, das meist im Herbst stattfindet. Parallel oder aber zeitlich um ein Jahr versetzt vermehren sich dann auch die entsprechenden Beutegreifer wie Turmfalken, Eulen oder Weihen, um von dem Beute-Überfluß zu profitieren. Bricht die Nahrungsmittelversorgung schließlich zusammen, wandern die Tiere ab oder verhungern, bis sich wieder ein Gleichgewicht zwischen Räuber und Beute einstellt.

Vieles hat man in den letzten 30 Jahren untersucht, um die Zyklen zu verstehen, und viel Widersprüchliches wurde gefunden. Kleinnager verfügen möglicherweise über eine innere Uhr, verändern ihren hormonalen Zustand während des Zyklus und werden vom Wetter beeinflußt. Beutegreifer dezimieren deren Bestände. Aber auch komplexe Modellberechnungen unter Einbeziehung all dieser verwirrenden Details konnten nicht hinreichend genau beschreiben, wie die einzelnen Faktoren aufeinander einwirken.

In den letzten Jahren besinnt man sich wieder mehr auf die einfachen, grundlegenden Zusammenhänge von Fressen und Gefressenwerden. Auch die Lemminge müssen leben, und dies tun sie von Pflanzen. Bei Preiselbeere oder Blaubeere gibt es ebenfalls Zyklen: In drei- bis fünfjährigen Abständen „explodiert" die Zahl der reifen Früchte im Sommer. Neue Analysen von alten Beerenexporten zwischen 1880 und 1925 zeigen in Verbindung mit Jagdstatistiken über Birkwild in Lemmingjahren statistisch abgesicherte Parallelen. Neuere Zahlen von 1952–1974 belegen diesen Zusammenhang für Beeren und Kleinnager. So ist möglicherweise das „Rätsel" in groben Zügen gelöst, aber keineswegs voll verstanden.

Der Berglemming hat jedenfalls viele Feinde auf dem Fjell: im hohen Norden die Schnee-Eule, sonst Rauhfußbussard und Füchse. Daher steigt in Lemmingjahren sowohl die Zahl als auch der Vermehrungserfolg der Beutegreifer stark an.

Außerhalb der Arktis und der Fjellregionen leben viele andere Eulen- und Greifvogelarten von der Erdmaus, dem häufigsten Säugetier in ganz Skandinavien. Ebenfalls zyklisch fliegen hier Turmfalken, Mäusebussarde, Kornweihen sowie zahlreiche Eulenarten wie Sperbereule, Habichtskauz, Bartkauz, Sumpfohreule oder Rauhfußkauz geradezu auf diese Wühlmäuse mit ihren Massenvermehrungen. Das bedeutet: Sie leben teilweise nomadisch, siedeln und brüten immer da, wo gerade viele Mäuse zu finden sind. Kommt der Populationszusammenbruch erst im späten Herbst, verhungern viele der unerfahrenen Jungvögel.

1 Mäusebussard / Musvåk (N) / Ormvråk (S) / *Buteo buteo*
2 Rauhfußbussard / Fjellvåk (N) / Fjellvräk (S) / *Buteo lagopus*
3 Turmfalke / Tårnfalk (N) / Torn falk (S) / *Falco tinnunculus*
4 Kornweihe / Myrhauk (N) / Blå kärrhök (S) / *Circus cyaneus*
5 Sperlingskauz / Spurveugle (N) / Sparvuggla (S) / *Glaucidium passerinum*
6 Sumpfohreule / Jordugle (N) / Jorduggla (S) / *Asio flammeus*
7 Rauhfußkauz / Perleugle (N) / Pärluggla (S) / *Aegolius funereus*
8 Waldkauz / Kattugle (N) / Kattuggla (S) / *Strix aluco*
9 Sperbereule / Haukugle (N) / Hokuggla (S) / *Surnia ulula*
10 Schnee-Eule / Snøugle (N) / Fjälluggla (S) / *Nyctea scandiaca*
11 Waldlemming / Skoglemen (N) / Skogslämmel (S) / *Myopus schisticolor*
12 Berglemming / Lemen (N) / Fjällämmel (S) / *Lemmus lemmus*
13 Wanderratte / Brunrotte (N) / Brun råtta (S) / *Rattus norvegicus*
14 Ostschermaus / Markmus (N) / Vattensork (S) / *Arvicola agrestis*
15 Graurötelmaus / Gråsidemus (N)/ Gråsiding (S) / *Clethrionomys rufocanus*
16 Rötelmaus / Klatremus (N) / Skogssork (S) / *Clethrionomys glareolus*
17 Erdmaus / Markmus (N) / Åkersork (S) / *Microtus agrestis*
18 Waldspitzmaus / Vanlig spissmus (N) / Skogsnäbbmus (S) / *Sorex araneus*

50–57 cm
1
2
50–60 cm
3
35 cm
4
50 cm
5
25 cm
7
8
37–39 cm
6
37–42 cm
16–18 cm
36–
41 cm
10
55–65 cm
9
KR 8–11 cm
11
13
KR 20–
28 cm
12
KR 13–15 cm
16
KR 8–12 cm
KR 9,5–
13,3 cm
17
14
18
15
KR 12–20 cm
KR 11–13 cm
KR 6–8,7 cm

Frühling in der Arktis

Anfang Juni zieht das Frühjahr in Lappland ein. Die Flüsse schwellen vom Schmelzwasser an, und auf dem Inari-See treiben die letzten Eisschollen des vergangenen Winters. Die Schneefelder auf den Fjells tauen auf. Da Frühjahr, Sommer und Herbst hier zusammen nur etwa drei Monate dauern, beginnt die Natur mit den ersten langen Sonnentagen regelrecht zu explodieren.
Ist die arktische Tundra am Varanger an einem Tag noch grau und trostlos, grünt und blüht das Fjell kaum ein paar Tage später als ein einziges Blütenmeer. Man kann die Fjellbirken geradezu wachsen hören: Bei Windstille knistert es im Birkenfjell, wenn die jungen Blätter beim Entrollen die braunen Hüllblätter aufsprengen.
Auch die Vögel müssen sich mit ihrem Nachwuchs beeilen. Hauptbrutzeit ist etwa vom 15. Juni bis zum 30. Juli. Anfang Juni sind z. B. die Dreizehenmöwen mitten in der Balz. Sie besetzen ihre napfförmigen Nester, die auf den schmalen Felssimsen von Store Ekkeroy thronen. Oftmals liegen die Brutplätze nur handbreit auseinander, so daß es zu zahlreichen Streitereien kommt. Wenn eine Windbö die Landung auf dem eigenen Nest vereitelt, gerät der Vogel sogleich ins Nachbarterritorium. Der Eindringling wird mit wütenden Schnabelhieben vertrieben. Auf den Nestern finden ständig Kopulationen statt, wobei das Paar in der Enge schon gut balancieren muß.
Erhöhte Stellen im Moor bieten Kampfläufern einen Balzplatz. Mit ungeheurer Aggressivität streiten manchmal bis zu 20 Männchen, an der auffallend gefärbten Halskrause zu erkennen, um die Weibchen.
Selbst die Nordnorweger erwachen aus ihrer Winterlethargie. Nach den langen, dunklen Wintermonaten wird das Körperhormon Melatonin durch das Licht vermehrt aktiviert. Jeder lebt jetzt auf und drängt nach draußen, um im kurzen Sommer möglichst viel Zeit im Freien zu verbringen. Das Familienleben findet auf der Veranda statt, wo sogar der Küchenherd aufgebaut wird. Denn wenn die Sonne scheint, ist es selbst um Mitternacht noch angenehm warm. Die Temperatur kann tagsüber durchaus bis auf 30 °C ansteigen. Nur wenn der eisige Polarwind von der Barentssee aufs Festland weht, dann braucht man den dicken Norweger-Pullover. Mitte bis Ende August zieht schließlich schon der Herbst mit dem ersten Schnee ein und taucht die Landschaft erneut ins Grau.

die Landschaft bezaubert schon von der Straße aus. Richtung **Sandfjord** wird die Vegetation karger, man blickt auf eine Moränenlandschaft aus Gesteinsschutt. Die Felsschichten sind teilweise senkrecht gekippt und zu bizarren Formen erodiert. In kleinen Buchten tobt die Brandung. Hier haben einige Norweger ihre Sommerhäuschen, in denen sie die Ferien genießen. Westlich von Hamningberg endet schließlich der Feldweg. Weit schaut man über den **Syltefjord** und auf die Klippen des **Syltefjordstauran**. Ein unvergeßliches Erlebnis bietet an diesem abgeschiedenen Ort die Mitternachtssonne.

Informationen: Vadsø Tel. 78 95 44 90, Vardø Tel. 78 98 82 70, Varangerbotn Tel. 78 95 82 70.

Zur Baßtölpel-Kolonie

Von Varangerbotn führt eine weitere Straße in Richtung Tanafjord auf die Halbinsel. Im Birkenfjell vor **Båtsfjord** **26** singen Sporn- und Schneeammer. Am **Syltefjord** endet die Straße bei einer Kolonie Küstenseeschwalben. Am Ausgang des Fjords liegt die nordöstlichste Baßtölpel-Kolonie am **Syltefjordstauran**. Wer den unwegsamen „Pfad“ am Meer über Geröllfelder scheut, kann sich von Fischern per Boot hierher bringen lassen.

Nordfinnland
Vom Inari bis zu den Skanden

Nordfinnland macht mit 93.937 km^2 30% der Landesfläche aus. 203.000 Menschen, davon 6.000 Samen, und 220.000 Rentiere leben in dieser Sumpf- und Hügellandschaft mit Höhen zwischen 500 und 800 m. Nur am äußersten Nordwestzipfel berührt das Gebiet die Skanden. Dort findet sich auch Finnlands höchster Berg, der **Haltiatunturi** (1.328 m). Fichtenwälder, lockere Kiefernbestände und Kahlfjells prägen das Bild.

Rund um den Inari-See

Die Landschaft bestimmt der **Inarijärvi** 27, Finnlands drittgrößter See, der mit 1.100 km^2 Fläche doppelt so groß ist wie der Bodensee. Viele Buchten zerlappen das Ufer. Es gibt schätzungsweise 3.000 kleine Inseln im See, ideale Brutgebiete für zahlreiche Vögel, etwa Schellenten, Mittel- und Zwergsäger. Da die Temperaturen an mehr als 200 Tagen im Jahr unter 0 °C liegen, friert der Inari-See 7 Monate des Jahres völlig zu. Wenn er Mitte Mai, meist aber erst im Juni auftaut, hört man das Eis überall knistern und brechen.

In den beiden Kleinstädten **Ivalo** (3.000 Einwohner) 28 und **Inari** (7.000 Einwohner) 29 wohnen überwiegend Samen. Nördlich von Ivalo führt eine Straße steil hinauf zum **Rahajärvi** mit Blick über den Südzipfel des Inari.

Sieben Monate im Jahr ist der drittgrößte Binnensee Finnlands, der Inari-See, zugefroren.

Nur wenige Samen leben noch von der Rentierhaltung. Heute bringt der Fremdenverkehr das meiste Geld in die Kasse, da die Schönheit der Landschaft viele Besucher anzieht. Durch den Tourismus, der sich auf die Zeit zwischen Ende Juni und Mitte August konzentriert, hat Nordfinnland in den letzten Jahren einen enormen Entwicklungsschub erfahren. Man kann an den Ufern des Inari radfahren, im See angeln oder Touren mit dem Boot oder dem Wasserflugzeug unternehmen. Anfang der 1980er Jahre gab es fast nur Schotterstraßen mit tiefen Schlaglöchern, heute sind die Verkehrswege hervorragend asphaltiert.

Informationen: Turist-Information, FIN-99800 Ivalo, Tel. (016) 16 66 52 12, Fax (016) 67 14 86.

Tip

Goldwaschen im Lemmenjoki

Im Süden des Lemmenjoki-Nationalparks (2.800 km^2), Finnlands größter Einrichtung dieser Art, befinden sich weite Moorbereiche, im Westen, Norden und Osten liegen Fjellgebiete mit niedrigwachsender Vegetation bis in 600 m Höhe. Das Flußtal des Lemmenjoki bestimmt die Landschaft. Für Wanderer gibt es in dieser Wildnis nur wenige markierte Pfade; Zeltplätze sind eingerichtet. Im Park trifft man auf Rentierhirten oder Goldwäscher. Der finnische Goldrausch klang nach 1950 wieder ab, Goldwaschen blieb aber eine Touristenattraktion, und wie früher werden dabei nicht die Goldwäscher reich. 50 km südwestlich von Inari zweigt von der LV 955 eine Stichstraße zum Ort Njurgalahti/Lemmenjoki ab. Im Café Ahkun Tupa erhält man Informationen zum Park.

Die berühmte Eismeerstraße

Die berühmte Eismeerstraße (E 75), mit großen Rastplätze an schönen Seen und einem breiten Radweg, der im Winter als Loipe genutzt wird, verläuft vom schwedisch-finnischen Grenzort **Haparanda** **30** über **Rovaniemi** **31** vorbei am Südwestufer des Inari nach Norden. Ursprünglich bog sie von Ivalo nach Osten zum ehemaligen finnischen Eismeerhafen Petsamo (heute Pečenga) ab, bevor dieses Gebiet nach dem Zweiten Weltkrieg an Rußland ging.

Heute führt die Rennstrecke vieler Nordkap-Fans vom Inari-See bis **Kaamanen** **32** und mündet dann hinter der Grenze zu Norwegen in die E 6 ein. Entlang dieses Hauptverkehrsweges durch Nordfinnland erstreckt sich ein Siedlungsband mit schönen, eingeschossigen Holzhäusern. Die Gärten sind mit Nadelbäumen eingefaßt. Sobald sich der kurze Sommer ankündigt, werden Stühle und Hollywoodschaukeln herausgestellt: Das Leben findet nach den langen, einsamen und dunklen Wintern im Freien statt. Nicht nur der Frühling mit dem Aufbrechen der Blüten (s. Kasten S. 90), auch der Herbst Ende August mit den sich bunt verfärbenden Blättern besitzt hier seinen eigenen Reiz.

Nordwärts zum Polarkreis

In **Rovaniemi** (34.400 Einwohner) **31**, dem Verwaltungszentrum Nordfinnlands, präsentiert das Arcticum das Kulturleben nordischer Völker von prähistorischen Vorzeiten bis heute (geöffnet 1. Mai bis 15. Juni und 16. August bis 31. August tgl. 10–18 Uhr, 16. Juni bis 15. August tgl. 10–20 Uhr, 1. September bis 30. April Di–So 10–18 Uhr). Rovaniemi liegt am Zusammenfluß von **Ounasjoki** und **Kemijoki** und war daher jahrzehntelang wichtiger Knotenpunkt des Holzflößens. Ein schöner Blick auf den Stausee des Kemijoki, Finnlands längsten Fluß, bietet sich bei **Petäjäskoski** 33.

8 km hinter Rovaniemi überschreitet man den **Polarkreis**. Verpassen kann man ihn nicht, denn hier liegt **„Santa Claus Village"**, ein betriebsames Touristenzentrum. Weiter nach Norden verkaufen Samen Souvenirs wie Rentiergeweihe oder -felle. Dieser lukrative Nebenerwerb trägt zur Verbesserung ihrer Lebenssituation bei.

Informationen: Fremdenverkehrsamt Rovaniemi, Koskikatu 1, FIN-96200 Rovaniemi, Tel. (016) 34 62 70 Fax (016) 34 24 650.

Am Polarkreis haben sich die Läden auf Touristen eingestellt und bieten Souvenirs an.

Im Urho-Kekkonen-Nationalpark

Finnlands zweitgrößtes Wildnisgebiet, der 2.550 km² große Urho-Kekkonen-Nationalpark 34, schützt eine attraktive Moor-, Wald- und Fjell-Landschaft. Einen schönen Überblick gewinnt man vom Gipfel des 438 m hohen **Kaunispää**. Das Wanderparadies besitzt ein ausgedehntes markiertes Wegenetz.

Bei **Tankavaara** 35 kann man zwischen 1–6 km langen Naturlehrpfaden wählen. Vor mehrtägigen Wanderungen sollte man sich im Naturum in Tankavaara informieren, für welche Areale spezielle Regeln gelten und welche Moorgebiete während der Brutzeit gesperrt sind.

Entlang der finnisch-schwedischen Grenze

Die E 8 entlang der finnisch-schwedischen Grenze bietet eine schöne Alternativstrecke zur Eismeerstraße. Richtung Norwegen zweigt die RV 93 nach **Kautokeino** und **Alta** ab. Auf dem **Muonionjoki** werden abenteuerliche Wildwasserfahrten (Rafting) angeboten. Zwischen Finnland und Schweden kann man auf mehreren Brücken über den **Torniojoki** (schwedisch = Torneälven) pendeln.

Die eindrucksvollen **Stromschnellen von Kukkola** liegen 20 km nördlich von **Haparanda** **30**.

Im Pallas-Ounastunturi-Nationalpark

Biegt man bei **Muonio** **36** auf die RV 79 nach Osten und zweigt in **Särkijärvi** zum Hotel Pallastunturi ab, gelangt man in den **Pallas-Ounastunturi-Nationalpark** **37** (500 km^2). Das Landschaftsbild prägen die Gipfel des Pallas-Gebirges, die sich über Hochebenen und Schluchten erheben. Höchster Berg ist der **Taivaskero** (807 m).

Mitten durch den Park verläuft die nördliche Verbreitungsgrenze der Fichte, außerdem zeigt die Vegetation eine deutliche Höhenzonierung. In tieferen Lagen herrscht die Nadelwaldzone mit locker stehenden Fichten und reichem Unterwuchs vor. Ab 400–500 m Höhe beginnt dann die Birkenfjellstufe, darüber liegt schließlich das Kahlfjell mit Moosen und Flechten. Bemerkenswert ist die Mischung südlicher Vogelarten wie Rotkehlchen oder Buchfink und nördlicher Spezies wie Schneefink oder Ohrenlerche.

Der Torniojoki (Torneälven) trennt Finnland und Schweden – hier die Stromschnellen von Kukkola.

Die Wildnis im Norden Schwedens

Entlang der Ostküste Schwedens mit ihren vorgelagerten Schären erstreckt sich eine Ebene, die durch Felsbuckel belebt wird. An den Flußmündungen konzentrieren sich Hafenstädte wie **Umeå** (85.000 Einwohner) 38, **Skellefteå** (75.000 Einwohner) 39 und **Luleå** (67.000 Einwohner) 40. Die Winter werden so kalt, daß der **Bottnische Meerbusen** in der Regel von Dezember bis Mai zufriert. Nach Norden und Westen steigt die Landfläche bis zu den Skanden hin an. Hier liegt Schwedens höchster Berg, der **Kebnekaise** (2.111 m).

Das einsame Landesinnere ist nur dünn besiedelt und birgt mehrere Nationalparks von spektakulärer Schönheit. Die Städte **Gällivare-Malmberget** 41 und **Kiruna** (23.000 Einwohner) 42 verdanken ihre Existenz einzig dem Eisenerz.

Im Pieljekaise-Nationalpark

Der Pieljekaise-Nationalpark (153 km^2) 43 liegt knapp südlich des Polarkreises und ist von **Skellefteå** aus auf der RV 95 erreichbar. Markant erhebt sich der **Pieljekaise** (1.138 m) über die Fjällandschaft. Auf weiten Flächen erstrecken sich unberührte Fjällbirkenwälder mit reichem Unterwuchs und umfangreiche Heiden. Typische Fjällpflanzen wie Zwittrige Krähenbeeren oder Schwedischer Hartriegel wachsen hier, Charaktervogel ist das Moorschneehuhn. In den bewaldeten Bergen leben Elch, Eisfuchs, Hermelin und Schneehase. Die Samen dürfen das Gebiet als Weiden für ihre Rentiere benutzen. Eine einzigartige Sammlung samischer Silbergegenstände zeigt das berühmte Silbermuseum in **Arjeplog** 44 (geöffnet 15. Juni bis 9. August tgl. 9–18 Uhr, sonst Mo–Fr 10–16 Uhr, Sa 10–14 Uhr).

Im Muddus-Nationalpark

Der Muddus-Nationalpark (493 km^2) 45 liegt noch außerhalb der Skanden in der Taigazone auf 160–600 m Höhe. Über einem Hochplateau ragen einige Berggipfel empor. Der eindrucksvolle Muddusjokk-Wasserfall stürzt in zwei Stufen 42 m tief in den Canyon hinab. Uralte Fichten- und Kiefernbestände wechseln mit sumpfigen Mooren. Hier muß man sich die Natur mit Myriaden von Mücken teilen. Der See Muddusjaure, an dem ein Vogelbeobachtungsturm steht, bietet vielen Vögeln einen angemessenen Lebensraum. Kranich, Steinadler und Uhu wie auch Braunbär, Luchs, Elch und Fischotter kommen im Muddus vor. Die markierten Wege (zum Teil auf Holzbohlen) liegen im Südteil des Parks. Man erreicht ihn von **Luleå** auf der RV 97 bis **Jokkmokk** 46 und weiter auf der RV 45. In Jokkmokk sollte man das Ajtte, ein hervorra-

Bohlenwege erschließen den sumpfigen Muddus-Nationalpark zum Schutz der empfindlichen Vegetation.

gendes Fjäll- und Samenmuseum, besuchen (geöffnet 13. Juni bis 23. August Mo-Fr 9–18 Uhr, Do bis 20 Uhr, Sa–So 11–18 Uhr).

Im Stora-Sjöfallet-, Sarek- und Padjelanta-Nationalpark

6 km nördlich von **Porjus** 47 an der RV 45 zweigt eine landschaftlich schöne Stichstraße zum **Stora Sjöfallet** 48 ab. Dieser Nationalpark grenzt unmittelbar an den **Sarek-** 49 und den **Padjelanta-Nationalpark** 50. Zusammengenommen bilden sie das größte zusammenhängende Nationalparkgebiet Europas (5.232 km^2).

Am einfachsten zu erreichen ist der Stora-Sjöfallet-Nationalpark (= Großer Wasserfall, 1.278 km^2). Über den gestauten See **Akkajaure** erheben sich zum Teil vergletscherte Berggipfel. Das **Akka-Massiv** ragt bis zu 2.015 m hoch auf. Leider beeinträchtigt ein Wasserkraftwerk das ansonsten großartige Bild, denn der Große Wasserfall führt meistens kaum noch ein Rinnsal. Die wilde Bergwelt blieb aber weitgehend verschont.

Der Sarek-Nationalpark (1.970 km^2) ist nur schwer über eine Schotterstraße erreichbar, die hinter Jokkmokk nach **Kvikkjokk** 51 abzweigt; sie endet etwa 30 km vor dem Park. Der Sarek zeigt mit sechs Gipfeln von über 2.000 m Höhe, mehr als 100 Gletschern und tiefen Schluchttälern alpinen Charakter.

Die Hochebene im Padjelanta-Nationalpark (1.984 km^2) mit großen Seen, Rentierweiden und zahlreichen botanischen Kostbarkeiten ist wie der Sarek eine Wildnis und überhaupt nicht mit dem Auto zugänglich.

Im Abisco-Nationalpark

Abisco (77 km^2) 52, der bekannteste Nationalpark in Schwedisch-Lappland, läßt sich über die E 10 verhältnismäßig leicht erreichen. Das wunderschöne Tal entlang dem **Abiskojåkka** wird im Süden und Westen von hohen Gebirgsmassiven, im Norden vom **Torneträsk-See** eingerahmt. Während die unteren Hangbereiche mit Birken bedeckt sind, gibt es auf der alpinen Stufe neben wilden Geröllfeldern auch zauberhaft blühende Bergwiesen. Braunbär, Eisfuchs, Elch, Luchs und Vielfraß leben hier, dazu eine artenreiche Vogelwelt.

Eine imposante Aussicht bietet sich vom **Njulla** (1.169 m), auf den eine Seilbahn und ein markierter Fußpfad führen.

Informationen über schwedische Nationalparks: Statens Naturvårdsverk, Blekholmsterrassen 36, S-10648 Stockholm, Tel. (08) 698 10 00.

Tip

Unterwegs mit der Lapplandbahn

Die Fahrt mit der Lapplandbahn zwischen Kiruna und Narvik bietet ein besonderes Erlebnis. Rucksacktouristen, hoch bepackt mit Schlafsäcken und Kochgeschirr, aber auch bunt gekleidete Samen drängen in den Zug. Manchmal hält die Bahn auf freier Strecke, um jemanden ein- oder aussteigen zu lassen. Wichtigster Stop ist die Abisco-Turiststation. Hier leert sich der Zug, denn viele wollen im Abisco-Nationalpark wandern. Auf der Weiterfahrt zur norwegisch-schwedischen Grenze windet sich die Bahn bis zu 1.000 m in Spiralen hinab, um schließlich Narvik zu erreichen. Bereits 1883 entstand die eingleisige Strecke, um schwedische Eisenerze aus den Gruben bei Kiruna zum eisfreien Hafen Narvik zu transportieren. Heute noch haben die Erzzüge Vorfahrt, was manchen Aufenthalt und daher auch etwas Geduld erfordert. Informationen: Schweden Werbung, Lilienstraße 19, D-20095 Hamburg, Tel. (040) 32 55 13 55, Fax (040) 32 55 13 33.

„Indianersommer" im Stora-Sjöfallet-Nationalpark: Kalte Nächte bewirken die intensive Herbstfärbung.

Südschweden
Der Garten an der Küste

Südschweden wird von zwei Landschaften geprägt. Der meerumspülte Südzipfel, die historische Provinz Schonen, ist die Kornkammer und das Badeparadies Schwedens. Schonen gehörte über Jahrhunderte zu Dänemark, was sich kulturell noch heute widerspiegelt. Im sanfthügeligen Småland, im Mittelalter die südlichste schwedische Provinz, gibt es ausgedehnte Wälder und unzählige Seen.

Die Westküste

Entlang dem Kattegat

Die Hafenstadt Helsingborg

Die meisten Touristen kommen derzeit noch vom dänischen Helsingør mit der Autofähre über den 4 km breiten Öresund nach **Helsingborg** (105.000 Einwohner) **1**. Wenn das Schiff in den Hafen einfährt, fällt der Blick auf den 36 m hohen Festungsturm **Kärnan** (geöffnet im Sommer tgl. 10–20 Uhr). Da die Stadt über Jahrhunderte zwischen Dänen und Schweden immer wieder hart umkämpft war, blieb außer dem Kärnan und der **Marienkirche** nichts von der mittelalterlichen Bebauung übrig. Wegen seiner Lage ist Helsingborg ein wichtiger Verkehrsknotenpunkt und eine Industriestadt, die man schnell hinter sich läßt.

Küste am Kattegat

Die Küstenstraße in Richtung Norden – abseits der vielbefahrenen E 6 – säumen Dünen- und Strandlandschaften. Wassertemperaturen bis zu 20 °C im August laden zum Baden ein. Ein Abstecher auf die

Der 60 m hohe Glockenturm des neugotischen Rathauses von 1897 überragt Stadt und Hafen von Helsingborg.

Durch den Süden Schwedens

Kulla-Halbinsel führt zur Keramikstadt **Höganäs** **2** und zum **Schloß Krapperup** aus dem 16. Jahrhundert. An der Landspitze des weit ins Meer vorspringenden **Kullaberges** fällt das Ufer mit bizarren Felsbildungen schroff zum Kattegat ab.

Das malerische **Laholm** **3** an der RV 24 zeigt mit seinen engen Gassen und niedrigen, kleinen Häusern noch den dänischen Einfluß und zieht durch sein besonderes Flair viele Künstler an.

Halmstad (77.000 Einwohner) **4**, die Provinzhauptstadt von Halland, wurde im 13. Jahrhundert an der Mündung des Nissan gegründet und ist ebenfalls eine Stadt der Künstler. Vor dem Rathaus steht eine Skulptur von Edvin Öhrström, auf dem Stora Torg der Brunnen „Europa mit dem Stier“ von Carl Milles und im Park die 15 m hohe Picasso-Skulptur „Mann und Frau“ aus Stahlbeton. Mit Picassos Erlaubnis hat der Norweger Carl Nesjar sie nach der Vorlage einer Kleinplastik angefertigt.

Nach so viel Kultur kann man sich bei **Tylösand** **5** am Meer erholen. In der Altstadt von **Falkenberg** (14.000 Einwohner) **6** gibt es hübsche Fachwerkhäuser. Hier fließt der **Ätran**, ein Lachsfluß, unter der berühmten Zollbrücke Tullbron in das Kattegat.

Malmö und Lund

Ungleiche Nachbarn

Malmö – Lebendige Hafenstadt

Malmö **7**, mit 237.000 Einwohnern Schwedens drittgrößte Stadt, spielte im 14. Jahrhundert als dänischer Handelsplatz am Öresund und Stützpunkt der Hanse eine bedeutende Rolle.

Aus dieser Zeit stammt die **Stadtkirche St. Petri** ❶, ein dreischiffiger gotischer Backsteinbau, der nach dem Vorbild der Lübecker Marienkirche gebaut wurde. Am eindruckvollsten ist die Tauf- oder Krämerkapelle, deren Gewölbe und Wände reichen Schmuck mit Pflanzenornamenten und Figurendarstellungen tragen.

Als Malmö 1658 schwedisch wurde, begann sein 200 Jahre währender Niedergang. Erst Ende des 18. Jahrhunderts gewann die Stadt als Exporthafen wieder an Bedeutung.

Auf dem **Stortorget** ❷ mit dem Reiterstandbild König Karls X. Gustav dominiert das imposante, 1546 im Stil der niederländischen Renaissance erbaute **Rathaus** ❸ mit seinem grünen Dach; die Fassade wurde im 19. Jahrhundert umgestaltet. Der Festsaal hatte den Spiegelsaal von Versailles zum Vorbild und lohnt eine Besichtigung.

Das älteste Bürgerhaus der Stadt, **Jörgen Kock** ❹, stammt von 1522–1525. Der gleichnamige Bürgermeister von Malmö war auch Münzmeister des dänischen Königs und einer der einflußreichsten Männer des Nordens. Er unterstützte die Reformation, vor allem um den Einfluß des Adels und der Priesterschaft zu begrenzen, und schuf die Grundlage für die Armenfürsorge.

Lilla Torg ❺, auf dem ab 1592 der Kleinhandel stattfand, rahmen schöne Bürgerhäuser aus dem 18. und 19. Jahrhundert ein.

Noch innerhalb des alten Wassergrabensystems erhebt sich westlich der Altstadt **Schloß Malmöhus** ❻ inmitten des Stadtparks. Heute befinden sich hier das **Malmömuseum** und ein Aquarium. Im April 1999 gab der Stadtrat seine Zustimmung für den Bau des höchsten Wolkenkratzers Europas (325 m).

Informationen: Malmö Turistbyrå, Skeppsbron 1, S-1120 Malmö, Tel. (040) 34 12 70.

Lund – Ehemaliger Bischofssitz

Das besuchenswerte **Lund** (85.000 Einwohner) **8** war bereits 1060 einer der neun dänischen Bischofssitze. Während des 12.–14. Jahrhunderts gehörte Lund zu den wichtigsten Städten des dänischen Königreiches und bildete die geistige und kirchliche Metropole ganz Nordeuropas. Mit der Reformation 1536 erlosch jedoch diese Bedeutung. Trotz der Gründung einer Universität im Jahre 1666 begann erst um die Mitte des 19. Jahrhunderts erneut ein kultureller Aufschwung.

Tip

Frühling im Dalby-Söderskog

Der Dalby-Söderskog-Nationalpark (36 ha) ist der Südteil des Dalby-Hage-Naturreservates (insgesamt 111 ha). Wanderwege (zum Teil Bohlenwege) führen durch den typischen südschwedischen Laubwald mit einem teilweise knorrigen Baumbestand aus Rotbuchen, Stieleichen, Vogelkirschen und Eschen. Ein kalkreicher Untergrund beeinflußt die Flora. Am besten kommt man Ende April bzw. Anfang Mai, wenn die üppige Frühjahrsvegetation einen dichten Pflanzenteppich bildet. Noch bevor die Laubbäume ihre Blätter entfalten, beginnen Leberblümchen, Buschwindröschen, Hohler Lerchensporn, Scharbockskraut und als Besonderheit der Gewöhnliche Gelbstern zu blühen.
Man fährt von Lund auf der RV 16 rund 11 km Richtung Dalby. Kurz vor Dalby biegt man nach Norden ab (ausgeschildert) und dann noch einmal links zum Parkplatz mit Informationstafeln.

Der wuchtige Dom zu Lund gilt als herausragendes Werk der romanischen Kirchenbaukunst.

Die wichtigste Sehenswürdigkeit ist der romanische **Dom** aus dem Jahr 1080 (geöffnet 8–18 Uhr, So/Fe 9–18 Uhr). Der Innenraum der Kirche beherbergt bedeutende Kunstschätze. Direkt neben dem Hauptportal hängt die berühmte **Astronomische Uhr** von 1380. Wochentags spielt sie um 12 und 15 Uhr, an Sonn- und Feiertagen um 13 und 15 Uhr. Nördlich des Doms liegt der **Park Lundagård** mit **Lundagårdshus**, das – 1578–84 als Königsresidenz errichtet – heute von der Universität genutzt wird. Das nahe gelegene weißleuchtende **Universitätsgebäude** zeigt klassizistische Formen.

Informationen: Lunds Turistbyrå, Kyrkogatan 11, S-22225 Lund, Tel. (046) 35 50 40.

Die Südküste

Von Trelleborg bis Karlskrona

Skåne (Schonen), Schwedens südlichste Landschaft, ragt wie eine große Halbinsel ins Meer und wird an drei Seiten von der Ostsee umspült. Die weite, fruchtbare Ebene ist die Kornkammer des Landes und mit 97 Einwohnern pro km² so dicht besiedelt wie die Mittelschwedische Senke. Die einstige Zugehörigkeit zu Dänemark drückt sich noch heute in Kulturdenkmälern, der Lebensart und der Sprache aus. Besondere landschaftliche Reize hält die südliche Küstenroute bereit, an der sich die ganze Spannweite von Bauernland, Meeresstrand und Küstenstädten entfaltet.

Von Trelleborg bis Simrishamn

Die Fahrt entlang der Südküste auf der RV 9 verläuft durch Kiefernwälder und geschäftige Kleinstädte, zwischendurch erhascht man immer wieder einen Blick auf das Meer. Im kleinen **Trelleborg** (35.000 Einwohner) 9, dem Tor zum Kontinent, kommen die Autofähren von Travemünde, Rostock oder Saßnitz (Rügen) an. 15 km hinter Trelleborg erreicht man Schwedens südlichsten Punkt, **Smygehuk** 10. Verwinkelte, kopfsteingepflasterte Gassen führen durch das malerische **Ystad** (24.000 Einwohner) 11 (Informationen: Ystad Turistbyrå, St. Knuts Torg, S-27142 Ystad, Tel. 0411-774 81). Das alte Stadtbild mit mehr als 300 Jahre alten Fachwerkhäusern und ihren idyllischen Innenhöfen ist nahezu unversehrt erhalten geblieben und wird liebevoll gepflegt. Sehenswert ist die spätromanische Marienkirche mit barockem Turm und reich geschmücktem Inneren. Von Ystad bietet sich ein Ausflug auf die dänische Insel **Bornholm** an (Fähre 2,5 Stunden). Südöstlich von Ystad liegen einige hervorragende Sandstrände.

Etwa 10 km hinter Ystad lohnt sich ein Abstecher zur größten „Schiffssetzung" Europas, Ales stenar, nahe dem Fischerdorf **Kåseberga** 12, nur 100 m von der Steilküste entfernt. 58 aufrechtstehende Steinblöcke formen ein 67 m langes und bis zu 19 m breites steinernes Schiff. Manche Forscher datieren die Kultstätte auf die Zeit der Wikinger, andere sogar bis in die Steinzeit. Die Fahrt geht weiter durch kleine Dörfer wie **Valleberga**, **Löderup** oder **Borrby** mit großen, imposanten Kirchen. Die kleine Hafenstadt **Simrishamn** (20.000 Einwohner) 13 besitzt einige Handelshäuser aus dem 19. Jahrhundert (Informationen: Simrishamn Turistbyrå, Tullhusgatan 2, S-27231 Simrishamn, Tel. 0414-160 60).

Der Stenshuvud-Nationalpark

Ungefähr 30 km nördlich von Simrishamn liegt direkt an der Ostsee

Birdwatching bei Falsterbo

Falsterbo, die Landzunge an Schwedens Südspitze, liegt an der kürzesten Verbindung nach Dänemark. Landvögel überqueren hier seit Jahrtausenden die für sie lebensfeindliche Ostsee. Besonders im Herbst ziehen bei schönem Wetter buchstäblich Tausende von Greifvögeln über die Heide Skanörs Ljung, beobachtet von Hunderten von Ornithologen.
Schon Zahlen aus den 1940er Jahren von Gustav Rudebeck belegen die Bedeutung von Falsterbo für den Greifvogelzug. Ottenby auf Öland (s. S. 112) wird etwa um das Hundertfache übertroffen, wie Daten aus den letzten 10 Jahren zeigen: Häufig sind Mäusebussard (8.000–13.500 pro Herbst), Wespenbussard (3.500–7.400) und Sperber (10.000–20.000). Seltener ziehen auch Wanderfalken, Merline, Weihen, Milane, Stein-, See- oder Fischadler hierher. Während die Anzahl von Wespenbussard und Sperber seit den 40er Jahren deutlich zugenommen hat, nahm die des Mäusebussards um etwa 50% ab.
Viele Vogelbeobachter mit den größten Fernrohren gehören zur Gilde der „Twitcher", die ihre Listen für seltene Arten abhaken (englisch = to twitch). Birdwatching ist mittlerweile ein „Sport" für Eingeweihte. Raritäten werden sofort über das Internet gemeldet. Kurze Zeit später treffen dann schon die ersten Neugierigen ein. Bei Seltenheiten wie einer Kreuzung zwischen Rot- und Schwarzmilan rotten sich Tausende von Beobachtern binnen wenigen Tagen zusammen.
Und warum ziehen die meisten Greifvogelarten im Winter aus Skandinavien weg? Ganz einfach: Sie müssen! Kleinvogeljäger wie Sperber und Säugetierjäger wie Mäusebussard oder Steinadler haben im eisigen Winter des Nordens keine Chance auf ausreichenden Jagderfolg. Entweder ist ihre Beute unter dem Schnee für sie nicht erreichbar, oder sie zieht auch nach Süden. Für die Fischadler frieren die Seen zu. Bleiben können nur wenige Spezialisten wie etwa der Habicht, der seine Beute, z. B. Rauhfußhühner, auch im Winter findet.

Durch diese hohle Gasse muß er kommen: der Vogelzug. Wohlausgerüstete Birdwatcher stehen bei Falsterbo Spalier.

der im Jahre 1986 gegründete Stenshuvud-Nationalpark (380 ha) **14**. „Stenshuvud" bedeutet soviel wie „steinernes Haupt"; der Name verweist auf den rötlichen Granit, Urgestein aus dem Baltischen Schild, der sich hier fast 100 m hoch aufwölbt.

Neben der Geologie hat der Park aber auch biologische Besonderheiten zu bieten: In der Kontaktzone von Meer, Strand, Geröllfeldern und Wald existiert eine Vielfalt von Biotopen, in denen besonders wärmeliebende Arten heimisch sind, die an anderen Plätzen in Schweden kaum vorkommen. So findet man hier beispielsweise Zauneidechse, Ringelnatter, Sperbergrasmücke, Pirol, Haselmaus oder das Brandknabenkraut. Der Wald, eine sogenannte Eichen-Hainbuchen-Gesellschaft beherbergt eine artenreiche, üppige Bodenflora (s. auch Tip S. 103). Neben den typisch mitteleuropäischen Waldsäugern Reh, Fuchs, Dachs und Eichhörnchen dringt der Elch hier weit nach Süden vor. Durch Waldweidewirtschaft und intensive Holznutzung degenerierte der Wald teilweise zu einer Heidelandschaft, in der Besenheide, Thymian, Weißdorn, Gewöhnliche Küchenschelle und Felsenfetthenne gedeihen.

Ab **Södra Mellby** (von der E 9 beschildert) führt eine 3 km lange Stichstraße in das Gebiet. Im Naturum (geöffnet tgl. 12–16 Uhr) am Hauptparkplatz (im Sommer gebührenpflichtig) kann man sich über den Nationalpark informieren. Es gibt ein gut ausgebautes Wandernetz; der 97 m hohe **Stenshuvud** bietet einen schönen Panoramablick.

Informationen: Stenshuvud-Nationalpark, S-27735 Kivik, Tel. (0414) 7 08 82.

Von Kivik bis Karlskrona

Nördlich des Nationalparks liegt, umgeben von einem reizvollen Obstanbaugebiet, das Fischerdorf **Kivik** **15**. Hier befindet sich ein Megalithgrab, das sogenannte Kungagraven, ein bedeutendes frühgeschichtliches Kulturdenkmal aus der Bronzezeit.

Vor den Toren von Kristianstad entdeckt der Besucher das Reservat **Haslovs Ängar** **16** am **Hammarsjön**, einem typischen Flachwassersee. Er ist von einem Feuchtwiesengürtel umgeben, in dem seltene Vögel wie Rohrdommeln, Rohrweihen und Uferschnepfen brüten. Im Frühjahr und Herbst rasten hier zahlreiche Zugvögel. Von der LV 118 geht es links nach **Viby** (ab hier beschildert). Die letzten 2 km Schotterstraße führen in das weitläufige Naturreservat.

Kristianstad (70.000 Einwohner) **17** wurde 1614 auf Anordnung des dänischen Königs Christian IV. gegründet und zeigt im Stadtbild unverkennbar dänisch-holländische Züge (Informationen: Turistbyrå, Stortorget, S-29132 Kristianstad, Tel. 044-12 19 88). Am Stora Torg stehen das Rathaus und die Dreifaltigkeitskirche aus dem 17. Jahrhundert, eines der größten und schönsten Gotteshäuser Schwedens.

Die besuchenswerte Stadt **Karlskrona** (70.000 Einwohner) **18** wurde erst im Jahre 1680 von dem Schwedenkönig Karl XI. als Kriegshafen gegründet (Informationen: Turistbyrå, Stortorget, S-37183 Karlskrona, Tel. 0455-834 90). Die Stadt breitet sich anmutig über mehrere durch Brücken verbundene Inseln aus. Auf der Insel **Trossö** liegt der Stortorget, ein riesiger Platz, flankiert vom Rathaus, einem Konzertsaal, der Dreifaltigkeitskirche (1709) und der Fredrikskirche (1744). Die 1685 eingeweihte Admiralitätskirche Ulrica Pia gehört zu Schwedens größten Holzkirchen.

Das „Kleine Schweden"

20 km südlich von Växjö liegt der eigentlich nährstoffarme Åsnen (13.500 ha) 19, einer der größten Seen Smålands. Er ist von zahlreichen Buchten und Halbinseln zerlappt. Durch den zum Teil landwirtschaftlich bedingten Eintrag von Nährstoffen (Stickstoffverbindungen im Regen und in den Zuflüssen) ist der See sehr fischreich. Wasservögel wissen das zu schätzen. Beachtung verdient der gute Bestand von Prachttaucher und Fischadler. Von **Urshult** über **Sirkön** führt eine Dammstraße über den See, der stellenweise breite Gürtel aus Seebinse, See- und Teichrose ausbildet.

Das Glasreich

Växjö (67.000 Einwohner) 20, Provinzhauptstadt und Verkehrsknotenpunkt von Småland bietet einen idealen Ausgangspunkt für Ausflüge in die Umgebung (Informationen: Turistbyrå, Kronobergsgatan 8, S-35112 Växjö, Tel. 0470-414 10). Schon 1172 war Växjö Bischofssitz und erhielt 1342 die Stadtrechte. Neben dem Dom liegt das Alte Gymnasium, das Växjös berühmtester Schüler Carl von Linné (s. Kasten S. 133) besuchte. Das Haus der Auswanderer (Utvandrarnas hus, Musciparken) dokumentiert eindrucksvoll die schwedische Auswanderungswelle

Bald wird der Frühling Einzug halten am Åsnen und die Knospen der Bäume aufbrechen lassen.

Das Hochmoor Store-Mosse

Der Store-Mosse-Nationalpark (78,5 km^2), das größte zusammenhängende Moor Schwedens südlich von Lappland, liegt ungefähr 10 km nordwestlich von Värnamo westlich der E 4. Die Geschichte dieses Sumpfgebietes begann nach der letzten Eiszeit vor ungefähr 11.500 Jahren; der eiszeitliche See (Fornbolmen) bedeckte damals das gesamte Areal. Dann trocknete der See vor rund 8.000 Jahren aus, und sein weiter, ebener Sandgrund fiel trocken. Vor etwa 5.000 Jahren begann das Klima wieder feuchter zu werden, und große Flächen versumpften. Üppig wuchsen hier Torfmoose der Gattung *Sphagnum;* die abgestorbenen Pflanzenteile verdichteten sich zu Torf, der bis heute eine Schichtdicke von 3–7 m erreicht und ein echtes Hochmoor bildet. Das typische Hochmoor Store Mosse liegt wie ein Kuchen über einem verlandeten See. Der mooreigene Wasserspiegel ist vom Grundwasser völlig unabhängig. Sein Wasser bezieht ein Hochmoor ausschließlich aus den Niederschlägen, als Wasserspeicher wirkt das Torfmoos *Sphagnum.* Die Nährstoffe, von denen es erstaunlich wenige benötigt, erhält es aus der Luft.
Typische Moore haben Torfdecken von 2–5 m, manche von bis zu 10 m Mächtigkeit. Diese wölben sich im Querschnitt uhrglasförmig über den umliegenden Bodenhorizont auf. Außer im Randsumpf, dem Lagg, weist das Hochmoor im Zentrum die meiste Nässe auf, weil das Wasser nur langsam zum Rand fließt. Die wassergefüllten Rinnen und Löcher nennt man Schlenken, die dazwischenliegenden trockeneren Teile Bulten.
Sie zeichnen sich durch ganz unterschiedlichen Pflanzenbewuchs aus: Auf Bulten gedeihen z. B. Wollgräser, Zwergsträucher oder sogar einzelne Moorbirken; in Schlenken kommen grüne Torfmoose, Seggen, Sonnentau oder Fieberklee vor. Inmitten des zentralen Moores liegt der Kävsjön, ein flachgründiger Vogelsee mit einer Lachmöwenkolonie; außerdem brüten Singschwan, Tafelente und Tüpfelsumpfhuhn. Bei der Absenkung des Wasserspiegels bildete sich eine Schwingrasengesellschaft auf dem flachen Randbereich des Sees. Seine Oberfläche hebt und senkt sich mit dem Wasserstand. Hier brüten bis zu zehn Kranichpaare, die man vom Vogelturm aus beobachten kann. Trotz wechselnder Wasserstände blieben weite Teile des „Großen Moores" in ihrer Ursprünglichkeit erhalten.
Am südlichen Ende des Kävsjön liegen Flugsanddünen (Rocknarna), die sich vermutlich nach dem Trockenfallen des Eiszeitsees hier angehäuft haben. Als weitere eiszeitliche Relikte gelten die Moränendecken bei Lövö im Südwesten und Moränenhügel bei Svänö im Nordosten des Parks. Beide Gebiete erreicht man nur über schmale Nebenstraßen. Daneben gibt es noch einige kleinere Seen und Moorteile, die aber noch wesentlich schlechter zugänglich sind.
1982 haben die zuständigen Behörden den Nationalpark eingerichtet. Die LV 151 durchquert ihn von Värnamo bis Hillerstorp und führt zum Rundwanderweg um den Kävsjön (ca. 8 km). Insgesamt drei Parkplätze sind rollstuhltauglich. Am Wanderparkplatz (mit Information) gibt es eine Karte des Gebietes. Nach etwa 1,5 km erreicht man den Vogelturm mit einer guten Aussicht über See und Schwingrasen. Im April kann man hier Kraniche auf der Nahrungssuche beobachten. Ab Mai beginnt die Brut.
Informationen: Vårnamo Turistbyrå, Storegatan 50, S-33183 Vårnamo, Tel. (0370) 1 88 99.

Das bis zu 7 m mächtige Große Moor hat sich über dem verlandeten eiszeitlichen See Fornbolmen entwickelt.

mit unzähligen Briefen, Tagebüchern und Fotografien. 1846–1930 herrschte so große wirtschaftliche Not, daß mehr als 1,2 Mio. Schweden, davon 200.000 Småländer, ihr Glück in der Neuen Welt versuchten (geöffnet 1. Juni bis 31. August Mo–Fr 9–17 Uhr, Sa 11–15 Uhr, So 13–17 Uhr; sonst Mo–Fr 9–16 Uhr). Die hellen Ausstellungsräume des Provinzmuseums (geöffnet Mo–Fr 9–16 Uhr, Sa 11–15 Uhr, So 13–17 Uhr) präsentieren die Kulturgeschichte Smålands und die schwedische Glaskunst.

Liebhaber der Glasbläserkunst kommen östlich von Växjö voll auf ihre Kosten. Man kann zahlreiche Glashütten auf einem Rundweg erreichen. An der RV 28 in **Kosta** **21** liegt die älteste Glashütte, sie stammt aus dem Jahre 1742. Die Handwerker stellen hier immer noch hochwertiges, mundgeblasenes Glas her. Im Museum sind die Kunstwerke zu bestaunen. An der sich nach Osten anschließenden RV 25 befinden sich die Glashütten **Boda** und **Nybro** **22**.

Biegt man bei Nybro auf die RV 31 ab, gelangt man nach **Orrefors** **23**. Hier liegt die international bekannteste Glashütte (1898 gegründet). Es folgen noch **Hälleberga** und **Målerås** (Informationen: Turism i Glasriket, S-38280 Nybro, Tel. 0481-452 15, Glashütten geöffnet Mo–Fr 9–18 Uhr, Sa 10–16 Uhr, So 12–16 Uhr).

Einen weiteren traditionellen Handwerksbetrieb gibt es in **Lessebo** **24** zu besichtigen. In einer Papiermühle aus dem 17. Jahrhundert wird handgeschöpftes Papier hergestellt (Führungen tgl. 9.30, 10.30, 13 und 14.30 Uhr).

Astrid Lindgrens Welt

Astrid Lindgren, die weltbekannte Kinderbuchautorin, kam 1907 in **Vimmerby** **25**, etwa 125 km östlich von Jönköping, zur Welt. Ihre kleinen Helden, Pippi Langstrumpf und die Kinder von Bullerbü, ließ sie in ihrer Heimat Småland lebendig werden. Auch heute noch prägen Dörfer mit roten Holzhäusern, umgeben von Nadelwäldern, Seen und Landwirtschaft, das Bild. Für Kinder ist der **Vernügungspark „Astrid Lindgrens Welt“** ein Muß. Die wichtigsten Handlungsorte aus ihren Büchern und Filmen sind im Maßstab 1:3 nachgebaut (geöffnet ca. 6. Mai bis 9. Juni tgl. 10–17 Uhr, 10. Juni bis 27. August 10–18 Uhr);

Tip

Unter Baumriesen

Im Norra-Kvill-Nationalpark (114 ha), 18 km nordwestlich von Vimmerby gelegen, wächst ein urwaldähnlicher Nadelwald mit Waldkiefern und Fichten. Zahlreiche Baumriesen liegen kreuz und quer umgestürzt auf dem Boden, überzogen mit einem dicken Moospolster. Es gibt zahlreiche Flechten. Die Krautschicht mit Besenheide, Blaubeere und Alpen-Bärentraube bildet einen dichten und artenreichen Unterwuchs. Der Wanderweg führt um Stora Idgölen, einen kleinen See, herum. Hier blüht im Juni der Fieberklee. Vom 230 m hohen Idhöjden genießt man einen schönen Blick auf die Umgebung. Stabile Wanderschuhe sind unbedingt erforderlich. Informationen: Statens Naturvårdsverket, Blekholmterrassen 36, S-10648 Stockholm, Tel. (08) 6 98 10 00.

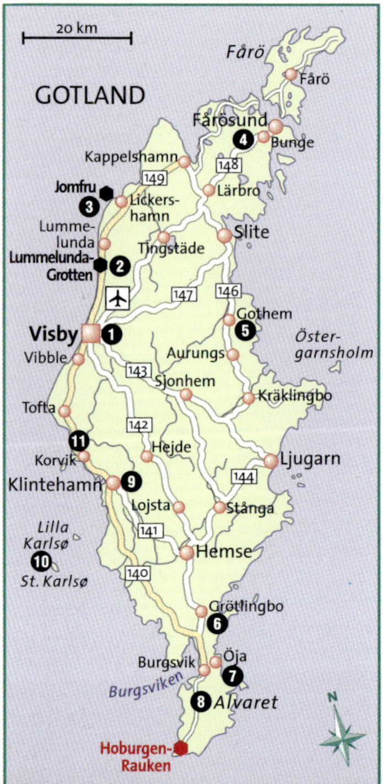

Informationen: Postboks 198, S-59895 Vimmerby, Tel. 0492-1 59 50).

Oskarshamn – Das Tor zu Gotland

Von **Oskarshamn** (28.000 Einwohner) 26 am Kalmarsund, einer Industriestadt, laufen die Fähren nach Byxelkrok auf Öland und nach Visby auf Gotland aus. Vorbei an der aus rotem Granit bestehenden Felsinsel **Blå Jungfrun**, die 88 m hoch aus dem Kalmarsund ragt, fährt das Schiff kurz vor Visby die gotländische Steilküste entlang.

Kalmar – „Brücke“ nach Öland

Kalmar (57.000 Einwohner) 27 wird erstmals auf einem Runenstein aus dem Jahr 1.000 als Stadt erwähnt. Große Bedeutung erlangte sie, als 1397 die Kalmarer Union vertraglich besiegelt wurde. Das mehrfach erneuerte Renaissanceschloß beherrscht die Stadt. Auf den Überresten einer Burgfestung aus dem 13. Jahrhundert wurde Mitte des 16. Jahrhunderts mit dem Bau des Schlosses begonnen. Typisch für alle Wasa-Schlösser sind die wuchtigen Ecktürme (geöffnet im Sommer tgl. 10–18 Uhr, sonst 10–16 Uhr). Die Altstadt zeigt mit dem barocken Rathaus, den zwei- bis dreigeschossigen Häusern aus dem 18./19. Jahrhundert und der Domkirche ein hervorragend erhaltenes Stadtbild.

Rundreise durch Gotland

Die Überfahrt von Oskarshamn nach Visby dauert 3–4,5 Stunden. Gotland, mit 120 km Länge und 53 km Breite Schwedens größte Insel, besitzt wichtige Kulturdenkmäler. In der Hansestadt Visby ❶ blieb die verwinkelte Altstadt mit ihrer Stadtmauer gut erhalten. Im Norden geht es zu den Tropfsteinhöhlen bei Lummelunda ❷, den Rauken bei Jomfru ❸ und dem Freilichtmuseum bei Bunge ❹. 7 km nördlich von Gothem ❺ liegt Tjelvars grav, eine Schiffssetzung. Schöne Kirchen stehen in Grötlingbo ❻ und Öja ❼. An der Südspitze gedeihen auf dem Alvaret ❽ Orchideen (Mai). Boote fahren von Klintehamm ❾ zur Vogelinsel Stora Karlsø ❿ (Mai bis August). Der Fischerort Korvik ⓫ lockt viele Besucher. Informationen: Turistförening, Postboks 1403, S-62125 Visby, Tel. (0498) 24 70 65.

Öland
Die Blumeninsel

Von Kalmar führt die mehr als 6 km lange, mautfreie Brücke über den Kalmarsund nach **Färjestaden** ❶ (hier Informationsstelle „Träffpunkt Öland"). Schwedens zweitgrößte Insel, nur 4–17 km breit, erstreckt sich über 140 km vom **Långe Jan**, dem mit 42 m höchsten Leuchtturm Schwedens an der Südspitze, bis zum **Långe Erik** im Norden.

Die Insel Öland

Orchideen und Vögel im Süden

Durchquert man die Insel von **Resmo** ❷ nach **Stenåsa** ❸, zieht sich entlang der Straße **Stora Alvaret** (zu Deutsch: große Kalkheide), eine von der Eiszeit flachgehobelte Kalkplattenebene. Auf halber Strecke gelangt man vom Parkplatz nach Norden zum **Möckelmossen** ❹, einem nur zeitweilig gefüllten Flachwassersee, an dem im Frühjahr und im Herbst Kraniche rasten (s. Hornborgasjön S. 120). Ab Mai überzieht sich das Alvaret mit einem farbigen Blütenteppich, der in Europa seinesgleichen sucht. Seltene Orchideen wie das rot oder gelb blühende Holunderknabenkraut, auch „Adam och Eva" genannt, gedeihen hier. An Vögeln sieht man Seltenheiten wie Neuntöter, Steinschmätzer, Goldregenpfeifer und sogar Kampfläufer. Die Parallelstraße von **Bårby** ❺ nach **Alby** ❻ bietet ebenfalls vielfältige Naturerlebnisse.

Vom Leuchtturm Långe Jan schweift der begeisterte Blick hinüber zur Südspitze Ölands.

An der Südspitze lädt **Ottenby** ❼ zu Vogelbeobachtungen ein. Schon Carl von Linné beschrieb im Sommer 1741 den Vogelreichtum dieses Gebietes. Vom **Långe Jan** (geöffnet Mai bis September) hat man einen berühmten Rundblick über Insel und Meer. Seit Ende des 19. Jahrhunderts wird hier der Vogelzug erforscht, denn in Ottenby rasten viele Vögel auf ihrem Weg über die Ostsee. Eine feste Station entstand erstmals 1937/38 und forscht seit 1947 als Dauereinrichtung. In den folgenden 30 Jahren haben die Ornithologen mehr als 450.000 Zugvögel aus 217 Arten beringt. Bis 1978 wiesen sie 310 Arten nach. Weitere Informationen bietet das kleine Museum.

Auf dem steinigen Küstensaum brüten Säbelschnäbler und Seeschwalben. Gute Brutmöglichkeiten gibt es darüber hinaus in der Wiesenlandschaft und im angrenzenden Waldgebiet von Ottenbylund, wo sich auch Damwild tummelt. Für ornithologisch Interessierte ist Ottenby ein absolutes Muß!

Ölands vielfältiger Norden

Wendet man sich nach Überquerung des Kalmarsund nach Norden, gelangt man über die LV 136 zum **Halltorps Hage** ❽, einem bis zu 1.000 Jahre alten Stieleichenwald. Viele dieser Baumruinen sind vom Großen Eichenbock bzw. seinen 10 cm langen Larven buchstäblich zerfressen. Der Wald gilt als typisches Relikt der mitteleuropäischen Laubwälder mit ihren Leitarten Buche, Eiche und Hainbuche.

Man bekommt hier einen guten Eindruck, wie unsere heimischen Laubwälder vor der Nutzung durch den Menschen ausgesehen haben mögen.

Die Kalkheide wird gegen Norden immer spärlicher, die Böden werden fruchtbarer. Hier beginnt das Land der Windmühlen. Neben der einzigen Stein-Windmühle von **Löttorp** ❾ sind die Holz-Windmühlen, die man vereinzelt auch im Alvaret antrifft, so etwas wie die Wahrzeichen von Öland. Bei **Lerkaka** ❿ oder **Störlinge** ⓫ gibt es ganz typische Exemplare. Die ältesten Teile der Kirche von **Gärdslösa** ⓬, einem wahren Kleinod, stammen aus dem 13. Jahrhundert. Sie gilt als die besterhaltene mittelalterliche Kirche der Insel.

Ganz im Norden beschließt der sturmgepeitschte **Trollskogen** ⓭ (etwa 100 ha) den Ölandbesuch. Die hier vorherrschenden nordöstlichen Winde haben die Waldkiefern teilweise so abenteuerlich verbogen, daß der Name „Trollwald“ durchaus naheliegt. Am Eingang liegt das Informationszentrum Naturum. Entlang den Wegen finden sich auch Teile eines Arboretums mit nordamerikanischen Riesenlebensbäumen.

Informationen: Träffpunkt Öland, S-38600 Färjestaden, Tel. (0485) 3 90 20. Wanderer und Fahrradfahrer sollten sich die dreisprachige „Ölands-Kartan“ (1:100.000) z. B. im Buchladen von Stenåsa kaufen.

Tip

Die Rauken von Byrum

Bei Byrum in Ölands Norden haben die Brandung des Meeres und stetig wehender Wind aus dem anstehenden Sedimentgestein der Steilküste, einem Konglomerat aus Kalk und Mergel sehr unterschiedlicher Körnung und Härte, freistehende Felssäulen sowie andere bizarre Gebilde und Skulpturen herausgewaschen. Das Licht modelliert die Farben und Formen besonders morgens und abends schön heraus. Man biegt in Byrum von der Hauptstraße zum Strand ab. Auf einer Wanderung am Spülsaum des Meeres kann man sich die sogenannten Rauken intensiv betrachten. Etwas weiter nördlich kommt man zu den Dünen von Byrums Sandvik. Auf der größeren Nachbarinsel Gotland gibt es mehrere dieser eigenartig geformten Felsgebilde wie Junfru im Norden und Hoburgsgubben an der Südspitze.

Bis zu 1.000 Jahre haben die Eichenruinen von Halltorps Hage auf der Rinde.

Mittelschwedische Senke

Die großen Seen

Das eiszeitlich geprägte Gebiet mit fruchtbaren Ackerböden ist ein uraltes Siedlungs- und Kulturland mit Grabfeldern, Schlössern und Klöstern. Obwohl die Mittelschwedische Senke zwischen Stockholm und Göteborg dicht besiedelt ist, findet man noch schöne Naturoasen. Alter Vulkanismus ließ die Basaltschlote der Tafelberge entstehen, tektonische Störungen in der Nacheiszeit schufen die großen Seen.

Göteborg und die Schärenküste

Göteborg – Schwedens Tor zur großen Welt

In Göteborg 1, nach Stockholm Schwedens zweitgrößte Stadt und das Zentrum an der Westküste, leben 450.000 Einwohner, im Großraum insgesamt etwa 700.000 Einwohner.

Bereits im 13. Jahrhundert gab es an der Trichtermündung des **Göta älv** einen kleinen Naturhafen, doch erst König Gustav II. Adolf ließ im Jahre 1621 Göteborg als Festung gründen. Großen Einfluß auf die Stadtplanung hatten kundige holländische Baumeister, denn der Untergrund war sumpfiges Marschland. Die Industrialisierung im 20. Jahrhundert und der sich rasch entwickelnde Überseehafen verhalfen der weltoffenen Stadt zu behaglichem Wohlstand. Schiffsbau-, Elektro- und Elektronikbetriebe siedelten sich an.

Dominierender Platz in der Altstadt ist der **Gustav Adolf Torg** ❶ mit der Statue des Stadtgründers. An seiner Nordseite steht das **Stadthaus** ❷. Im Westen liegt die ehemalige **Börse** ❸ und heutige Stadtverwaltung, deren Fassade sechs Statuen zieren. Im **Rathaus** ❹ mit seinem schönen Innenhof befindet sich das Gericht.

Die Weltläufigkeit Göteborgs spiegelt sich in verschiedenen Bauwerken wider. Die **Kristine kyrka** ❺, die 1624 zunächst für die niederländischen Siedler errichtet wurde, nutzt heute die deutsche Gemeinde.

Das **Ostindien huset** ❻ erinnert an die 1731 gegründete Ostindienkompanie, die viel zum Wohlstand der Stadt im 18. Jahrhundert beigetragen hat. Heute sind hier ein Archäologisches, ein Ethnographisches und ein Historisches Museum untergebracht. Den Stil des 18. Jahrhunderts repräsentiert das **Haus Sahlgren** ❼, das Stadthaus einer Adelsfamilie. Im **Kronhuset** ❽, einem der ältesten Gebäude, proklamierte 1660 der Reichstag Karl XI. zum König. Heute beherbergt das Gebäude ein **Historisches Museum**. Südlich des Stora Hamnkanal umrahmen schöne Gebäude aus dem 19. Jahrhundert **Lilla torget** ❾.

An der Kyrkogatan erhebt sich Göteborgs **Dom** ❿, ein dreischiffiger Empirebau. Am **Kungsportplatsen** ⓫ beginnt die Pracht- und Einkaufsstraße. Bummelt man stadtauswärts, liegt rechts das **Große Theater** ⓬ und links **Trädgårdsföreningens** ⓭, ein Park, der zum Ausruhen geradezu einlädt. Schließlich stößt man auf den **Götaplatsen** ⓮, den der 1931 von Carl Milles geschaffene **Poseidonbrunnen**, Göteborgs Wahrzeichen, dominiert.

Nach so viel Kulturgenuß kann man sich im **Liseberg** ⓯, dem größten Freizeitpark Schwedens (nur im Sommer geöffnet), dem Vergnügen hingeben.

Wer über Göteborgs Dächer blicken möchte, hat von der 86 m hohen Aussichtsplattform auf dem **Utkiken** ⓰ (geöffnet 15. Mai bis 3. September tgl. 11–19 Uhr, sonst Sa, So 11–16 Uhr) oder vom Seemannsturm neben dem **Seefahrtsmuseum** ⓱ eine weite Sicht über Hafen und Stadt.

Informationen: Göteborgs Turistbyrå, Kungsportplatsen 2, S-41110 Göteborg, Tel. (031) 10 07 40, Fax (031) 13 21 84.

Tip

Göteborg im Angebot

Das Rabattpaket umfaßt Hotelzimmer mit Frühstück und Göteborg-Card, die freien Eintritt in sechs Museen und den Liseberg-Vergnügungspark, freie Fahrt mit Stadtbussen und -bahnen und beim Schiffsausflug zur „Festung Elfsborg" sowie Ermäßigungen z. B. in Restaurants gewährt. Der Preis hängt von der Hotelkategorie, von der Aufenthaltsdauer und vom Reisetermin ab und gilt für einen Erwachsenen und zwei Kinder unter 18 Jahren zum ermäßigten Preis im selben Zimmer. Vor Ort kann man die Göteborg-Card auch ohne Übernachtungspaket kaufen.
Buchung und Informationen: Norden Tours, Kleine Johannisstraße 10, D-20457 Hamburg, Tel. (040) 3 78 70 22 70.

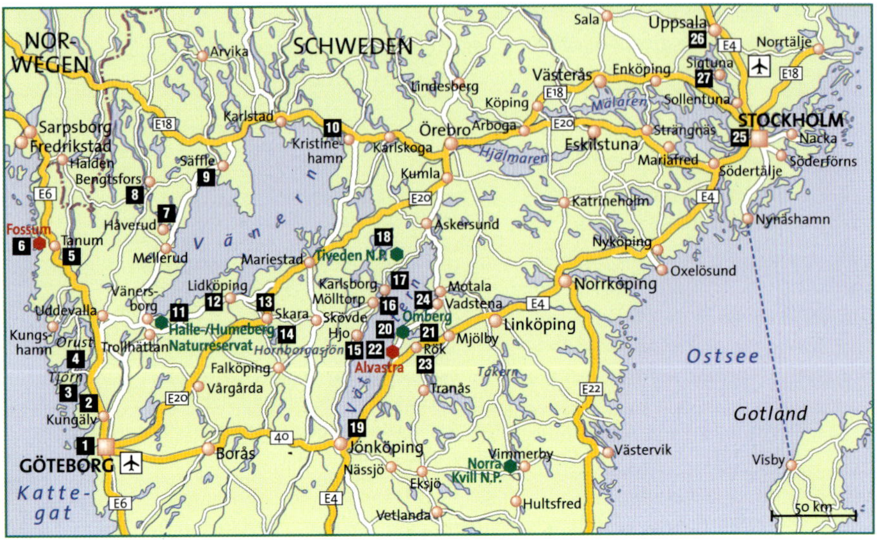

Die Mittelschwedische Senke

Die reizvolle Felsenküste

Kaum verläßt man die nördlichen Vororte Göteborgs, dehnt sich die karge, felsige Küste von Bohuslän mit zahlreichen Buchten, tief ins Land verlaufenden Fjorden und vielen vorgelagerten Schären aus. Malerische Fischerorte schmiegen sich ans felsige Ufer. In **Kungälv** **2**, vor den Toren Göteborgs, steht seit dem Jahre 1308 die Festung **Bohus** mit ihren 9 m dicken Mauern. Sie gab der gesamten Region ihren Namen.

Als landschaftlich reizvoll erweist sich die Strecke nach Sundsby auf der Insel **Tjörn** **3** (kurz vor Stenungsund auf die LV 160 einbiegen) und weiter nach Svälte auf der Insel **Orust** **4**. Auf der Route gibt es viele frühgeschichtliche Zeugnisse zu bestaunen. Östlich von **Kyrkesund** auf Tjörn befindet sich ein Gräberfeld mit über 50 Grabhügeln, bei **Stala** auf Orust existieren mehrere Steinkammergräber, die auf etwa 2.300 v. Chr. datiert werden.

Folgt man der E 6 weiter Richtung Norden, kann man in der Nähe von **Tanum** **5** Felszeichnungen aus der Bronzezeit um 1.500–500 v. Chr. besichtigen, die religiösen Kulten dienten. Bei **Fossum** **6** stellt die 2,2 m große Zeichnung eines Mannes mit Speer die größte bekannte Felsfigur jener Zeit dar. Die Grenze nach Norwegen ist an der 420 m langen und 60 m hohen **Svinesund-Brücke** erreicht.

Informationen: Bohus Turist, Box 182, S-45116 Uddevalla, Tel. (0522) 1 40 55.

Die Zwillinge
Vänern und Vättern

Die Mittelschwedische Seenplatte mit Vänern-, Vättern- und Mälar-See verdankt ihre Entstehung tektonischen Verwerfungen. Ehemals war der Vänern eine Meeresbucht. Als sich nach den Eiszeiten die Landmasse hob, entstand der 150 km lange und 20 km breite Binnensee, der mit einer Fläche von 5.584 km^2 mehr als doppelt so groß wie das Saarland ist. Sein kleinerer Bruder, der Vättern (1.899 km^2), erreicht eine Tiefe von über 100 m. Der große Fischreichtum macht die Seen zum Dorado für jeden Angler. Der Mälaren (1.140 km^2) ist der drittgrößte See des Landes und zieht sich mit zahlreichen Buchten und Wasserarmen von Stockholm mehr als 100 km landeinwärts.

Das Dalsland

Im Westen des Vänern liegt das Dalsland mit Wäldern, Seen und Flüssen – beliebt bei Wanderern, Radfahrern und Kanuten. Vom Vänern über **Håverud** **7** bis **Bengtsfors** **8** (LV 172) erstreckt sich der 250 km lange **Dalskanal** (Informationen: Dalskanal, Köpmannebro, S-46490 Mellerud, Tel. 0530-310 20). Mitte des 19. Jahrhunderts diente er der Holzbeförderung für die hier ansässige Eisenindustrie, heute bildet er eine Touristenattraktion. Ein technisches Meisterwerk ist bei

Zu erholsamen Bootsferien verlocken die zahlreichen Buchten des Vänern.

Håverud zu bewundern: Um die Schlucht des Upperudsälv zu überwinden, konstruierte Nils Ericsson einen 32 m langen Eisenaquädukt, den die Schiffe ganz langsam queren.

Biegt man bei **Säffle** 9 auf die Halbinsel **Värmlandsnäs** ab, erschließt sich am Südzipfel ein Schärengarten. 45 km östlich von Karlstad (s. S. 136) liegt die Hafenstadt **Kristinehamn** 10, der Pablo Picasso 1964 seine erste und mit 15 m größte Monumentalskulptur, einen Pfeiler mit zwei Flügeln, schenkte: Allein ein Flügel wiegt 8 t.

Zwischen den Seen

Zwischen Vänern und Vättern liegt altes Siedlungs- und Kulturland mit einer fruchtbaren Ackerlandschaft und reichem Baumbestand. Aus der Ebene ragen Tafelberge wie Halle- und Hunneberg oder der Kinnekullen empor.

Halle- und Hunneberg 11 erheben sich als Reste von Vulkanbergen am Südzipfel über den Vänern. Ihr Alter wird auf 400–500 Mio. Jahre geschätzt. Die Basaltsäulen des kleineren Halleberges kann man von der RV 44 aus bestaunen. Besonders im Frühjahr fließen von der baumbestandenen Hochfläche mit Seen und kleineren Moorgebieten reißende Bäche in die Tiefebene. Ein ausgedehntes Wander- und Radwegnetz führt zu Aussichtspunkten.

Bekannt ist das Gebiet für seine großen Elchbestände. Eine der besten Möglichkeiten, Elchkühe mit ihren Jungen zu beobachten, besteht in der Dämmerung von der Straße aus, die die Hochfläche des Halleberges durchquert. Elchbullen sind weniger häufig zu sehen, da sie die Straße meiden und tiefer in den Wäldern leben. Die Tiere sind gefährlich! Bleiben Sie daher unbedingt im Auto.

Informationen: Turistbyrå Vänersborg, Box 77, S-46221 Vänersborg, Tel. (0521) 7 15 41.

Sehenswert ist in **Lidköping** (35.000 Einwohner) 12 das rote Holzrathaus mit dem wuchtigen Mittelturm aus dem Jahr 1670. In **Skara** (18.000 Einwohner) 13 existierte bereits in vorchristlicher Zeit ein heidnischer Kultplatz. Mitten im Herzen der Stadt liegt der Dom aus dem 12. Jahrhundert. Viel Charme strahlen im Zentrum die Rådhusgatan und die bunt gestrichenen Holzhäuser aus (Informationen: Skara Turistbyrå, Skolgatan 1, S-53288 Skara, Tel. 0511-325 80).

Der **Hornborgasjön** 14, einer der nährstoffreichen Flachwasserseen mit breitem Vegetationsgürtel, bedeutet für Wasservögel wie Ohrentaucher, Krick-, Knäk- und Löffelenten ein wichtiges Rast- und Brutgebiet. Berühmtheit erlangte seine Umgebung als traditioneller Kranichrastplatz. Die großen Vögel mit ihrem schiefergrauen Gefieder und etwa 2,40 m Flügelspannweite versammeln sich hier im April zu Tausenden. Sie kommen aus ihren Überwinterungsgebieten in Spanien, Portugal und Nordafrika. Auf den Feldern bei **Byrum** finden sie tagsüber Nahrung, der nahegelegene See bietet ihnen nachts Schutz, denn sie stellen sich zum Schlafen ins flache Wasser. Nähert sich z. B. ein Fuchs, werden sie rechtzeitig durch seine Geräusche im Wasser gewarnt.

Der Rastplatz ist entstanden, weil man hier früher Kartoffeln zur Schnapsherstellung anbaute. Die Reste der Ernte dienten den Kranichen als Nahrung. Heute sind Kartoffelanbau und Branntweinproduktion längst eingestellt. Um den Rastplatz für die Kraniche zu erhalten, werden als Naturschutzmaßnahme jeden Abend die Wiesen frisch mit Getreide eingesät.

Vor Skara biegt man auf die LV 184 nach Süden und folgt dem Schild „Tranor“ (Kranich). Nahe der kleinen Kirche bei Byrum gelangt man auf einen großen Parkplatz (gebührenpflichtig) mit Blick auf die rastenden Vögel. Das neu erbaute Naturum Trandansen bietet Informationen und heißen Kaffee (geöffnet 27. März bis 10. Juni tgl. 9–19 Uhr, 11. Juni bis 15. August tgl. 11–18 Uhr). Neben der Nahrungssuche zeigen einzelne Paare auch das typische Paarungszeremoniell: Sie vollführen Luftsprünge und verbeugen sich voreinander.

Für Beobachtungen aus unmittelbarer Nähe kann man Tarnhüt-

Die Basaltsäulen am Halleberg zeugen von seiner vulkanischen Entstehungsgeschichte.

ten mieten – ein manchmal zweifelhaftes Vergnügen, denn man wird vor dem Morgengrauen (4 Uhr) hingebracht und darf erst in der Dunkelheit (ca. 20 Uhr) wieder heraus, um jede Störung zu vermeiden. Zudem kann die Hütte je nach Wetter zum Eisschrank oder zum Backofen werden. Ein großartiges Bild bietet sich abends, wenn die Kraniche den Futterplatz verlassen und vor der tiefstehenden Sonne vorüberfliegen.

Der Hornborgasjön erstreckt sich von hier noch einige Kilometer nach Norden. Vom **Naturschutzzentrum Fågeludden** geht es über Holzstege zum See und zum Beobachtungsturm.

Informationen: Informationshuset Hornborga, Pl 10 759, S-52100 Falköping, Tel.(0500) 9 14 50.

Am Vättern

An der LV 195 liegt die Kleinstadt **Hjo** (9.000 Einwohner) **15** mit hübschen Holzhäusern aus dem 19. Jahrhundert. In **Mölltorp** **16** lohnt ein Besuch der spätmittelalterlichen Kirche mit barocken Deckenmalereien. **Karlsborg** (8.500 Einwohner) **17** kann mit dem berühmten **Götakanal** (s. Karte S. 123) werben, der hier den Vättern erreicht.

Im **Tiveden-Nationalpark** (1.000 km²) **18**, einer Wildnis aus Wald, Seen und Mooren, leben Elch, Fuchs und Dachs. Auf den Seen gibt es Singschwäne, Pracht- und Sterntaucher. Zu den Kostbarkeiten zählt die Rotblühende Seerose, eine seltene Farbvariante der Weißen Seerose. Auf Blockschutt und Findlingen gedeihen Moose und Flechten.

Blick vom Naturum Trandansen: Am Hornborgasjön rasten um Ostern zahllose Kraniche.

Ideale Reisezeit sind die Monate Mai bis Juli. Nördlich von Karlsborg auf der LV 202 ist der Park vor dem Ort Tived ausgeschildert (Informationen: Karlsborgs Turistbyrå, Norra Kanalgatan 2, S-54633 Karlsborg, Tel. 0505-121 20 und Informationszentrum am Hauptparkplatz des Nationalparks).

Am Südzipfel des Vättern liegt die Streichholzstadt **Jönköping** (105.000 Einwohner) 19. 1845 wurden hier die „Tändstickor“ entwickelt. 1971 schloß die letzte Streichholzfabrik ihre Pforten. Nur das Streichholzmuseum erinnert heute noch an diese praktische Erfindung (geöffnet im Sommer Mo–Fr 10–17 Uhr, Sa/So 10–15 Uhr, sonst Mo geschlossen).

Die vielbefahrene E 4 verläuft direkt am Ostufer des Vättern. Ein Stop lohnt am **Omberg** (263 m) 20, einem Naturschutzgebiet mit Wanderwegen und einem Aussichtsturm. 10 km Einbahnstraße führen auf der Westseite des Ombergs hoch hinauf über den Vättern (beschildert von der RV 50 als „Omberg/Vätterlandet“).

Am Hangfuß erstreckt sich der **Tåkern** 21, ein Flachwassersee mit ausgedehnten Binsen- und Schilf-

Schiffahrt auf dem Götakanal

Die Fahrt auf dem 1832 fertiggestellten Götakanal verläuft über 560 km von Göteborg ❶ bis Stockholm ❽. Mit einem historischen Kanaldampfer, Schwedens „Blauem Band“, wird die Strecke in 4–6 Tagen (mit sechs bzw. elf Landgängen) bei gemütlichen 5 Knoten zurückgelegt. 65 Schleusen überwinden fast 100 Höhenmeter. Die viertägige Tour ab Göteborg bietet Landgänge bei Trollhättan ❷, zum Vadstena-Kloster ❸, nach Motala ❹, zur Vreta-Klosterruine ❺, nach Söderköping ❻ und zur Wikingerstadt Birka auf der Insel Björkö ❼ im Mälarsee.
Buchung und Informationen: Rederi AB Göta Kanal, Box 272, S-40124 Göteborg, Tel. (031) 80 63 15, Fax (031) 15 83 11 (Kanaldampfer). AB Göta Kanalbolag, Box 3, S-59121 Motala, Tel. (0141) 5 35 10, Fax (0141) 21 55 50 (Mietboote zum Selbstfahren).

Das südliche Ufer des Tåkern lädt im Frühjahr zu ungestörter Vogelbeobachtung ein.

zonen (Informationen: Föreningen Tåkern Fältstation, Box 204, S-59522 Mjölby, Tel. 0144-5 23 19). Viele der Seen (vgl. Hornborgasjön, S. 120) entstanden nacheiszeitlich, als sich Senken mit Wasser füllten. Je nach Verhältnis von Regen und Verdunstung sowie eingeschwemmten Sinkstoffen werden die Seen ständig flacher. Beim Tåkern hatte sich 1844 der nacheiszeitliche Wasserpegel von 12 m bis auf 2,5 m gesenkt, die Seefläche verkleinerte sich von etwa 70 km^2 auf 45 km^2 und drohte zu verlanden. Dies ist ein natürlicher Prozeß in der Landschaftsentwicklung. Da aber solche Seen derzeit nicht neu entstehen, hat sich der Naturschutz durchgesetzt und reguliert seit 1967 den Wasserstand. Die Seefläche pendelte sich auf 25 km^2 ein.

Von 270 beobachteten Vogelarten brüten etwa 100 Arten, darunter 25.000 Brutpaare (BP) Lachmöwen, 70 BP Höckerschwäne, 1.000–2.000 BP Bläßhühner, 400–600 BP Tafelenten und fünf Taucherarten. Die Trauerseeschwalbe hat hier mit 30–40 Paaren ihr größtes Vorkommen im Binnenland. Charaktervögel des Schilfs sind 40 Brutpaare der seltenen Rohrweihe (zweitgrößtes Vorkommen in Schweden), 30 BP der Großen Rohrdommel, zahllose Rohrammern

und als Neubürger die Bartmeise mit ungefähr 5.000 Individuen. Der Tåkern dient auch als Rastplatz für Zehntausende Zugvögel wie Gänse, Schwäne und Enten.

Aus Naturschutzgründen darf das Gebiet vom 1. April bis 30. Juni nur auf besonders markierten Wegen betreten werden. Drei Beobachtungstürme bieten gute Sicht über den See. Mit Fernglas und Spektiv kann man die Tiere hautnah erleben.

Für Kulturinteressierte lohnt sich die Besichtigung der Klosterruine von **Alvastra** 22 am Osthang des Ombergs. Südlich des Tåkern befindet sich der berühmteste schwedische **Runenstein**, der 3,3 m hohe Stein von **Rök** 23. Die Inschriften stammen vermutlich aus der Zeit um 700/800 n. Chr.

Ein geschichtsträchtiges Erbe bewahrt **Vadstena** (7.500 Einwohner) 24, das malerisch am Ostufer des Vättern liegt. Dank der Heiligen Brigitta entwickelte sich der Ort im 14. Jahrhundert zu einem geistigen Zentrum. Wie alle Brigitten-Kirchen ist die des Vadstena-Klosters schlicht und einfach gestaltet (geöffnet Juni bis August tgl. 10–18 Uhr, sonst 10–17 Uhr). Einen Besuch lohnt auch das stattliche Residenzschloß aus dem 16. Jahrhundert (geöffnet tgl. 12–17 Uhr).

Stockholm

Das Venedig des Nordens

Stockholm (750.000 Einwohner, als Agglomeration 1,7 Mio.) [25], Europas Kulturhauptstadt 1998, zählt zu den schönsten Metropolen Europas. Die Residenzstadt thront auf 14 Felsinseln und Hügeln über dem Mälar-See und der Ostsee.

Stadtgeschichte

Das Gebiet war schon während der Steinzeit besiedelt, Stockholm wurde aber erst im Jahr 1252 durch Birger Jarl gegründet. Im 13.–15. Jahrhundert spielte die Hanse mit einer einflußreichen deutschen Kolonie eine bedeutende Rolle. 1523 erklärte König Gustav Wasa Stockholm zur offiziellen Hauptstadt des Reiches. Mit dem Niedergang der Hanse entwickelte sich Schweden zur Großmacht im gesamten Ostseeraum, was die Bedeutung Stockholms vergrößerte. In dieser Zeit entstanden einige prunkvolle Stadtpaläste des Adels sowie die Schlösser Drottningholm und Riddarhuset. Im 20. Jahrhundert wandelte sich Stockholm zur modernen Industrie- und Dienstleistungsstadt, konnte aber sein historisches Aussehen bewahren.

Gamlastan – Die Altstadt

Die Altstadt (Gamlastan) mit kleinen, verwinkelten Gassen hat ihren besonderen Reiz. Viele Restaurants und Kneipen ziehen Nachtschwärmer an. Im Nordosten beherrscht das riesige **Königliche Schloß** ❶ das Bild (geöffnet September bis Mai Di–So 12–15 Uhr, Juni bis August tgl. 10–16 Uhr). Der mächtige Renaissancebau hat 608 Räume. Vor dem Westtrakt findet täglich um 12.15 Uhr (sonntags 1 Stunde später) die feierliche Wachablösung im Arkadenhof statt.

Gegenüber dem Südportal steht **Tessinska palatset** ❷, ein privates Wohnhaus mit prachtvoller barocker Fassade. Die reich ausgestattete **Storkyrkan St. Nicolai** ❸ aus dem 13. Jahrhundert, Stockholms ältestes Gebäude, dient heute als Krönungs- und Hochzeitskirche des Königshauses.

Durch eine kleine Gasse gelangt man auf den malerischen **Stortorget** mit den hochgiebligen Kaufmannshäusern auf der Westseite. Hier befindet sich auch die im klassizistischen Stil erbaute **Börse** ❹. Die **Tyska kyrkan St. Gertrud** ❺, die Deutsche Kirche, wurde damals von vielen Hansekaufleuten besucht. Eine kleine Brücke über den Stallkanalen führt zum **Riksdags-**

Tip

Stockholm im Angebot

Das Rabattpaket umfaßt Hotelzimmer mit Frühstück, Stadtführer und Stockholm-Card. Diese Karte gewährt freien Eintritt zu 70 Museen und Sehenswürdigkeiten, freie Benutzung des öffentlichen Verkehrsnetzes und weitere Ermäßigungen. Der Preis hängt von der gewählten Hotelkategorie, dem Reisetermin und den Aufenthaltstagen ab und gilt für einen Erwachsenen und zwei Kinder unter 18 Jahren im gleichen Zimmer. Die Stockholm-Card kann man auch ohne Übernachtungspaket vor Ort in den Touristenbüros kaufen. Buchung und Informationen: Schweden Haus, Box 7542, S-10393 Stockholm, Tel. (087) 89 24 95 oder Norden Tours, Kleine Johannisstraße 10, D-20457 Hamburg, Tel. (040) 3 78 70 22 70.

Dieser Blick auf die Stockholmer Altstadt beweist: Die Stadt heißt zu Recht „Venedig des Nordens".

huset (Reichstag) ❻ auf der kleinen Insel Helgeandsholmen. Eines der schönsten Herrschaftshäuser ist **Riddarhuset** ❼, der Palast der Ritterschaft, mit dem grünen Kupferdach, den vergoldeten Schornsteinen und der Bronzestatue von Gustav Wasa (geöffnet Mo-Fr 11.30–12.30 Uhr). Noch heute nutzt der Adel das Gebäude bei Zusammenkünften. An den Wänden des Rittersaales hängen 2.325 kupferne Wappenschilder aller schwedischen Adelsgeschlechter.

Auf der Insel Riddarholmen zieht die **Riddarholmskyrkan** ❽, die Begräbniskirche des Königshauses mit ihrem charakteristischen Kirchturm, die Aufmerksamkeit auf sich (geöffnet Mai bis August tgl. 10–16 Uhr, September Sa-So 12–15 Uhr). An der Nordspitze von Riddarholmen steht der **Birger-Jarls-Turm** ❾, im 16. Jahrhundert Teil der letzten Stadtbefestigung.

Von hier blickt man auf das **Stadshuset** ❿ auf Kungsholmen mit dem markanten Turm und den drei Kronen des früheren Svea-Reiches. Das gewaltige Backsteingebäude lockt zahllose Besucher (Führungen tgl. 10 und 12 Uhr, im Sommer 10, 11, 12 und 14 Uhr). Hauptanziehungspunkt ist der Goldene Saal, ein 44 m langer, 14 m breiter und vollständig mit goldenen Mosaiken ausgestatteter Bankettsaal. Vom Turm (106 m) hat man den besten Blick über Gamlastan (geöffnet Mai bis September tgl. 10–16.30 Uhr, sonst Sa–So 10–16.30 Uhr; bis 50 m mit Aufzug).

Das moderne Stockholm

Es bildet das eigentliche Zentrum der Hauptstadt mit großen Warenhäusern, dem Hauptbahnhof und Stockholms eleganter Flaniermeile. Zentraler Platz der modernen City und Verkehrsdrehscheibe ist der **Sergelstorg** ⓫. Hier befindet sich auch der Hauptknotenpunkt des U-Bahn-Netzes, der Tunelbana. Sie wird als längste Galerie der Welt bezeichnet, denn Künstler haben mehr als 70 U-Bahnhöfe kunstvoll ausgemalt. Am Sergelstorg zieht der imposante Brunnen mit einem 38 m hohen Glaspfeiler die Blicke auf sich. Abends ist er von innen beleuchtet und wirkt dann besonders eindrucksvoll. An der Südseite des Platzes liegt das **Kulturhuset** ⓬ mit dem Stadttheater, einer Bibliothek und einem Café im 5. Stock mit lohnender Aussicht.

Stadtauswärts befindet sich das 1926 im neoklassizistischen Stil erbaute **Konserthuset** ⓭, vor dessen Eingangshalle die von Carl Milles entworfene, anmutige Orpheus-Gruppe steht. Hier am Sitz des Stockholmer Philharmonieorchesters zelebriert der schwedische König jedes Jahr am 10. Dezember die feierliche Verleihung der Nobelpreise.

Nahe der grünen Oase, dem **Kungsträdgården** ⓮, dem früheren Königlichen Garten, liegt **Sverigehuset** ⓯, das Schwedenhaus mit Touristikbüro (s. u.). An der Südwestecke des Parks erhebt sich die **Jakobskyrka** (Jakobskirche) ⓰. Das schräg gegenüber liegende **Opernhaus** ⓱ genießt unter Liebhabern einen hervorragenden Ruf.

Kunst- und Kulturgenuß

Seinen Wissensdurst kann man in den vielen Museen Stockholms stillen, z. B. im **Nationalmuseum** ⓲ (geöffnet Di 11–20 Uhr, Mi-So 11–17 Uhr), auf der **Museumsinsel Skeppsholmen** ⓳, auf der Insel Djurgården im **Nordischen Museum** ⓴ (geöffnet Di-So 11–17 Uhr, Do 11–20 Uhr), im **Wasa-Museum** ㉑ (s. Tip S. 129) und im ältesten Freilichtmuseum der Welt, dem **Skansen** ㉒ (geöffnet Mai bis September tgl. 11–17 Uhr, sonst 11–15 Uhr).

Eine Woche im August feiert ganz Stockholm das Wasserfestival. Die Stadt verwandelt sich in eine Open-Air-Bühne mit Straßentheater, Musik und Varieté. Ein großarti-

Tip

Der Stapellauf der Wasa

Die Wasa sollte das Flagschiff der schwedischen Marine werden. In zweijähriger Bauzeit (1626–1628) entstand der Dreimaster: 62 m lang, nur 11,7 m breit, bis zur Mastspitze 50 m hoch und mit 64 bronzenen Kanonen bestückt. Am 10. August 1628 versank der Stolz der Marine schon kurz nach dem Stapellauf im Saltsjön vor Stockholm. Der Schwerpunkt des Schiffes lag zu hoch. Erst 333 Jahre später wurde die Wasa geborgen. Heute präsentiert sie sich nach aufwendigen Restaurationsarbeiten in vollem Glanz mit mehr als 700 holzgeschnitzten Figuren. Der Wasa ist ein eigenes Museum auf der Insel Djurgården gewidmet, das auch das Leben an Bord zu Beginn des 17. Jahrhunderts dokumentiert (geöffnet im Sommer tgl. 9.30–19 Uhr, sonst 10–17 Uhr).

Die mächtigen Wehrtürme von Schloß Gripsholm weisen den Bau als typisches Wasa-Schloß aus.

Tip

Tucholskys Lieblingsschloß

Schloß Gripsholm, das durch Kurt Tucholsky zu literarischem Ruhm kam, liegt idyllisch am Mälarsee nahe Mariefred. Im 14. Jahrhundert als Verteidigungsanlage errichtet, erfuhr es zahlreiche Umbauten. Sein heutiges Aussehen erhielt Gripsholm im 16. Jahrhundert. Vier mit 3–4 m dicken Mauern versehene Kanonentürme verbinden die Wohnflügel und bilden ein unregelmäßiges Viereck. Bestaunen kann man auch eine der größten Porträtsammlungen Europas mit rund 3.500 Bildern, deren Anfänge auf König Karl XIV. Johann (1818–44) zurückgehen (geöffnet Mai bis August tgl. 10–16 Uhr, September Di-So 10–15 Uhr, Tel. 0159-1 01 94).

ges Feuerwerk krönt die Festlichkeiten.

Im westlichen Randbezirk Stockholms liegt am Mälar-See auf der Insel **Lovön** das Barockschloß **Drottningholm** mit seinen weitläufigen Parks: Da seit 1981 im Südflügel die Königliche Familie residiert, ist es der Öffentlichkeit nur begrenzt zugänglich (geöffnet Mai bis August tgl. 10–16.30 Uhr, September tgl. 12–15.30 Uhr).

Informationen: Turistbyrå Schwedenhaus, Hamngatan 27, Box 7542, S-10393 Stockholm, Tel. (08) 7 89 24 95.

Uppsala
Studentenstadt mit Charme

Uppsala (160.000 Einwohner) 26 gehörte während des Mittelalters zu den einflußreichsten Städten Schwedens. Den ursprünglichen Stadtkern bildet Gamla Uppsala (Alt-Uppsala). Nachdem der Hafen durch Landhebung jedoch unzugänglich geworden war (s. S. 13), entwickelte sich im 11. Jahrhundert an der Mündung des Flusses **Fyrisån** ein neuer Handelsplatz: Östra Aros, das heutige Uppsala. Im Jahre 1164 wurde Uppsala Erzbischofssitz und erlangte weitere Bedeutung durch die 1477 gegründete erste Universität Nordeuropas, die auch heute noch einen ganz hervorragenden Ruf genießt und das Flair der Stadt prägt.

Stadtrundgang

Als Wahrzeichen der Stadt gilt der eindrucksvolle **Dom** ❶ (geöffnet tgl. 8–18 Uhr, Führungen vom 8. Juni bis 23. August Mo–Sa 13 Uhr auf englisch, Tel. 018-18 71 77). Nach 148jähriger Bauzeit wurde er 1435 feierlich eingeweiht. Die ursprünglich gotische Architektur weist heute verschiedene Stileinflüsse auf. Das bis auf die drei Portale äußerlich recht nüchtern anmutende Gotteshaus trägt im Inneren reichen Schmuck und hat eine prachtvolle Kanzel. Zwischen 1440 und 1719 wurden hier Schwedens Regenten gekrönt.

Gegenüber dem Hauptportal liegt das **Gustavianum** ❷. Mit dem

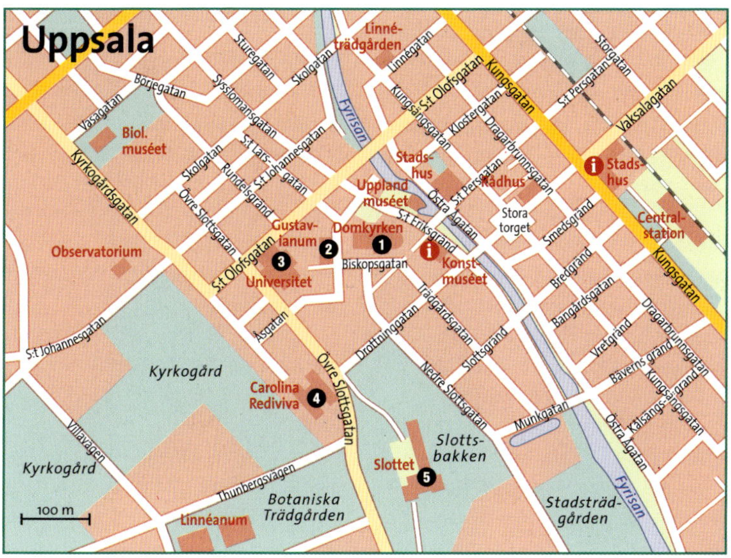

unter seiner hohen Kuppel aus dem 17. Jahrhundert gelegenen Theatrum anatomicum, einem Demonstrations- und Vorlesungssaal, zählt es zu den wenigen erhaltenen Gebäuden dieser Art in Europa. Von den Plätzen der Studenten, die hier in steil ansteigenden Rängen standen, kann der Besucher heute noch auf den Seziertisch hinunterschauen.

Das Hauptgebäude der **Universität** ❸ mit einer glanzvollen Vorhalle und einem schönen Atrium entstand 1878–1887 im Stil der Neorenaissance. Die **Universitätsbibliothek „Carolina Rediviva"** ❹, ein Kulturschatz von Weltgeltung, bewahrt mehr als 5 Mio. Bücher, darunter 30.000 Handschriften (geöffnet Mo-Fr 9–20 Uhr, Sa 10–16 Uhr, So 11–16 Uhr, vom 27. Juni bis 15. August Sa-So 13–18 Uhr). Als größte Kostbarkeit gilt die berühmte Silberbibel **„Codex argenteus"** aus dem 6. Jahrhundert, eine Handschrift der Bibelübersetzung des Gotenbischofs Ulfilas, auf purpurnem Papier mit silberner Tinte geschrieben.

Auf einem Moränenhügel erhebt sich das **Schloß** ❺ mit seinen wuchtigen Türmen. Hier legte 1654 Königin Christine, Tochter des protestantischen Gustav II. Adolf, die schwedische Krone nieder und trat zum katholischen Glauben über.

Beim Bummeln durch das gemütliche Uppsala spürt man das Flair der Studentenstadt. Radfahrer sausen mit ihren Velos entgegen jeder Verkehrsregel. Es gibt einige flippige Geschäfte, viele kleine Cafés und Studentenkneipen.

Uppsalas berühmteste Wissenschaftler waren der Astronom Anders Celsius (1701–1744) und der Botaniker Carl von Linné (1707–1778, s. Kasten S. 133). Im Jahre 1733 beschrieb Celsius als erster mit detaillierten Beobachtungen die Aurora borealis, das Nordlicht, und stellte es in Zusammenhang mit dem Erdmagnetfeld. 1740 wurde er Direktor des nach ihm benannten Observatoriums. Außerdem führte er die bis heute in weiten Teilen der Welt gebräuchliche Temperaturskala ein, die den Abstand zwischen Gefrier- und Siedepunkt des Wassers in 100 gleiche Grade teilt, die Celsius-Grade.

Informationen: Uppsala Turist & Kongress AB, Fyris Torg 8, S-75310 Uppsala, Tel. (018) 27 48 00, Fax (018) 13 28 95.

Ausflüge in die Umgebung

4 km nördlich von Uppsala liegt **Gamla Uppsala**, das religiöse Zentrum des Svea-Reiches, mit drei 18 m hohen Königshügeln aus dem 5. und 6. Jahrhundert, weiteren bedeutenden Grabhügeln und der Kirche mit separatem hölzernem Glockenturm.

Sigtuna 27 (LV 263), kurzzeitig Zentrum des Reiches, ist in unseren Tagen eine idyllische Kleinstadt südlich von Uppsala mit engen Gassen, alten Bürgerhäusern und einem winzigen Rathaus von 1684. Vier Kirchenruinen zeugen heute noch von der ehemaligen Bedeu-

Carl von Linné

Der berühmte Botaniker Carl von Linné (1707–1778), Vater der biologischen Systematik, wurde in Råshult südwestlich von Växjö (Småland) als Sohn eines Pfarrers geboren. Nach seinem Schulabschluß zog er nach Uppsala, wo er Medizin studierte. 1735 ging Linné nach Holland, um dort zu promovieren. An der Universität Leiden publizierte er seine frühen botanischen Schriften. Ab dem Jahre 1742 lehrte er als Botanik-Professor an der Universität von Uppsala.
Die bedeutendste wissenschaftliche Leistung Linnés war die Schaffung eines „künstlichen hierarchisch-taxonomischen Systems" der damals bekannten europäischen Pflanzen. Künstlich wird das System genannt, weil es Verwandtschaftsbeziehungen aufgrund von Blütenmerkmalen, also Geschlechtsmerkmalen beschreibt, die ja nur eine Eigenschaft der Pflanzen darstellen. Später führte er die gleiche binäre Nomenklatur auch für die Tierwelt ein. Heute nutzt man „natürliche Systeme", die viele Eigenschaften von Tieren oder Pflanzen gleichzeitig berücksichtigen.
Geblieben ist von der Linnéschen Systematik die binäre Nomenklatur: Jede Art wird mit zwei Namen eindeutig beschrieben. Der erste ist ein übergeordneter Gattungsname, der zusammen mit dem die Art beschreibenden Epitheton (häufig fälschlich als Artname bezeichnet) jede Spezies eindeutig definiert.
Ein Beispiel soll das verdeutlichen: Der Papageitaucher gehört zur Familie der Alken *(Alcidae),* die Gattung heißt *Fratercula*, der komplette Artname lautet *Fratercula arctica* L., was man mit „arktisches Brüderchen" übersetzen kann. Das „L." bedeutet, daß Linné diese Art als erster definiert hat. International weiß nun jeder Biologe genau, welche Art gemeint ist, während bei der Verwendung moderner Sprachen durchaus Mißverständnisse auftreten können. Ein gutes Beispiel dafür ist der Elch *(Alces alces).* Im Amerikanischen wird er als „moose" bezeichnet, mit „elk" dagegen der Wapitihirsch.
Dieses und andere verwirrende Beispiele machen verständlich, warum Linnés binäre Nomenklatur bis heute überdauert hat. 1762 wurde Linné für seine Verdienste in den Adelsstand erhoben.
Seinen Spuren kann man in Uppsala nachgehen. Im restaurierten und rekonstruierten Linnéträdgården stehen heute wieder alle Pflanzen, wie sie Linné nach seinem System im 18. Jahrhundert gesammelt und gepflanzt hat (geöffnet Mai bis August tgl. 9–21 Uhr, September tgl. 9–19 Uhr).
10 km südlich von Uppsala liegt Hammarby, sein Sommersitz (geöffnet 2. Mai bis 30. September, Park tgl. 8–20 Uhr, Wohnhaus mit Museum Di-So 12–16 Uhr).

Carl von Linné (Kupferstich von J. M. Bernigeroth, 1749)

tung (Informationen: Sigtuna Turism AB, Drakegården, Stora Gatan 33, Box 117, S-19323 Sigtuna, Tel. 08-59 25 00 20).

27 km nordwestlich von Sigtuna führt eine Stichstraße (ausgeschildert) zum **Skokloster**, einem der am besten erhaltenen Bauwerke aus Schwedens Großmachtzeit. 1244 als Zisterzienserinnenkloster gegründet, wurde es Mitte des 17. Jahrhunderts zu einer prachtvollen Residenz umgebaut (Führungen April, September, Oktober Mo–Fr 13 Uhr, Sa und So 13, 14, 15 Uhr, Mai bis August tgl. 11–16 Uhr jede Stunde).

Das Herz Schwedens

Vom Värmland zum Jämtland

Die waldreichen mittelschwedischen Landschaften Värmland und Dalarna faszinieren durch ihre zahlreichen Flüsse und Seen. Nördlich schließen sich Härjedalen und Jämtland an und bieten eine rauhe, alpine Gebirgsszenerie mit Gipfeln bis 1.800 m Höhe und Nationalparks, die als südlichste Wildnis Nordeuropas bezeichnet werden. In urwaldähnlichen Fichten- und Kiefernwäldern leben Elch, Bär, Luchs, Biber und Vielfraß.

Värmland

Die Heimat Selma Lagerlöfs

Karlstad und seine Geschichte

Am Delta des **Klarälven**, der in den Vänern fließt, liegt **Karlstad** (76.000 Einwohner) **1**, die 1584 durch König Karl IX. gegründete Provinzhauptstadt von Värmland. Seeschiffe erreichen Karlstad über den **Götakanal** (s. Karte S. 123), was der hier dominierenden holzverarbeitenden Industrie zugute kommt

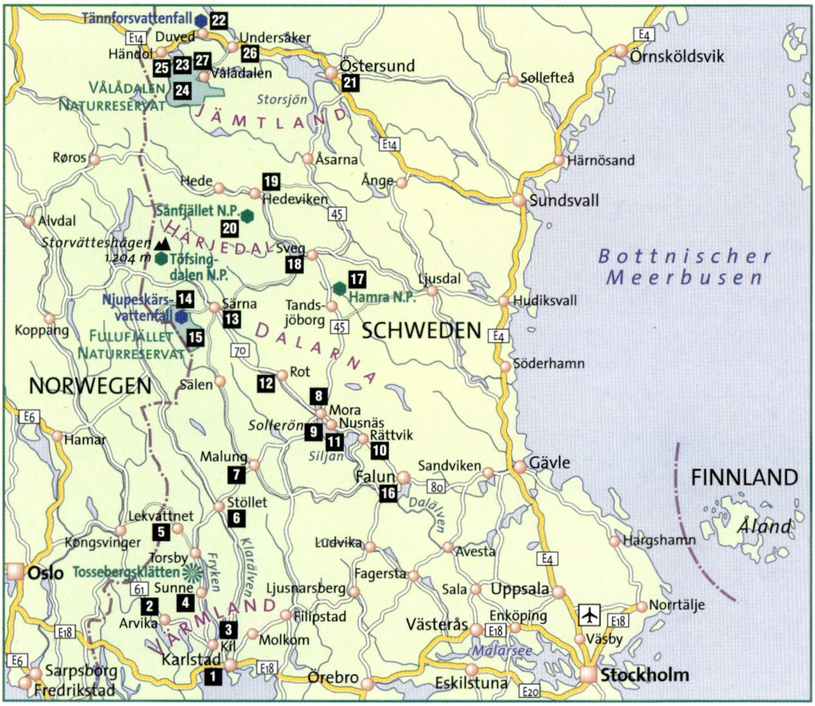

Vom Värmland zum Jämtland

und Impulse für das Hinterland bringt.

In dieser geschichtsträchtigen Stadt wurde 1905 die Auflösung der Union mit Norwegen unterzeichnet. Schon 1647 war Karlstad Bischofssitz, doch der Dom konnte erst Mitte des 18. Jahrhunderts fertiggestellt werden. Von der Altstadt stehen in der Älvgatan nach dem letzten großen Brand im Jahr 1865 nur noch wenige alte Bürgerhäuser. Einen Besuch lohnt allemal die älteste Steinbrücke Schwedens, die zwölfbögige **Östra bron** aus dem 18. Jahrhundert. Einblicke in die Geschichte der finnischen Besiedelung gibt das neue Värmland-Museum (Informationen: Tel. 054-14 31 00). Da verarmte heimische Bauern in die wenigen Städte oder in andere Provinzen zogen, wollte der Staat das unfruchtbare Land nicht ganz veröden lassen. Mit Steuerfreiheit lockte man 9.000 finnische Siedler an, die sich im 16. und 17. Jahrhundert auf entlegenen Höfen im Wald niederließen und mit Brandrodung etwas Ackerland für Roggenanbau gewannen.

Auf vielen schwedischen Flüssen tummeln sich wagemutige Rafting-Sportler.

Ein Ausflug führt zur Kleinstadt **Arvika** (27.000 Einwohner) **2**, die westlich von Karlstad an der RV 61 inmitten einer weiten Seen- und Waldlandschaft liegt. Die reizvolle Umgebung am **Glafsfjorden** lockt zahlreiche Künstler und Kunsthandwerker an. Auch die **Künstlerkolonie Racken** ist einen Abstecher wert.

Rund um die Fryken-Seen

Die beiden Haupttäler mit den Flüssen **Fryken** und **Klarälven** durchziehen die dünn besiedelte Landschaft des Värmlandes. Besonders schön ist das Fryken-Tal, in dem drei Seen auf einer Gesamtlänge von 71 km miteinander verbunden sind.

Tip

Floßfahrt auf dem Klarälven

Auf den Flußschleifen des Klarälven kann man sportliches Rafting erleben oder sich gemütlich mit 2 km/h auf einem Floß treiben lassen. Eine sechstägige Tour, die in der Regel montags beginnt, startet im Norden an der Mündung des Sees Vingängsjön und endet nach insgesamt 100 km in Byns Camping. Es wird auch eine dreitägige Tour von 50 km Länge angeboten. Das Floß hat eine Fläche von 16 m², kann aber auch vergrößert werden. Man übernachtet auf dem vertäuten Floß oder auf Campingplätzen an Land.
Informationen: Nordic Holidays, Marie-Curier-Straße 5, D-25337 Elmshorn, Tel. (041) 2 17 91 10, Fax (041) 21 79 11 41 oder Sverigeflotten, Transtrand 20, S-68063 Likenäs, Tel. (0564) 4 02 27, Fax (0564) 4 03 00.

Etwa 20 km nordwestlich von Karlstad erreicht man auf der RV 61 die kleine Ortschaft **Kil** 3, die am Südzipfel des Unteren Fryken-Sees, dem **Nedre Fryken**, liegt. Hier muß man sich für eine Uferseite entscheiden. Hoch über dem Nordwestufer des **Mellan Fryken** (Mittlerer Fryken) steht inmitten einer zauberhaften Parklandschaft mit Rhododendronbüschen das hochherrschaftliche **Gut Rottneros** (Informationen: Tel. 0565-6 02 95). Nach einem Brand 1929 erhielt der Bau eine neoklassizistische Front. Insgesamt wirkt das Anwesen eher südländisch. Im Park des Herrenhofs befindet sich heute eine Skulpturensammlung, u. a. mit Werken von Carl Milles.

Die Kleinstadt **Sunne** 4 bietet einen guten Ausgangspunkt für zahlreiche Touren in die Umgebung. Auf der Ostseite des Mellan Fryken erreicht man den Herrenhof **Mårbacka Minnesgård**, wo Selma Lagerlöf 1858 geboren wurde. Mit Unterbrechungen lebte sie hier bis zu ihrem Tod 1940. Zunächst arbeitete sie 1885–1895 als Lehrerin im südschwedischen Landskrona und später als freischaffende Schriftstellerin. Noch in Landskrona schrieb sie ihren ersten größeren und später weltberühmten Roman „Gösta Berling“. 1909 erhielt sie den Literaturnobelpreis und wurde 1914 als erste Frau Mitglied der Schwedischen Akademie der Wissenschaften. Besonders bekannt ist ihr Buch „Wunderbare Reise des kleinen Nils Holgersson mit den Wildgänsen“ (1907), das ursprünglich als Schulbuch für den Heimatkundeunterricht in der Volksschule gedacht war. Heute prangt das Motiv auf dem 20-Kronen-Schein. Meisterhaft beschreibt sie die Menschen in Stadt und Land, aber auch die Natur. Ihr Arbeitszimmer mit Bibliothek steht jedermann für Besichtigungen offen (Führungen 16. Mai bis 6. September, Tel. 0565-3 10 27).

Nordwestlich von Sunne fließt der **Rottnan** ruhig durch dunkle Nadelwälder. Die Natur kann man hier am besten vom Kanu aus genießen. Einen guten Startpunkt für die Kanufahrt gibt es z. B. an der schwedisch-norwegischen Grenze. Langsam gleitet die Landschaft vorbei. Manchmal muß man auch aussteigen, um das Boot über seichte Stellen zu ziehen oder zu tragen. Bei **Lekvattnet** 5 weitet sich der Fluß schließlich zu einem langgestreckten See.

Eine der schönsten Strecken Schwedens (RV 45) begleitet das Westufer des **Övre Fryken** (Oberer Fryken). Vom **Tossebergsklätten** (280 m) genießt man eine großartige Aussicht über den See und die bewaldete Landschaft. Bei **Stöllet** 6 gelangt man ins Tal des Klarälven, das auch für seine Bibervorkommen bekannt ist. Nach Norden hinauf ins Gebirge folgt die RV 62 dem idyllischen Ostufer des Klarälven.

Informationen: Värmlands Turistråd, Erlandergatan 10 B, S-65220 Karlstad, Tel. (054) 54 22 25 50.

Rund um den Siljan-See

Dalarna wird vom **Dalälven**, einem der längsten Flüsse Schwedens (520 km), und seinen beiden Zuflüssen Västerdalälven und Österdalälven durchzogen. Nadelwälder der Taiga bedecken die dünn besiedelte Landschaft. Die rauhen Felsmassive im Nordwesten tragen majestätische Fjällregionen. Die höchste Erhebung, der **Storvätteshågen**, erreicht 1.204 m Höhe; sie liegt im urwüchsigen, schwer zugänglichen Töfsingdalen-Nationalpark (16 km²). Mehr als 6.200 Seen laden zum Angeln und Kanufahren ein. Auch Biber- und Elchsafaris werden angeboten.

Tip

Bären in Grönklitt

13 km nördlich von Orsa am Nordufer des Orsasjön liegt der größte Bärenpark Europas (80 km²). In Grönklitt streifen Braunbär, Wolf und Luchs „frei" durch riesige Gehege. An zwei Stellen gibt es große Aussichtsrampen. Von hier aus kann man die beeindruckenden Bären in aller Ruhe und Sicherheit beobachten. In den schwedischen Provinzen Härjedalen, Jämtland und Norrland leben Braunbären in einsamen Wäldern, wo man sie jedoch kaum einmal zu sehen bekommt. Sollten Sie doch einem Bären begegnen, dann schlagen Sie Krach, aber laufen Sie nie weg. Bären schaffen 100 m in 7 Sekunden.
Informationen: Tel. (0250) 4 62 00, geöffnet 16. Mai bis 19. Juni und 10. August bis 13. September tgl. 10-15 Uhr, 20. Juni bis 9. August tgl. 10-17 Uhr.

Der Europäische Braunbär lebt verborgen in Wäldern Mittel- und Nordschwedens.

Informationen: Hedemora Tel. (0225) 3 43 48, Orsa Tel. (0250) 4 62 00, Sälen Tel. (280) 2 00 41, Älvdalen Tel. (0251) 8 02 94.

Idylle am Siljan-See

Das beliebteste Ausflugsziel in Dalarna, den Siljan-See (290 km^2), erreicht man von **Gävle** über die RV 80 oder von **Stöllet** auf der RV 45 über **Malung** 7. **Mora** (21.000 Einwohner) 8 liegt auf einer Landenge zwischen Siljan- und Orsa-See. Hier im Herzen Dalarnas sind urschwedische Traditionen lebendig geblieben – anders als in Jämtland und Härjedalen, die zeitweise zu Norwegen gehörten (s. S. 7) und in denen noch Autonomiebestrebungen gären. An die Treue zum schwedischen Reich erinnert besonders ein Ereignis: der legendäre 85 km lange Wasalauf zwischen **Sälen** und Mora, eine Art Marathonlauf auf Skiern – heute ein Spaß für jeden Sportfan.

Das Idyll um den Siljan-See verlockt zum Bleiben. Während der Mittsommernachtszeit feiern die Menschen hier viele ländliche Feste. Denn wenn auch der Polarkreis 630 km entfernt liegt, reicht das Mitternachtslicht dennoch bis zum See. Den Siljan-See kann man im Ausflugsschiff erkunden (Informationen s. u.) oder von Aussichtsbergen betrachten. Südlich von Mora bietet sich vom **Gesundaberget** (514 m) ein großartiges Panorama über die Seenlandschaft und die waldbedeckte Insel **Sollerön** 9. Am Ostufer liegt der **Plintsberg** (365 m) und unmittelbar vor **Rättvik** 10 (ausgeschildert) der 352 m hohe **Vidablick** mit einem 28 m hohen Aussichtsturm.

Von der RV 70, vorbei am Nordostufer, zweigt eine kleine Straße nach **Nusnäs** 11 ab. Hier stellen fleißige Handwerker die berühmten, rot oder blau bemalten hölzernen Dala-Pferdchen in Handarbeit her. Ursprünglich wurden sie in langen Winternächten als Kinderspielzeug geschnitzt.

Informationen: Siljan Turism Mora, Ångbåtskajen, S-79230 Mora, Tel. (0250) 2 65 50.

Zur Sennhütte und dem Njupeska-Wasserfall

Biegt man hinter dem Dorf **Rot** 12 an der RV 70 in eine schmale Bergstraße ein, kommt man hinter **Klitten** zur **Sennerei Torrlid**. Dickmilch, Butter, Schnitt- und Molkenstreichkäse entstehen hier noch nach alter Senntradition. Dalarnas Sennhüttenbetriebe, schwedisch „fäböd“ genannt, sind einzigartig für Schweden: Weil die Weiden meist weit von den Höfen entfernt liegen, können die Tiere nachts nicht wieder in den heimischen Stall gebracht werden.

Wieder auf der RV 70 erreicht man in **Särna** 13 das Tor zur alpinen Bergwelt. Interessant ist die alte, mit Schindeln versehene Holzkirche aus dem 17. Jahrhundert.

Ein Ausflug führt hinter **Mörkret** auf einer Nebenstraße zum Parkplatz **Njupeska** 14. Nach etwa 2 km Fußweg blickt man auf Schwedens

Der Blick in ein kleines Stück Birkenfjäll zeigt Beeren, Flechten und Pilze.

höchsten Wasserfall, der 97 m in die Tiefe stürzt. Wanderwege bringen den Besucher auch ins **Naturreservat Fulufjället 15**.

Informationen: Särna Turistbyrå, Särnavägen 6, S-79090 Särna, Tel. (0253) 1 02 05.

Warum sind die Holzhäuser rot?

Neben Landwirtschaft und Holzindustrie hat der Bergbau eine große Tradition. In der Bergwerkstadt **Falun** (50.000 Einwohner) **16**, der Hauptstadt von Dalarna an der RV 80, wurden bereits vor mehr als 1.000 Jahren Erze gefunden. Im 15. und 16. Jahrhundert förderten die Bergleute hier so viel Kupfer wie nirgendwo sonst auf der Welt, und Falun war nach Stockholm Schwedens zweitgrößte Stadt. Da die Stollen vor über 300 Jahren unsystematisch in den Berg getrieben wurden, stürzten 1687 Schächte ein und hinterließen einen 100 m tiefen Krater am Stadtrand.

Das Bergwerksmuseum und eine Grubenführung bieten interessante Einblicke in jene Bergbaugeschichte. Bei der Führung sollte man sich warm anziehen, denn die Grube liegt in etwa 60 m Tiefe, wo eine Temperatur von 5 °C herrscht.

Als Nebenprodukt aus der Kupferverarbeitung erhielt man eine rote, sehr witterungsbeständige Farbe, das zeitlos schöne Falunröd, das viele Häuser in Schweden ziert.

Heute ist Falun ein Wintersportzentrum. Vom Turm der Skisprungschanze hat man auch im Sommer den besten Blick auf die Umgebung.

Informationen: Falun Turistbyrå, Stora Torget, S-79183 Falun, Tel.(023) 8 36 37.

Unberührte Natur in Härjedalen und im Jämtland

Hinter diesem verwitterten Tor mit dem Elchgeweih beginnt die urtümliche Natur des Hamra-Nationalparks.

Nördlich des Siljan-Sees wird die Landschaft herber und einsamer. Alpine Gebirge mit schneebedeckten Gipfeln, wildtosende Flußläufe mit Wasserfällen und endlose Nadelwälder prägen das Bild. Die Siedlungen liegen weit auseinander, in ganz Härjedalen gibt es keine einzige Stadt.

Wildnis im Hamra-Nationalpark

Die ursprüngliche Waldlandschaft des 1910 eingerichteten Hamra-Nationalparks (28 ha) 17 grenzt im Norden an den **Svansjön**, einen Flachwassersee. Der Park ist über die RV 45 zwischen **Mora** 8 und **Sveg** 18 gut zu erreichen (Abzweigung ausgeschildert). Die ältesten Fichten gedeihen hier seit etwa 300 Jahren. Es haben sich jedoch nur Restbestände erhalten, denn in dieser unwirtlichen Landschaft der **Orsa Finmark** siedelte man im 17. Jahrhundert Finnen an, die härtere Lebensbedingungen gewohnt waren als schwedische Bauern (s. S. 14). Um Anbaufläche für Roggen zu erhalten, brandrodeten die Finnen 1690 das Gebiet.

Am Eingang des Rundwanderweges (zum Teil über Bohlen)

durchschreitet man ein verwittertes Tor aus alten Stämmen. Der Weg ist nicht leicht begehbar, da querliegendes Totholz nicht weggeräumt wird. Abseits des Pfades erweist sich der Fichten- und Kiefernwald als nahezu undurchdringbar. Der Unterwuchs aus Moosen und Zwergsträuchern wie Krähenbeere, Moosbeere und Besenheide bildet einen dicken Teppich. Eine geradezu gespenstische Stimmung – besonders an trüben Tagen – verbreiten die von den Bäumen herabhängenden Bartflechten.

Bären im Sånfjället-Nationalpark

Biegt man von **Sveg** 18 auf die RV 84, gibt es in **Hedeviken** 19 eine schmale Straße in den **Sånfjället-Nationalpark** (103 km²) 20 mit seinem isoliert aufragenden, markanten Bergmassiv (430–1.278 m). In den tieferen Lagen wachsen Fichtenwälder. Die Waldgrenze markiert ein Fjällbirkenwald, wobei die Bäume mit zunehmender Höhe immer kleinwüchsiger und krüppeliger werden. Darüber liegen mächtige, mit Rentierflechten überzogene Schuttdecken.

Im Wald leben Buchfinken und Birkenzeisige, im offenen Gelände Moorschneehühner. An Säugern kommen Elch, Luchs und Vielfraß vor. Berühmt ist der Park hauptsächlich für seine Braunbärenpopulation mit etwa 30–40 Tieren. Wenn man durch diese einsame Gegend streift, sollte man die Augen aufhalten und sich laut unterhalten. So kann man eine unverhoffte Begegnung mit einem Braunbären im Wald am ehesten vermeiden. Entdeckt man frische Losung oder einen umgegrabenen Ameisenhaufen, sollte man besser umgehend den Rückzug antreten.

Ab **Hede** werden geführte Touren angeboten. Den Nationalpark

Der Herbst malt bunte Farben auf die Wälder des Sånfjället-Nationalparks.

Die sinkende Sonne taucht den Svansjön, einen flachen, naturnahen See, in glutrotes Licht.

kann man von drei Parkplätzen aus auf markierten Wanderwegen erkunden. Einen schönen Rundblick bietet der **Högfjället** (1278 m).

Informationen: Turistenbyrå, S-84093 Hede, Tel. (0684) 4 10 80.

Durch das Jämtland

König Gustav III. gründete **Östersund** (55.000 Einwohner) **21** erst im Jahr 1786 (Informationen: Turist & Kongressbyrån Östersund, Rådhusgatan 44, S-83182 Östersund, Tel. 063-19 40 01). Die gastliche Stadt liegt mitten im Herzen Schwedens, direkt am **Storsjön**, mit 450 km² fast so groß wie der Bodensee. Wie um das schottische Loch Ness rankt sich auch um den buchtenreichen Storsjön die Legende von einem geheimnisvollen Seeungeheuer. Das Landes- und Freilichtmuseum Jamtli in Östersund (geöffnet 19. Juni bis 9. August tgl. 11-17 Uhr) zeigt sogar Geräte, mit denen man es fangen wollte.

Empfehlenswert sind die zum Teil kurvigen Nebenstrecken entlang dem Storsjön. Östlich von Östersund auf der Insel **Frösö** lockt die kleine Holzkirche Kunstfreunde an. Der Blick vom Frösö-Turm (mit Aufzug!) auf dem **Östberg** (468 m) lohnt sich (geöffnet 14. Mai bis 19. Juni tgl. 11–18 Uhr, 20. Juni bis 9. August tgl. 9–21 Uhr und 10. August bis 6. September tgl. 12–18 Uhr, Tel. 063-12 81 69).

Westlich von Östersund zweigt von der E 14 hinter **Duved** **22** die LV 322 zum imposanten **Tännfors-Wasserfall** ab, der auf einer Breite von 60 m bis zu 37 m in die Tiefe stürzt.

Nahe der schwedisch-norwegischen Grenze liegt an der E 14 der flache **Ånnsjön** **23**, ein wahres Dorado für Wasservögel. Im Süden schließt sich direkt das **Naturreservat Vålådalen** (1.175 km^2) **24** an, ein beliebtes Wandergebiet in die schwedische Bergwelt. Den besten Blick über den Ånnsjön hat man von **Handöl** **25** am Westufer des Sees. Hier bildet auch der **Handölan** sein Delta. Insgesamt brüten hier ungefähr 90 Vogelarten regelmäßig, am Delta stochern viele Limikolen nach Nahrung. Als beste Reisezeit gilt die Brutzeit zwischen Mitte Mai und Ende Juni, allerdings darf man dann die Wege nicht verlassen. Der Beobachtungsturm gewährt einen Überblick.

Von Handölan verläuft eine sehr schmale Straße entlang der Westgrenze des Naturreservates Vålådalen bis zur **Storulvåns-Fjällstation**. Unterwegs kann man bei den Stromschnellen des **Handölforsarna** noch einen Zwischenstop einlegen.

Den Ostteil des Reservates erreicht man von **Undersåker** **26** an der E 14 auf einer Nebenstrecke bis **Vallbo** oder **Vålådalen** **27**. Im vielfältigen Landschaftsbild wechseln sich Moore, kleine Seen, Nadelwälder mit dichtem Unterwuchs und Kahlfjäll ab. Hier leben Raubtiere wie Vielfraß, Luchs und der nordamerikanische Mink, der sich schon in weiten Teilen Skandinaviens heimisch fühlt. In der artenreichen Vegetation fallen hohe Stauden von Nordischem Eisenhut und Erzengelwurz ebenso auf wie das nur wenige Zentimeter hohe Gewöhnliche Fettkraut an feuchten Stellen oder der Alpenfrauenmantel in höheren Lagen. Es gibt ein gut markiertes Wandernetz und vier Übernachtungshütten für Rucksackwanderer.

Tip

Felsküste am Skuleskogen

Der Skuleskogen-Nationalpark (24 km^2) liegt etwa 40 km südlich von Örnsköldsvik und bildet mit über 280 m die höchste Steilklippe am Bottnischen Meerbusen (Informationen: Tel. 0613-40115). Markante Bergkuppen mit Kiefernwäldern, Geröllhalden, Moore, Seen und tief eingeschnittene Schluchttäler prägen die abwechslungsreiche Landschaft. Am meisten beeindruckt die 200 m lange, 40 m tiefe und nur 7 m breite Schlucht Slåttdalskrevan. Viele Pflanzenarten haben hier ihre nördliche Verbreitungsgrenze, z. B. der Seidelbast. Skuleskogen ist auch ein Dorado für Spechte. Von der E 4 (Informationszentrum Skule Naturum) biegt man Richtung Sund und weiter nach Käl in den Park ein. Hier gibt es markierte Wanderwege mit einer Gesamtlänge von 30 km.

Bestimmungsteil

Tiere und Pflanzen

1 Igel Pinnsvin (N) Igelkott (S) *Erinaceus europaeus (Erinaceidae)*

KR 22,5–27,5 cm G 0,5–1,2 kg

Merkmale Dicke, plumpe Gestalt, Kopf braun behaart mit spitzer Schnauze und kleinen runden Ohren. Oberseite mit spitzen, 2 mm dicken und 2–3 cm langen Stacheln. Unterseite behaart.

Vorkommen Entlang der Süd- und Südwestküste Norwegens, in Süd- bis Mittelschweden und Südfinnland. In lichten Wäldern und im Buschgelände in trockenen Biotopen, nicht im Gebirge/Fjell.

Wissenswertes Igel sind Dämmerungstiere. Bei der Nahrungssuche laufen sie schnüffelnd umher, denn sie können ausgezeichnet riechen. Ihre Hauptbeute besteht aus Schnecken, Raupen, Regenwürmern u. a. Sie können rasch laufen und rollen sich bei Gefahr zu einer stacheligen Kugel zusammen. Ausgewachsene Igel besitzen etwa 5.000–7.000 Stacheln. Das Weibchen bringt in einem Nest aus Moos und trockenem Laub vier bis fünf Junge zur Welt. Die Säuglinge sind blind, ihre Stacheln bedeckt eine rosafarbene Haut, so daß es nicht zu Verletzungen kommt. Den Winter verbringen sie in echtem Winterschlaf.

2 Schneehase Hare (N) Skogshare (S) *Lepus timidus (Leporidae)*

KR 52–60 cm G 2,5–5,8 kg

Merkmale Fell im Sommer braun **(2b)**, im Winter bis auf die schwarzen Ohrspitzen weiß **(2a)**, Ohren verhältnismäßig kurz mit schwarzen Enden, Hinterfüße viel länger als der behaarte Schwanz.

Vorkommen In weiten Teilen Skandinaviens von den Küsten bis in die hohen Fjellregionen oberhalb der Baumgrenze und bis in die Tundra. Sonst zirkumpolar.

Wissenswertes Schneehasen sind vor allem dämmerungs- und nachtaktiv. Im Norden Skandinaviens leben sie manchmal gesellig. Die Sasse liegt meist zwischen Felsen oder großen Steinen. Nur selten scharrt die Häsin ein eigenes Lager. Die Fortbewegung ist springend, auf der Flucht schlagen sie kaum Haken wie etwa der **Feldhase** *(Lepus capensis)*. Sie können außerdem recht gut schwimmen.

3 Eichhörnchen Ekhoorn (N) Ekorre (S) *Sciurus vulgaris (Sciuridae)*

KR 19,5–28 cm G 230–400 g

Merkmale Mittelgroßer Nager mit langem, buschigen Schwanz. Fell rotbraun bis schwarzbraun, Unterseite weiß. Die Ohren im Winter mit deutlichen Haarpinseln.

Vorkommen In Süd- bis Mittelskandinavien, außerhalb der Gebirge. In alten Nadel- und Laubwäldern im Süden.

Wissenswertes In einem kugelförmigen Nest (= Kobel) hoch oben in einer Stammgabel gebären sie ihre Jungen. Eichhörnchen sind tagsüber aktiv und klettern in den Baumkronen umher. Sie ernähren sich von Nadelwaldsamen, Bucheckern und anderen Früchten. Im Frühjahr betätigen sie sich auch als Nesträuber und fressen Singvogelküken. Im Herbst sammeln sie Vorräte in Verstecken, die sie im Winter aufsuchen. Sie halten keinen echten Winterschlaf, sondern haben nur längere Ruhezeiten.

4 Biber Bever (N) Bäver (S) *Castor fiber (Castoridae)*

KR 74–81 cm G 20–30 kg

Merkmale Größter europäischer Nager, bräunliches Fell, dicker, runder Kopf mit kleinen Augen und Ohren, charakteristisch der breite, abgeplattete Schwanz (= Kelle).

Vorkommen In Skandinavien ohne die Skanden und die Tundragebiete. In Auwäldern, an Flüssen und Seen.

Wissenswertes Lange Jahre wurde der Biber wegen seines Fells bejagt und dezimiert. In einigen Gebieten Skandinaviens hat man zum Teil **Kanadabiber** *(Castor fiber canadensis)* ausgesetzt, die heimisch geworden sind und heute stattliche Populationen bilden. Ihre Baue liegen an Uferböschungen von Flüssen. Weithin sichtbar sind die Biberburgen auf Seen mit einem Eingang unter der Wasseroberfläche. Der Biber lebt im Familienverband. Nach etwa 100 Tagen Tragzeit bringt das Weibchen zwei bis drei Junge zur Welt. Bei Erregung, z. B. bei Gefahr, schlagen die Tiere mit der Kelle auf das Wasser.

1

2a

3

2b

4

1 **Haselmaus** Hasselmus (N) Hasselmus (S) *Muscardinus avellanarius (Gliridae)*

KR 6–9 cm G 15–35 cm

Merkmale Etwa hausmausgroß, jedoch ziemlich gedrungen. Fell goldbraun. Kopf mit großen Augen und kleinen Ohren. Mittellanger, gleichmäßig behaarter Schwanz.

Vorkommen Nur in Süd- und Südostschweden bis etwa auf Höhe von Stockholm. In beerenreichen Laubmisch-, manchmal in Nadelwäldern. Sonst in weiten Teilen Europas, selten.

Wissenswertes Die Haselmaus zählt nicht zu den Mäusen, wie ihr Name vermuten läßt, sondern zu den Bilchen oder Schläfern. Diese wärmeliebende Art ist nach den Eiszeiten während einer wärmeren Klimaperiode als heute über die damals bestehende Festlandsverbindung von Dänemark nach Schweden eingewandert. Man bekommt sie nur selten zu sehen, da sie nachtaktiv und sehr scheu ist.

2 **Wolf** Ulv (N) Varg (S) *Canis lupus (Canidae)*

KR 110–140 cm G 26–59 kg

Merkmale Schäferhundgroß. Fell grau, Ohren klein und kurz, langer, buschiger Schwanz, läuft hochbeinig.

Vorkommen Sehr selten, in Nordwestschweden (im Värmland bis ins Gebirge), in Mittelost- und Nordfinnland. In Nadelwäldern. Sonst Sibirien, Rußland, Nordamerika.

Wissenswertes Wölfe sind in Europa, aber auch in Skandinavien sehr stark verfolgt und dezimiert worden. Einzelne Tiere streifen in abgelegenen, menschenleeren, nördlichen Wildnisgebieten umher. Paare mit Nachwuchs leben lediglich im Värmland (s. S. 137 ff.). Bei der Nahrungssuche gelangen sie bis nach Nordschweden. Nach Ostfinnland kommen immer wieder russische Wölfe über die Grenze, z. B. in den Urho-Kekkonen-Nationalpark (s. S. 93) oder in den Lemmenjoki-Nationalpark (s. Tip S. 92).

3 **Rotfuchs** Rodrev (N) Rödräv (S) *Vulpes vulpes (Canidae)*

KR 55–60 cm G 3,6–6,8 kg

Merkmale Fell meist rötlich, aber auch grau bis schwarz. Unterseite und Kehle weiß, Schwanz lang und buschig mit weißer Spitze. Kopf mit langer, vorgestreckter Schnauze und langen, spitzen Ohren.

Vorkommen In weiten Teilen Norwegens, Schwedens und Finnlands. In tieferen Lagen, nicht bis ins Gebirge. In trockenen Wäldern. Sonst Europa, Asien, Nordamerika.

Wissenswertes Während der **Eisfuchs** (s. u.) seinen Lebensraum im Hochfjell hat, bewohnt der Rotfuchs eher die Tallagen. Er ist meist nachtaktiv, an ungestörten Stellen trifft man ihn aber auch tagsüber an. Der Rotfuchs weist ein breiteres Nahrungsspektrum als der Eisfuchs auf. Seine Hauptbeute sind Nagetiere, z. B. Lemminge; er nimmt aber auch Aas oder Seevogelküken, wenn er an sie herankommt.

4 **Eisfuchs** oder **Polarfuchs** Fjellrev (N) Fjällräv (S) *Alopex lagopus (Canidae)*

KR 48–56 cm G 3–6 kg

Merkmale Kompakter Körperbau, kurze, runde Ohren und kurze Beine. Fell im Sommer braungrau mit weißer Unterseite, seltener einheitlich braungrau. Im Winter zwei Farbformen im Fell: weiß oder blaugrau (letzterer auch **Blaufuchs** genannt, ist aber keine eigene Art!). Schwanz ohne weiße Spitze, einfarbig.

Vorkommen In Skandinavien etwa ab Höhe des Polarkreises, in den Hochlagen, in Fjell- und Tundragebieten. Im hocharktischen Biotop. Sonst zirkumpolar.

Wissenswertes Sie sind tag- und nachtaktiv. Der Polarfuchs ist gut an seinen kalten Lebensraum angepaßt, denn der Verlust von Körperwärme wird durch das günstige Verhältnis von Körpervolumen zu Körperoberfläche verringert. Er ist stark von der Häufigkeit der Kleinsäuger, seiner Hauptnahrung, abhängig (s. Tafel S. 88 f.): Bei gutem Nahrungsangebot hat ein Weibchen bis zu 13 Junge, in nahrungsarmen Jahren fällt der Nachwuchs ganz aus. Das weiße Winterfell dient der Tarnung und ist besser isoliert als das Sommerfell.

1

2

3

4

1 **Braunbär** Brunbjørn (N) Brunbjörn (S) *Ursus arctos (Ursidae)*

KR 1,70–2,30 m G 250–300 kg

Merkmale Großer Säuger, Weibchen im Durchschnitt kleiner und leichter als Männchen, Fell hell- bis dunkelbraun, großer Kopf mit kleinen Ohren.

Vorkommen In Nordnorwegen (Reisa-Nationalpark), in Mittelschweden (ab dem Sonfjället-Nationalpark), in Nordschweden sowie Mittel- bis Nordfinnland, in entlegenen, großen Wäldern.

Wissenswertes Bären sind Allesfresser. Sie ernähren sich von Fleisch (z. B. Nagetiere oder Rentiere), aber auch von Beeren, Fisch und Aas. Ihre Winterruhe verbringen sie in Höhlen. Hier bringt das Weibchen im Dezember/Januar meist zwei Junge zur Welt, die noch blind und mit 500 g winzig sind. Die Kleinen wachsen schnell heran und können beim Verlassen der Höhle im April/Mai schon ihrer Mutter folgen. Die Mutter säugt die Jungen etwa 1 Jahr. Einige große Nationalparks in Nordskandinavien stellen wichtige Rückzugsgebiete für die Bären dar. Ihr Lebensraum sind abgelegene Wildnisgebiete. Der Wanderer bekommt sie fast nie zu Gesicht.

2 **Mauswiesel** Snomus (N) Vessla (S) *Mustela nivalis (Mustelidae)*

KR Männchen 18–23 cm, Weibchen 16–19 cm
G Männchen 60–170 g, Weibchen 45–90 g

Merkmale Kleiner Marder, Oberseite braun, Unterseite weiß und kurzer, brauner Schwanz. Winterkleid weiß.

Vorkommen In weiten Teilen Skandinaviens, von Tallagen bis ins Gebirge. In Wäldern und Landschaften mit Gebüschen und Hecken. Sonst ganz Europa.

Wissenswertes Mauswiesel sind auch tagsüber aktiv. Sie leben einzeln, können schnell rennen und gut schwimmen. Diese Kleinraubtiere ernähren sich insbesondere von Wühlmäusen.

3 **Nordamerikanischer Mink** oder **Nerz** Mink (N, S) *Mustela vison (Mustelidae)*

KR 35–40 cm G 500–900 g

Merkmale Einfarbig dunkelbraun, weißes Kinn, langer, brauner Schwanz.

Vorkommen In weiten Teilen Skandinaviens. Vom Tiefland bis in die Fjällregionen. An Gewässern. Sonst Europa, Nordamerika.

Wissenswertes Der Amerikanische Mink ist in Skandinavien wie in vielen Teilen Europas aus Pelztierfarmen entwichen und mittlerweile verwildert. In manchen Gebieten ist er schon häufiger als der **Fischotter** (s. u.), mit dem er sich den Lebensraum an Gewässern teilt. Er kann gut und lange tauchen. An Uferwänden gräbt er sich selbst eine Höhle mit einem Zugang über der Wasseroberfläche oder er nimmt als Lager vorgefundene Höhlen, hohle Bäume u. a. Verwechslungsgefahr besteht in Südschweden mit dem **Iltis** *(Putorius putorius)*, dessen Flanken heller sind und der eine weiße Gesichtsmaske hat. In Seevogelkolonien, die im relativ flachem Gelände liegen, z. B. Brutplätze der **Gryllteisten** (s. S. 186), können sie großen Schaden anrichten, da sie Eier und Küken fressen.

4 **Otter** oder **Fischotter** Oter (N) Utter (S) *Lutra lutra (Mustelidae)*

KR 62–83 cm G 6–16 kg

Merkmale Langer, schlanker, braungefärbter Körper. Flacher Kopf mit breiter Schnauze und sehr kleinen Ohren, langer, dickwurzeliger, runder Schwanz. Kurze Beine, an den Vorder- und den Hinterfüßen Schwimmhäute.

Vorkommen In weiten Teilen Skandinaviens, vom Flachland bis in höhere Lagen. An Gewässern und an der Küste. Sonst Europa, Asien, Nordamerika.

Wissenswertes Otter sind nicht nur nachts, sondern auch tagsüber aktiv. Mit etwas Glück bekommt man sie auch zu sehen oder hört ihr helles Pfeifen. Sie sind sehr verspielt, bewegen sich im leichten Galopp entlang den Ufern, klettern, machen Streifzüge ins Landesinnere, können aber auch ausgezeichnet schwimmen und bis zu 10 Minuten tauchen. Otter bauen sich Höhlen an der Uferböschung mit einem Unterwasserzugang und einem uferseitigen Luftrohr.

1

2

3

4

1 **Baummarder** Mår (N) Mård (S) *Martes martes (Mustelidae)*

KR 42–52 cm G 0,8–2,5 kg

Merkmale Schlanker, langer, brauner Körper, Kinn und Kehle weißgelb bis gelb, Ohren gerundet.

Vorkommen In weiten Teilen Skandinaviens bis in höhere Lagen, aber nicht in der Tundra. In Misch- und Nadelwäldern.

Wissenswertes Seine Nahrung besteht aus kleinen Waldsäugern und -vögeln. Als vorzüglicher Kletterer lebt er auch im hohen Geäst und in den Baumwipfeln. Hier stellt er Eichhörnchen nach, die er als ebenso guter Springer von Baum zu Baum verfolgt. Sein Lager befindet sich in Baumhöhlen, Felsspalten, alten Greifvogelhorsten oder Krähennestern und in Eichhörnchenkobeln.

2 **Vielfraß** Jerv (N) Järv (S) *Gulo gulo (Mustelidae)*

KR 70–90 cm G 15–35 kg

Merkmale Großer Marder, plumper Körper mit dunkelbraunem, zottigem Fell. Zwischen Rückenfell und Hinterbeinen wird sein Hinterteil von einer breiten, horizontal verlaufenden, gelbweißlichen Kruppenschabracke umgürtet. Kopf mit weißlicher Stirnbinde. Kurzer, bis 15 cm langer Schwanz.

Vorkommen In Mittel-, Ost- und Nordnorwegen, in West- und Nordwestschweden sowie in Mittel- und Nordfinnland. In der Subarktis, in den Fjällregionen und der Tundra. Sonst zirkumpolar.

Wissenswertes Der Vielfraß gehört wie **Braunbär, Luchs** und **Wolf** zu den „großen Vier“ in Skandinavien. Er ist extrem scheu, daher sieht man ihn fast nie. Im Verhältnis zu seiner Körpergröße ist der Vielfraß ein beachtliches Raubtier, das sogar Elchkälber und Rentiere reißen kann. Besonders im Winter folgt er den Rentierherden über weite Strecken und hat daher ein riesiges Jagdgebiet. Breite Fußsohlen verhindern, daß das recht schwere Tier tief in den Schnee einsinkt. Immer wieder kommt er in Konflikt mit Schaf- und Rentierhaltern.

3 **Luchs** Graupe (N) Lodjur (S) *Lynx lynx (Felidae)*

KR 80–130 cm G 18–45 kg

Merkmale Große, hochläufige Katze mit hellbraunem, schwach und auf dem Rücken nicht geflecktem Fell. Kopf mit Backenbart, an den Ohrspitzen mit schwarzen Haarpinseln. Stummelschwanz mit breitem, schwarzem Ende.

Vorkommen In Mittel- und Ostnorwegen, in West- und Nordwestschweden und in Mittelostfinnland. Im Gebirge.

Wissenswertes Diese größte europäische Wildkatzenart kommt nur noch in Restbeständen vor, in Skandinavien mit etwa 200 Tieren (Stand 1993). Der Lebensraum des Luchses liegt im schwer zugänglichen, hügeligen Gelände. Als Hauptbeute jagt er Hasen, außerdem Mäuse und Singvögel, gelegentlich reißt er Rentiere. Gewöhnlich schleicht er seine Beute am Boden an und überfällt sie im Sprung. Außerhalb der Paarungszeit streift er als Einzelgänger umher. Dickichte oder Erdhöhlen dienen ihm als Unterschlupf.

4 **Kegelrobbe** Havert (N) Gråsäl (S) *Halichoerus grypus (Phocidae)*

KR Männchen 2,1–3,3 m, Weibchen 1,8–2,2 m
G 125–290 kg

Merkmale Graues, dichtes, kurzhaariges Fell, beim Männchen meist helle Flecken auf dunklem Grund, beim Weibchen hingegen dunkle Flecken auf hellem Grund. Kopf mit gestreckter, kegelförmiger Schnauze (Name!), Oberkopf heller. Flossenförmige Gliedmaßen. Hinterflossen stets nach hinten gerichtet.

Vorkommen Entlang der gesamten Küste Norwegens und Südschwedens sowie an der schwedischen und finnischen Küste des Bottnischen Meerbusens. Sonst Nordatlantik.

Wissenswertes Bei Ebbe ruhen die Tiere auf kleinen Felsinseln vor den Küsten Skandinaviens. Sie bewegen sich an Land relativ unbeholfen, recken manchmal ihren Oberkörper hoch empor; ihr Element ist das Wasser. Sie können ausgezeichnet tief und lange tauchen. Verwechslungsgefahr besteht mit dem **Seehund** *(Phoca vitulina)*, der jedoch kleiner ist und nicht die vorgestreckte Schnauze aufweist.

1

2

3

4

1 Moschusochse Muskox (N) Myskoxe (S) *Ovibos moschatus (Bovidae)*

KR Männchen 2–2,45 m, Weibchen –1,9 m G Männchen 225–400 kg, Weibchen –110 kg

Merkmale Körper gedrungen, mit braunen bis schwarzbraunen, sehr dichten Grannenhaaren. Beide Geschlechter mit abwärts nach außen geschwungenem Gehörn.

Vorkommen Angesiedelt im Dovrefjell, von dort eingewandert in die Femundsmarka. Im Hochfjäll. Sonst zirkumpolar.

Wissenswertes Die feinen Wollhaare zwischen den langen Grannen bieten den Tieren optimalen Kälteschutz; so trotzen sie schlimmsten Schneestürmen. Die Jungtiere, denen das Deckhaar noch fehlt, bleiben im Körperschatten der Alten. Im Dovrefjell kamen sie bis zur letzten Eiszeit vor, sind aber nach dem Rückgang des Eises nicht wieder eingewandert. Den Grundstock der heutigen Population bildeten 23 Tiere, die in den 1950er Jahren aus Ostgrönland hier angesiedelt wurden.

2 Rothirsch Hjort (N) Kronhjort (S) *Cervus elaphus (Cervidae)*

KR 1,6–2,5 m G 160–220 kg

Merkmale Fell im Sommerkleid rotbraun, im Winter braungrau. Männchen mit kräftigem Stangengeweih.

Vorkommen Im Süden Skandinaviens. In Laubmischwäldern, gelegentlich auch in Nadelwäldern. Sonst in weiten Teilen Europas, häufig.

Wissenswertes Hirsche leben meist in Rudeln getrennt nach Geschlechtern. In der Brunft scharen ausgewachsene Männchen einen „Harem" um sich.

3 Reh Rådyr (N) Rådjur (S) *Capreolus capreolus (Cervidae)*

KR 0,95–1,35 m G 15–27 kg

Merkmale Kleinstes Schalenwild. Sommerkleid rotbraun, Winterkleid graubraun. Weiße Fläche (= Spiegel) um den nicht sichtbaren Schwanz. Männchen mit kleinem verzweigten Geweih, Weibchen ohne Geweih.

Vorkommen In Süd- und Mittelnorwegen, in Süd- und Mittelschweden. In lichtreichen Laubmischwäldern. Sonst Europa.

Wissenswertes Von Oktober bis Dezember wird das Geweih alljährlich oberhalb der „Rosenstöcke" abgestoßen. Die neue Geweihentwicklung erfolgt wie beim **Rothirsch** (s. o.) im Frühjahr.

4 Elch Elg (N) Älg (S) *Alces alces (Cervidae)*

KR 2–2,8 m G Männchen 400–530 kg, Weibchen 275–370 kg

Merkmale Größte Hirschart mit einer Schulterhöhe von 2,2 m. Fell grau- bis dunkelbraun. Ausgeprägter Schulterbuckel. Typisch die breite Oberlippe, Wamme am Kinn.

Vorkommen In weiten Teilen Skandinaviens und Finnlands, vom Tiefland bis in höhere Lagen. In sumpfigen (Bruch-)Wäldern und Mooren der Taiga, auch in der Tundra.

Wissenswertes Die Bullen setzen ihre mächtigen Schaufeln (–2 m Breite) während der Brunftzeit im Herbst bei der Verteidigung der Kühe gegenüber Rivalen ein; sie sind dann sehr aggressiv und greifen auch Menschen an; im Frühsommer verteidigen die Kühe ihren Nachwuchs vehement. Die im 19. Jahrhundert fast ausgestorbenen, heute aber häufigen Elche sind Dämmerungstiere und daher eine Gefahr für Autofahrer.

5 Ren Rein (N) Ren (S) *Rangifer tarandus (Cervidae)*

KR 1,8–2,1 m G 120–150 kg

Merkmale Fell hell- bis dunkelbraun, Winterkleid heller. Männchen mit unregelmäßig verzweigtem Geweih, Weibchen schwächeres Geweih.

Vorkommen In Mittel- bis Nordskandinavien und Finnland. Im Wald und in der Tundra. Sonst zirkumpolar in zwei Unterarten.

Wissenswertes Seit dem 16. Jahrhundert gibt es in Skandinavien Rentierhaltung. In Südnorwegen, z. B. auf der Hardangervidda, lebt noch das Wildren. Rentiere ernähren sich von Pflanzen, Beeren, Pilzen, aber auch von Lemmingen oder Jungvögeln. Ihre Hauptnahrung im Winter besteht aus Flechten (besonders **Rentierflechten**, s. S. 214).

1

2

3

4

5

1 **Sterntaucher** Smålom (N, S) *Gavia stellata (Gaviidae)*

L 53–61 cm

Merkmale Im Brutkleid durch kleineren Kopf und rostbraunen Halsfleck gut vom **Prachttaucher** (s. u.) zu unterscheiden. Rücken dunkelbraun und spärlich weiß gefleckt, leicht aufgeworfener Schnabel.

Vorkommen Zirkumpolar an allen nordischen Küstengewässern. Zur Brutzeit in Norwegen und Schweden ab dem 55. Breitengrad nach Norden, auch in Finnland bis zum 83. Breitengrad, in Grönland entlang der Küsten; bis ins Hochfjell. Auf Seen der Waldtaiga bis in die baumlose Tundra. Überwintert an den Küsten.

Wissenswertes Die Geschlechter sind gleich gefärbt. Die Tiere können ausgezeichnet tauchen und ernähren sich hauptsächlich von Fisch. An Land wirken sie unbeholfen. Ihre Beine und Füße sind zum Laufen kaum geeignet, da diese zum schnellen Schwimmen und Tauchen sehr weit am Körperende liegen.

2 **Prachttaucher** Storlom (N, S) *Gavia arctica (Gaviidae)*

L 58–69 cm

Merkmale Im Brutkleid kenntlich am grauen Kopf und Nacken, der schwarzen Kehle und den schmalen, weißen Streifen an Hals- und Brustseiten, weiße Querstreifen auf den Flügeldecken und gerader, schlanker, schwarzer Schnabel.

Vorkommen In Norwegen, Schweden und Finnland. An den Küsten und auf Seen im borealen Nadelwald bis zur baumlosen Tundra. Im Winter halten sie sich meist an Meeresküsten auf.

Wissenswertes Prachttaucher können bis zu 50 m tief tauchen (**Sterntaucher** s. o. –20 m Tiefe; Dauer bis 3 Minuten bei beiden Arten). Sie brüten auf größeren und tieferen Seen als Sterntaucher. Das Nest liegt am Uferstreifen oder auf kleinen Inseln. Seetaucher sind Nestflüchter, die Jungen werden von beiden Eltern rund 60 Tage betreut.

3 **Ohrentaucher** Horndykker (N) Svarthakedopping (S) *Podiceps auritus (Podicipidae)*

L –33 cm

Merkmale Im Brutkleid schwarzer Kopf und goldfarbene Ohrbüschel, rostroter Hals und ebensolche Flanken, Rücken dunkel. Im Ruhekleid ohne Ohrbüschel mit dunkler Kopfplatte und weißen Wangen.

Vorkommen Brutgebiet in Norwegen auf Gewässern nahe der Küste, fehlt im Süden und Südwesten sowie in den Skanden, in Schweden und Finnland auf Binnengewässern und entlang dem Bottnischen Meerbusen. Überwintern an der Süd- und der Westküste Norwegens sowie im Nord- und Ostseeraum.

Wissenswertes Ohrentaucher und **Zwergtaucher** (s. u.) gehören zu den Lappentauchern. Lappentaucher leben fast nur auf dem Wasser und fliegen selten. Sie unterscheiden sich von Enten durch den zugespitzten Schnabel und das schwanzlose Aussehen. Die Küken sind Nestflüchter und können sofort schwimmen, bleiben aber anfangs im warmen Gefieder der Altvögel, die sie auf dem Rücken mit sich führen.

4 **Zwergtaucher** Dvergdykker (N) Smådopping (S) *Podiceps ruficollis (Podicipidae)*

L –27 cm

Merkmale Zur Brutzeit überwiegend schwarzbraun, Unterseite heller als Oberseite, mit relativ kurzem, rotbraunem Hals und gelben Schnabelwinkeln. Im Ruhekleid viel heller.

Vorkommen Bruten vereinzelt im Süden Norwegens, vereinzelt in Finnland, reguläres Brutvorkommen nur in Süd- und Mittelschweden bis auf die Höhe von Stockholm. An Binnengewässern mit Verlandungszonen und an kleinen fließenden Gewässern. Überwintert im Süden.

Wissenswertes Zwergtaucher sind die kleinsten Lappentaucher. Zur Brutzeit hört man lautes helles Trillern. Beim Zwergtaucher singen beide Partner streng synchron einen „Duettgesang". Sie bauen für ihre Größe ein relativ umfangreiches und tiefes Nest, meist am Gewässerrand in dichter Vegetation. Das Gelege besteht aus fünf bis acht Eiern.

1

2

3

4

1 **Baßtölpel** Havsule (N) Havssula (S) *Sula bassana (Sulidae)*

L –91 cm

Merkmale Gänsegroßer, weißer Seevogel mit rahmfarbenem Kopf und schwarzen Flügelspitzen. Lange, schmale Flügel. Noch nicht geschlechtsreife Vögel sind scheckig schwarzbraun-weiß je nach Alter – je älter, desto heller wird der Vogel.

Vorkommen Ans Meer gebunden. Zur Brutzeit in Kolonien an Norwegens Steilküsten und vorgelagerten Inseln im Nordatlantik von Runde über die Lofoten/Vesterålen bis zur Varanger-Halbinsel. Auf Fischfang an der gesamten Küste.

Wissenswertes Baßtölpel brüten in großen, abgelegenen Kolonien mit bis zu 50.000 Paaren. Das Nest besteht aus Tang. Der Brutplatz wird verteidigt; das Territorium reicht soweit, wie der Vogel auf dem Nest sitzend hacken kann. Das Ei wird zwischen den Füßen erbrütet, das eine Junge in den ersten Tagen auf den Füßen gehudert. Jagdausflüge (teils mehr als 500 km Entfernung) dauern zwischen 3 Stunden und 3 Tagen; Fisch wird im Magen zum Nest transportiert. Beim Fischen zeigen Baßtölpel spektakuläres Stoßtauchen: Aus bis zu 30 m Höhe schießen sie senkrecht ins Wasser. Oft treten sie in Schwärmen auf und fischen gemeinsam.

2 **Krähenscharbe** Toppskarv (N, S) *Phalacrocorax aristoteles (Phalacrocoracidae)*

L –76 cm

Merkmale Überwiegend schwarz mit aufrichtbarer Federhaube, kleiner als **Kormoran** (s. u.). Je nach Lichteinfall schillert das dunkelgrün metallische Gefieder.

Vorkommen Entlang der gesamten norwegischen Küste außerhalb des Oslofjordes. Östlicher Nordatlantik, Mittelmeerraum, nicht in der Ostsee. Meeresküsten, Felsinseln.

Wissenswertes Krähenscharben und **Kormorane** sind nahe verwandt. Wie Kormorane sind sie Fischfresser. Sie jagen ihre Beute tauchend, dabei steuern sie mit dem Schwanz. Der kräftige Oberschnabel mit nach unten gebogenem Haken ist typisch für alle Kormoranverwandten und erlaubt das Festhalten des Fisches. Um das nasse Gefieder zu trocknen, stehen die Vögel in charakteristischer Positur mit halbausgebreiteten Flügeln auf Felsen. Anders als Kormorane bewohnen Krähenscharben ausschließlich Meeresküsten.

3 **Kormoran** Storskarv (N, S) *Phalacrocorax carbo (Phalacrocoracidae)*

L –91 cm

Merkmale Großer, schwärzlicher Wasservogel, leicht mit der **Krähenscharbe** (s. o.) zu verwechseln, jedoch etwas größer, außerdem Kinn und Wangen zur Brutzeit weiß. Keine Federhaube.

Vorkommen Entlang fast der gesamten norwegischen Felsküste sowie der Süd- und Südwestküste Schwedens mit Ausbreitung nach Norden, im östlichen Nordatlantik, an der Ostsee und Mittelmeerraum.

Wissenswertes Kormorane brüten in selbstgebauten Nestern kolonieweise auf Felsen oder auf Bäumen, manchmal in alten Hafenanlagen, auch im Binnenland an Flüssen und Seen.

4 **Eissturmvogel** Havhest (N) Stormfågel (S) *Fulmarus glacialis (Procellariidae)*

L –47 cm

Merkmale Möwenartiger weißer Vogel, aber ohne schwarze Flügelspitzen. Schnabel gelb, dick und kurz mit röhrenförmigen Nasenlöchern.

Vorkommen Kommt nur auf dem Meer vor, folgt Schiffen. Kolonieweises Brutvorkommen entlang der norwegischen Steilküste z. B. auf Runde (bei Ålesund).

Wissenswertes Die Vögel brüten in Felslöchern oder unter Grasbulten an Steilküsten und ziehen pro Jahr ein Junges groß. Wenn man sich dem Brutplatz nähert, spucken sie gegen den Eindringling ein öliges, stark nach Fisch riechendes Sekret aus dem Magen, mit dem sonst das Junge gefüttert wird. Am Brutplatz wirken die Tiere sehr unbeholfen **(4a)**. Da die Beine weit hinten am Körper stehen, können die Tiere schlecht landen und laufen. Über dem Meer segeln sie elegant ohne Flügelschlag **(4b)** wie die nahe verwandten **Albatrosse** (*Diomedea* spec.).

1

2

3

4a

4b

1 **Graureiher** Gråhegre (N) Gråhäger (S) *Ardea cinerea (Ardeidae)*

L –91 cm G –1,4 kg

Merkmale Storchengroßer Schreitvogel, überwiegend grau gefärbt, weißer Hals und Kopf mit breitem, schwarzem Streifen vom Auge bis zum herabhängenden Nackenschopf; langer, dolchartiger Schnabel.

Vorkommen In Norwegen bis etwa Tromsø, in Süd- und Mittelschweden, vereinzelt in Südfinnland, meist nur bis 500 Höhenmeter. Überwintert im Süden.

Wissenswertes Graureiher nisten kolonieweise in selbstgebauten Nestern auf Laub- oder Nadelbäumen, in baumlosen Regionen auf niedrigen Büschen oder auf dem Boden. Die Brutplätze können in beträchtlicher Entfernung vom Nahrungsrevier liegen. Zur Nahrungssuche fliegen sie manchmal auf Wiesen und Felder, meist stehen sie im flachen Wasser, um ihre Hauptbeute Fische zu fangen.

2 **Große Rohrdommel** Rørdrum (N) Rördrom (S) *Botaurus stellaris (Ardeidae)*

L –76 cm

Merkmale Großer, brauner Schilfvogel, Gefieder braun und schwarz gestreift, schwarze Kopfplatte und lange, grüne Beine.

Vorkommen In Süd- und Mittelschweden und in Südfinnland im Schilf- oder Röhrichtbestand an stehenden Gewässern oder Mooren. Zieht im Winter nach Süden zu eisfreien Gewässern. Sehr selten.

Wissenswertes Die Rohrdommeln sind Dämmerungsvögel. Sie leben einzeln und sehr versteckt im Schilf. Der Balzruf des Männchens klingt wie ein Nebelhorn. Das tiefe, dumpfe Dröhnen („prump“) ist im Frühjahr mehr als 5 km weit zu hören. Bei Gefahr zeigen sie die charakteristische Pfahlstellung: Sie richten sich steil auf, halten den Schnabel senkrecht hoch und verharren still.

3 **Höckerschwan** Knoppsvane (N) Knölsvan (S) *Cygnus olor (Anatidae)*

L –152 cm G –9,8 kg

Merkmale Großer, weißer Schwimmvogel mit langem, weißem Hals. Schnabel orange bis rot mit schwarzem Höcker am Schnabelgrund, Höcker beim Männchen im Frühjahr stärker ausgebildet.

Vorkommen In Südnorwegen entlang der Küste und um den Oslofjord, in Südschweden auch an Binnengewässern und der Küste entlang dem Bottnischen Meerbusen, in Mittelschweden und Südfinnland bis zum 63. Breitengrad. Sonst Europa, häufig.

Wissenswertes Höckerschwäne brüten an Süß- und Brackwasserseen manchmal in kleinen Kolonien; meist sind sie aber sehr territorial. Während das Weibchen fünf bis sieben Eier bebrütet, wacht das Männchen in Nestnähe. Bei Gefahr stellt es seine Flügel weit über dem Rücken auf und macht sich möglichst groß (Imponiergehabe). Die Jungen sind erst 120 Tage nach dem Schlüpfen selbständig. Höckerschwäne ernähren sich von Pflanzen. Wegen ihres Gewichtes benötigen sie zum Abfliegen von der Wasseroberfläche einen langen Anlauf. Unterstützt durch kräftiges, geräuschvolles Flügelschlagen laufen sie vor dem Abheben über das Wasser. Nach der Brutzeit sind Höckerschwäne wegen ihrer synchronen Schwingenmauser 42–56 Tage flugunfähig.

4 **Singschwan** Sangsvane (N) Sångsvan (S) *Cygnus cygnus (Anatidae)*

L –152 cm

Merkmale Ähnlich dem **Höckerschwan** (s. o.). Unterscheidungsmerkmal ist der zitronengelbe Schnabel mit schwarzer Spitze und der steil aufgereckte Hals.

Vorkommen An der Küste in Nordnorwegen, in Schweden außer in den Höhenlagen und in Finnland bis Ostsibirien in großen Mooren verbreitet. Skandinavische Vögel überwintern an den Südküsten.

Wissenswertes Das Brutgebiet der Singschwäne ist viel kleiner und weiter nach Norden verschoben als das der Höckerschwäne. Singschwäne sind ruffreudig. Beim Flug hört man ihr trompetenartiges Rufen. Verwechslungsgefahr besteht mit dem **Zwergschwan** *(Cygnus columbianus)*. Dieser ist jedoch kleiner und kurzhalsiger, der gelbe Fleck am Schnabelgrund ist weniger ausgedehnt.

1

2

3

4

1 **Kanadagans** Kanadagås (N, S) *Branta canadensis (Anatidae)*

L 91–100 cm G –5,6 kg

Merkmale Körper graubraun mit schwarzem Kopf und langem, schwarzen Hals, der sich scharf von der weißen Brust abhebt. Breiter, weißer Fleck von der Kehle bis zu den Wangen. Schnabel und Füße schwarz.

Vorkommen Brutgebiet an Seen in Süd- und Westnorwegen bis zum Polarkreis, in Süd- und Mittelschweden sowie Süd- und Mittelfinnland. Überwintert in Buchten an Nord- und Ostseeküste.

Wissenswertes Brutvogel in Nordamerika, der nach Europa eingeführt wurde und heute verwildert ist. 1933 erfolgte die erste Brut in Schweden. Außerhalb der Brutzeit sind Kanadagänse wie viele Gänse sehr gesellig. In der Morgendämmerung fliegen sie zu ihren Nahrungsgründen, z. B. auf Wiesen, Feldern oder Sumpfniederungen, um Sämereien und Pflanzenteile zu fressen. Nachts rasten sie auf Seen, z.B dem Tåkern. Ruhende Vögel haben 39,8 °C Körpertemperatur, bei Aktivität steigt sie bis auf 41,3 °C.

2 **Graugans** Grågås (N, S) *Anser anser (Anatidae)*

L 76–89 cm G –3,5 kg

Merkmale Gefieder grau, Kopf und Hals nicht dunkler getönt.

Vorkommen Entlang der Küste Norwegens bis zur Tundra, in Südschweden und -finnland sowie an der Küste des Bottnischen Meerbusens. An Küsten und Binnengewässern. Überwintert auf Wiesen und Feldern in Mitteleuropa.

Wissenswertes Verwechslungsgefahr besteht zu anderen „grauen" Gänsen (s. u.). Zehn bis einige 100 Graugans-Paare brüten oft eng benachbart an Küsten, Fjorden oder Binnenseen mit Verlandungszonen. Ein Gänsepaar bleibt in der Regel zeitlebens zusammen, wie der bekannte Verhaltensforscher Konrad Lorenz herausfand. Die Paarung findet auf dem Wasser statt. Gänseküken gehören zu den Nestflüchtern; sie verlassen das Nest kurz nach dem Schlüpfen, werden aber bis zur Selbständigkeit von den Eltern, hauptsächlich vom Weibchen, geführt.

3 **Saatgans** Sædgås (N) Sädgås (S) *Anser fabalis (Anatidae)*

L 71–89 cm

Merkmale Dunkler als die anderen „grauen" Gänse. Kopf und langer Hals gegenüber Körper dunkler grau. Schnabel lang und schwarz mit orangegelber Binde.

Vorkommen Brutgebiet in der Finnmark in Nordnorwegen, vom Jämtland bis Nordschweden, isoliertes Vorkommen in Dalarna, außerdem in Nord- und Mittelfinnland. In Taiga und Waldtundra. Überwintert in Buchten an Nord- und Ostsee, auch am Mittelmeer.

Wissenswertes Große Verwechslungsgefahr besteht mit der **Kurzschnabelgans** *(Anser brachyrhynchus)*. Nach der Brutzeit versammeln sich Saatgänse wie alle Gänse, um zu mausern; da sie alle Schwingenfedern gleichzeitig verlieren, sind sie 35–42 Tage lang flugunfähig. In dieser Zeit fallen manche Bodenfeinden, etwa Füchsen, zum Opfer.

4 **Zwerggans** Dverggås (N) Fjällgås (S) *Anser erythropus (Anatidae)*

L 53–56 cm

Merkmale Körper grau mit dunklen Flecken am Bauch. Schnabel kurz mit weißem Fleck am Schnabelgrund, gelber Augenring.

Vorkommen Brutgebiet in Nordskandinavien, auf kleinen Hügeln an Seen und Flüssen der Strauchtundra mit Birken und Weiden. Überwintert am Schwarzen und am Kaspischen Meer.

Wissenswertes Die Zwerggans ist viel kleiner als die ähnlich aussehende **Bläßgans** *(Anser albifrons)*. Wenn es im Herbst kälter und stürmischer wird, erwacht bei Gänsen der Wandertrieb. Die Zwerggänse ziehen dann aus den nordischen Brutgebieten nach Südosteuropa. Charakteristisch für alle Gänse ist bei weiten Flügen die energiesparende Keilformation. Ringsum kann noch Schnee liegen, wenn das Weibchen vier bis fünf Eier legt. Beide Eltern führen die Jungen etwa 5 Wochen bis zur Selbständigkeit.

1

2

3

4

1 **Brandgans** oder **Brandente** Gravand (N, S) *Tadorna tadorna (Anatidae)*

L –61 cm

Merkmale Gänsegroß, kontrastreich schwarz-weiß und rotbraun gefärbt. Kopf und Hals grünlichschwarz, Körper weiß mit breiter, rotbrauner Binde um den Vorderkörper. Schnabel rot.

Vorkommen Brutgebiete entlang der Küste Norwegens, Süd- und Mittelschwedens und Finnlands. An Meeresküsten mit Dünen oder Blockfeldern, an Brackwasserseen mit Uferhöhlen.

Wissenswertes Die Brandgänse nisten meist in Felsspalten und Kaninchenhöhlen. Das Gelege ist mit 7–15 Eiern sehr groß. Die Jungen werden auf dem Wasser von beiden Eltern betreut.

2 **Pfeifente** Brunnakke (N) Bläsand (S) *Anas penelope (Anatidae)*

L –46 cm

Merkmale Männchen zur Brutzeit mit rotbraunem Kopf und hellgelbem Scheitel, grauer Körper, rotbraune Brust. Im Flug großer, weißer Flügelfleck. Weibchen dunkel graubraun.

Vorkommen Brutgebiete in ganz Norwegen und Finnland, in Mittel- und Nordschweden, in Südschweden vereinzelt. An Seen und Sümpfen.

Wissenswertes Pfeifenten brüten z. B. im dichten Weidengestrüpp in Gewässernähe. Die Jungen sind Nestflüchter, werden aber 42 Tage lang von den Eltern versorgt. Außerhalb der Brutzeit treten Pfeifenten in großen Schwärmen auf.

3 **Krickente** Krikkand (N) Kricka (S) *Anas crecca (Anatidae)*

L –36 cm G 370–400 g

Merkmale Kleinste europäische Ente, mit grünem Flügelspiegel. Männchen zur Brutzeit brauner Kopf mit bogenförmigem grünen Augenfleck, Oberseite grau mit waagerechtem weißen Schulterstreif. Weibchen braun.

Vorkommen Brutgebiete in ganz Skandinavien, besonders in der Taiga, auf Waldseen.

Wissenswertes Das Nest wird mit Pflanzenmaterial ausgekleidet, die Auspolsterung erfolgt mit Moos und Dunen. Das Gelege von acht bis zehn Eiern wird etwa 3 Wochen allein vom Weibchen bebrütet, während sich das Männchen in der Nähe aufhält. Die Jungen sind nach 23 Tagen selbständig.

4 **Spießente** Stjertand (N) Stjärtand (S) *Anas acuta (Anatidae)*

L –56 cm G –1 kg

Merkmale Schlanke Schwimmente mit auffallend langem Hals. Männchen schokoladebrauner Kopf und Hals, weißer Halsstreif, Rücken grau und lange Schwanzspieße. Weibchen braun.

Vorkommen Brutgebiete in ganz Finnland, in geringer Zahl in Schweden und Norwegen. An Küsten, Brackwasserseen und Gewässern mit Verlandungszonen.

Wissenswertes Das Männchen läßt tiefes Pfeifen ertönen, das Weibchen nur ein Quaken. Bei Spießenten hat man fast 15.000 Konturfedern (Flug- und den Körper bedeckendes Kleingefieder) gezählt, 70% davon an Hals und Kopf.

5 **Löffelente** Skjeand (N) Skedand (S) *Anas clypeata (Anatidae)*

L –51 cm

Merkmale Charakteristisch der löffelartig verbreiterte Schnabel, Männchen zur Brutzeit mit grünem Kopf, rostfarbenem Bauch und Flanken, weißer Brust, blaugrauen Flügeldecken, Rücken schwarzweiß. Weibchen braun mit blaugrauen Flügeldecken.

Vorkommen Brutgebiete in Südschweden und an der Küste Mittel- und Nordschwedens sowie in Süd- und Mittelfinnland. Im Flachland, an Sümpfen und Binnenseen.

Wissenswertes Beim Fressen wird – typisch für Schwimmenten – der Schnabel im Wasser ständig leicht geöffnet und geschlossen. Mit der Zunge saugen sie Wasser ein, beim Schließen wird das Wasser ausgepreßt. Dabei bleiben Nahrungspartikel im Lamellengitter der Schnabelränder hängen.

1

2

3

4

5

1 **Reiherente** Toppand (N) Vigg (S) *Aythya fuligula (Anatidae)*

L –43 cm G 500–700 g

Merkmale Männchen blauschwarz schimmernder Kopf mit zur Brutzeit herabhängendem Federbusch am Hinterkopf, schwarze Oberseite, weißer Bauch, Weibchen braun, am Schnabelgrund weißer Strich.

Vorkommen In Norwegen bis etwa Tromsø, in Schweden und Finnland. Auf Seen und ruhig fließenden Gewässern im Flachland, auf Fjellseen, selten auf dem Meer.

Wissenswertes Reiherenten sind Tauchenten (bis zu 15 m Tiefe und 60 Sekunden Dauer); sie tauchen mit einem kräftigen Kopfsprung ab. Im Vergleich mit Schwimmenten (s. Tafel S. 167) liegen Tauchenten tiefer im Wasser.

2 **Tafelente** Taffeland (N) Brunand (S) *Aythya ferina (Anatidae)*

L –46 cm

Merkmale Männchen rotbrauner, langer Kopf mit flacher Stirn, grauer Körper und schwarze Brust. Weibchen braun.

Vorkommen In Süd- und Mittelschweden, entlang dem Bottnischen Meerbusen, in Südfinnland. Bis 800 m Höhe. Auf Brackwasserseen und Binnengewässern.

Wissenswertes Die Tafelenten dringen nicht so weit nach Norden wie die **Reiherente** (s. o.) vor. Sie bauen ein sorgfältiges, tiefes, oft gut unter Schilf verstecktes Nest. Das Weibchen bebrütet sieben bis zehn Eier gute 3 Wochen lang. Die Jungen sind Nestflüchter und werden 7–8 Wochen vom Weibchen betreut.

3 **Eisente** Havelle (N) Alfågel (S) *Clangula hyemalis (Anatidae)*

L Männchen –53 cm, Weibchen –41 cm

Merkmale Männchen im Sommer an Kopf, Hals und Seiten weiß, Wangen, Brust und Rücken dunkel, mit langem Schwanzspieß. Im Ruhekleid wie Foto.

Vorkommen In Nordfinnland, in Norwegen in der Tundra und im Hochfjell, auf Seen.

Wissenswertes Eisenten und **Eiderenten** (s. u.) sind als Meerenten hervorragende Taucher (Eisente bis 6 Minuten), die sich von Muscheln, Schnecken und anderen Weichtieren ernähren. Sie zählen mit zu den nördlichsten Brutvögeln. Da viele hochgelegene Seen bis Juni vereist sind, beginnen sie bereits mit der Brut, wenn im Fjell noch Schnee liegt.

4 **Schellente** Kvinand (N) Knipa (S) *Bucephala clangula (Anatidae)*

L –33 cm Sp –79 cm

Merkmale Männchen mit dickem grünschwarz schillerndem Kopf, Augen gelb, runder weißer Fleck an Schnabelbasis, Hals und Unterseite weiß, Rücken und Schwanz schwarz. Beim Weibchen Kopf braun, Körper grau und weißes Flügelfeld.

Vorkommen Brütet in Norwegen, Schweden und Finnland. Sommers in der Taiga und der Waldtundra an Seen, an Meeresküsten.

Wissenswertes Sie nisten stets in Höhlen, z. B. in alten Spechthöhlen, Kaninchenbauen oder in Nistkästen. Beim Balzen auf dem Wasser wirft das Männchen seinen Kopf weit nach hinten. Fliegende Vögel erzeugen durch Schwingenschläge auffallend pfeifende, schellende (Name!) Laute.

5 **Eiderente** Ærfugl (N) Ejder (S) *Somateria molissima (Anatidae)*

L –58 cm

Merkmale Große Ente mit langem, schwerem Körper und langem Kopf. Männchen Kopf weiß mit schwarzem Scheitel und moosgrünem Nacken, schwarzem Bauch und weißem Rücken, Brust rahmfarben, Vorderflügel weiß. Weibchen überwiegend braun.

Vorkommen In Norwegen, Schweden und Finnland in subarktischen und arktischen Regionen entlang der Meeresküsten.

Wissenswertes Vom Männchen unterscheidet sich der Erpel der **Prachteiderente** *(Somateria spectabilis)* durch einen grauen Scheitel und Nacken sowie den orangefarbigen Schnabelhöcker. Eiderenten gehören an Skandinaviens Küsten zu den häufigsten Enten.

1

2

3

4

5

1 Mittelsäger Siland (N) Småskrake (S) *Mergus serrator (Anatidae)*

L –58 cm

Merkmale Kleiner als der Gänsesäger, mit auffallender Doppelfederhaube. Männchen **(1b)** am Kopf grünschwarz mit breitem, weißem Halsband, dunkler Rücken, graue Flanken, braune Brust. Weibchen **(1a)** überwiegend grau mit braunem Kopf, weiße Kehl- und Halsfärbung gehen ineinander über.

Vorkommen In ganz Skandinavien, in Norwegen auch in der Tundra und bis auf 1.000 m Höhe, auf fischreichen Waldseen und an den Meeresküsten.

Wissenswertes Sie nisten meist am Boden in Heidevegetation und in Wassernähe, nehmen aber auch Nistkästen an. Das Weibchen brütet und versorgt die Jungen allein. Wie Gänsesäger- bringen Mittelsäger-Weibchen ihre Jungen durch Transport auf dem Rücken in Sicherheit und tauchen sogar mit ihnen.

2 Zwergsäger Lappfiskand (N) Salskrake (S) *Mergus albellus (Anatidae)*

L –41 cm

Merkmale Viel kleiner, entenartiger und kurzschnäbliger als die anderen Säger (s. o.). Männchen **(2a)** wirkt weiß mit schwarzer Zeichnung, auffallend schwarzer Augenfleck, schwarze Rückenmitte und graue Flanken. Im Flug schwarzweiße Flügel. Weibchen **(2b)** kleiner und grauer mit rotbrauner Kopfkappe, weißen Wangen und weißer Kehle, dem Männchen im Ruhekleid ähnlich.

Vorkommen Das Brutgebiet liegt im Norden von Norwegen, Schweden und Finnland, in der Taiga in der Nähe von Seen und Flüssen mit alten Bäumen. Überwintert an den Südküsten Norwegens und Schwedens sowie in Buchten der Nord- und der Ostsee.

Wissenswertes Zwergsäger brüten in Baumhöhlen in Wassernähe, nehmen auch Nistkästen an und bewohnen stille Gewässer in Nadelwäldern. Sie leben sehr versteckt. Das Weibchen legt auf den Höhlenboden sechs bis neun Eier. Die Jungen verbleiben die ersten Tage im Nest. Auf das Locken des Weibchens hin springen sie dann aus der Höhle und werden noch 10 Wochen lang, bis sie flugfähig sind, betreut. Die Männchen verlassen die Weibchen sogleich nach dem Schlüpfen der Jungen und suchen wie die Erpel der anderen Säger und vieler Enten ein regelrechtes Mauserquartier auf. Während der Schwingenmauser sind sie vorübergehend flugunfähig. Die Weibchen verlieren ihre Schwingen meist erst, wenn die Jungen selbständig sind.

3 Gänsesäger Laksand (N) Storskrake (S) *Mergus merganser (Anatidae)*

L –66 cm

Merkmale Charakteristisch der rote Schnabel, der Kopf mit Federhaube und der lange Körper. Männchen **(3b)** zur Brutzeit am Kopf grünschwarz, Brust und Hals weiß mit zartem Lachsrot (wahrscheinlich durch eingelagertes Carotin) überzogen, Rückenmitte schwarz. Weibchen **(3a)** am Kopf und Hals braun mit scharf abgesetzter weißer Kehle, Rücken und Flanken grau.

Vorkommen Brutgebiet in ganz Skandinavien bis auf die nördlichen Tundrengebiete, auf klaren Seen und Flüssen. Überwintert an den Südküsten Norwegens und Schwedens sowie an der Nord- und Ostseeküste.

Wissenswertes Wie alle Säger haben die Gänsesäger einen dünnen, langen Schnabel, der an den Rändern zahnähnlich gesägt ist. Gänsesäger jagen schnelle Fische, deren sie mit einem Entenschnabel nicht habhaft werden könnten. Sie zählen zu den Tauchenten (–15 m Tiefe), zeigen aber auch das Schwimmtauchen, wobei sie unter Wasser nach Fischen lugen, Rücken und Oberkopf aber noch aus dem Wasser herausschauen. Wie **Schellenten** (s. S. 168) brüten sie in Baumhöhlen und Spalten.

1a

1b

2a

2b

3a

3b

1 **Fischadler** Fiskeørn (N) Fiskgjuse (S) *Pandion haliaetus (Accipitridae)*

L 51–58 cm

Merkmale Unterscheidet sich von allen anderen Greifvögeln durch den Kontrast der dunklen Oberseite und der schneeweißen Unterseite mit dunklem Brustband **(1a)**. Weißer Kopf mit schwarzem Band durch das Auge bis zum Hinterkopf. Kopf mit kleiner Haube. Flügel lang, schmal und meist deutlich gewinkelt **(1b)**. Schwarzer Fleck an der Unterseite des Flügelbugs, Schwanz gebändert.

Vorkommen Brutgebiet in Teilen Norwegens, z. B. um den Oslofjord, um den Femundsee und im Borgefjell-Nationalpark, in Schweden und Finnland, beständig in Wassernähe von Binnenseen, großen Flüssen oder Meeresküsten. Überwintert in Afrika.

Wissenswertes Fischadler waren durch kaum abbaubare Pestizide (z. B. DDT) und Verfolgung bedroht; ihre Bestände haben sich in den letzten 20 Jahren jedoch wieder deutlich erholt. Etwa 90% der europäischen Brutpopulation lebt in Schweden, Finnland und Rußland. Die Vögel brüten in Europa meist recht versteckt, in Florida hingegen nehmen sie Brutplattformen in den Vorgärten der Häuser an. Dort wurden sie nie verfolgt. Spektakulär ist der Fischfang aus dem Sturzflug: Der Adler greift sich einen kurz unter der Wasseroberfläche stehenden Fisch und kann dabei für einen Moment ganz eintauchen; der Fisch wird beim Abtransport mit den Fängen festgehalten.

2 **Steinadler** Kongeørn (N) Kungsörn (S) *Aquila chrysaetos (Accipitridae)*

L 76–89 cm

Merkmale Sehr großer Adler. Altvogel überwiegend einfarbig braun mit goldgelber Tönung am Kopf und Nacken **(2a)**. Schwanz dunkel. Segelnder Flug **(2b)** mit wenigen Flügelschlägen, breit aufgebogenen Handschwingen und kaum gerundetem Schwanz. Junge Steinadler überwiegend dunkelbraun mit je einem helleren Flügelfleck auf der Unterseite, weißer Schwanz mit breiter, dunkler Endbinde.

Vorkommen In Norwegen entlang der Küste bis in die Skanden, in Mittelschweden ab Dalarna bis Schwedisch-Lappland sowie in Mittel- und Nordfinnland. An Steilwänden im Gebirge und an Felsküsten. Sonst Europa, selten.

Wissenswertes Sie legen in der Regel zwei Eier, ziehen aber meist nur ein Junges groß, weil ein zweites nicht überlebt; dieses wird vom Erstgeborenen verdrängt. Sie brüten in hohen Bäumen oder an Felswänden, das einzelne Paar besitzt ein großes Territorium. Hauptbeute sind Säugetiere bis Hasengröße, die Vögel fressen aber auch Aas. In Skandinavien nehmen die Bestände leicht zu. Anders als vogelfressende oder in etwas geringerem Maße fischverzehrende Greifvögel wurden säugetierjagende Greife nicht so stark von Pestiziden (u. a. DDT) beeinträchtigt. Beim Steinadler gab es immer menschliche Verfolgung und Habitatzerstörung; Beunruhigung durch Schaulustige gilt ebenfalls als wichtiger Negativfaktor.

3 **Seeadler** Havørn (N) Havsörn (S) *Haliaeetus albicilla (Accipitridae)*

L 69–91 cm

Merkmale Mächtiger braungefärbter Adler **(3a)**, Schnabel sehr kräftig und gelb, hellbrauner Kopf, unbefiederte Beine. Im Flug **(3b)** breite, brettartig ausgestreckte Flügel, deutlich hervorragender Kopf und kurzer, keilförmiger, weißer Schwanz. Jungvögel dunkler, mit braunem Schwanz und unregelmäßigen weißen Flecken.

Vorkommen Entlang nahezu der gesamten norwegischen Küste (ohne Oslofjord), an der schwedischen Ostküste und im Nordwesten Schwedens, außerdem an der finnischen Ostseeküste. An felsigen Meeresküsten und großen Binnengewässern mit hohen Bäumen.

Wissenswertes Seeadler ernähren sich von Fischen und Vögeln, nehmen aber auch Aas auf. Fische werden an der Wasseroberfläche gegriffen. Die Greife nisten in großen Bäumen, weit im Norden auch am Boden; an den Meeresküsten sind sie meist Felsbrüter. An der norwegischen Küste kommen sie zusammen mit **Steinadlern** (s. o.) vor. Bei den noch nicht geschlechtsreifen Vögeln von See- und Steinadler besteht Verwechslungsgefahr. Ein gutes Unterscheidungsmerkmal ist der längere, dunkle Schwanz des Steinadlers.

1a

1b

2a

2b

3a

3b

1 Moorschneehuhn Lirype (N) Dalripa (S) *Lagopus lagopus (Phasianidae)*

L –40 cm

Merkmale Gedrungener, kurzflügeliger Vogel mit kräftigem Schnabel, rotbraunem Gefieder und schwarzem Schwanz. Männchen zur Brutzeit über den Augen mit roten „Rosen" (Augenlidwülsten), Weibchen etwas heller mit dunklerer Zeichnung. Beide Geschlechter weiße Flügel. Im Winter rein weiß mit schwarzem Schwanz.

Vorkommen In Norwegen, Finnland, Mittel- und Nordschweden, in Moor- und Heidegebieten mit Birken und Weiden.

Wissenswertes Das Kennzeichen aller Rauhfußhühner sind die bis zu den Zehen befiederten Beine. Sie gehören zu den wenigen Vögeln, die im Norden überwintern. Sie graben Gänge unter dem Schnee, der sie wärmt, und fressen dort Pflanzentriebe. Die Population durchläuft meist Zyklen von 8–10 Jahren Dauer zwischen Höchst- und Tiefstand.

2 Alpenschneehuhn Fjellrype (N) Fjällripa (S) *Lagopus mutus (Phasianidae)*

L –36 cm

Merkmale Männchen im Brutkleid kleine, rote Lappen (Rosen) über den Augen; graubraune, stark gefleckte Oberseite und weiße Unterseite. Weibchen heller mit dunklerer Zeichnung. Beide Geschlechter weiße Flügel und schwarzen Schwanz, Läufe und Zehen befiedert.

Vorkommen In Nordfinnland, in Norwegen und Schweden entlang den Skanden und bis zur norwegischen Küste. In der Tundra, im Hochfjell, in Blockschutt und Hochmooren oberhalb der Baumgrenze.

Wissenswertes Die Arten dieser Familie leben ökologisch getrennt: Das Alpenschneehuhn bewohnt hohe Gebirgslagen, das Moorschneehuhn hingegen tiefere Lagen mit Fjellbirkenwäldern sowie Moor- und Heidegebieten; in den unteren Tallagen folgt das **Haselhuhn** *(Bonasa bonasia)*.

3 Auerhuhn Storfugl (N) Tjäder (S) *Tetrao urogallus (Phasianidae)*

L Männchen –86 cm, Weibchen –61cm

Merkmale Sehr großer, dunkel gefärbter, birkhuhnähnlicher Vogel mit rundem, fächerförmigem Schwanz. Männchen mit roten Rosen über dem Auge, schiefergraues Gefieder, Rücken braun. Weibchen unscheinbar braun, mit hellen Flecken und Bändern, mit rundem Schwanz und einem rostfarbenen Fleck an der Brust.

Vorkommen In Norwegen (ohne Arktis), in Schweden und Finnland, in fjellnahen Nadelwäldern mit dichtem Heidelbeerunterwuchs unterhalb der Fjellbirkenzone.

Wissenswertes Die Auerhuhnbalz im April gehört in den nordischen Wäldern zu den eindrucksvollsten Naturschauspielen. Der Balzgesang des Männchens klingt unheimlich „telac-telac", wird immer schneller und endet plötzlich mit dem Hauptschlag „titock". Dem folgt ein kratzendes Schleifen, wie beim Wetzen einer Sense. Den Gesang begleiten verschiedene Balzstellungen. Die Vögel nisten meist in urwaldähnlichen Nadelwäldern auf dem Boden. Heidelbeeren bilden eine wichtige Nahrung für Eltern und Junge.

4 Birkhuhn Orrfugl (N) Orre (S) *Lyrurus = Tetrao tetrix (Phasianidae)*

L Männchen –53 cm, Weibchen –41 cm

Merkmale Männchen **(4a)** mit blauschwarzem Gefieder und leierförmigem Schwanz, weiße Unterschwanzdecken und weiße Flügelbinde. Weibchen **(4b)** deutlich größer als **Moorschneehuhn** (s. o.). Beide Geschlechter mit scharlachroten „Rosen".

Vorkommen In ganz Skandinavien ähnlich dem **Auerhuhn** (s. o.). Im Gebirge an und oberhalb der Baumgrenze, in der offenen Landschaft der Hoch- und Heidemoore.

Wissenswertes Während Auerhühner Waldbewohner sind, leben Birkhühner in höheren Lagen und bevorzugen offene Biotope. Sie balzen im zeitigen Frühjahr, wenn noch Schnee liegt. Die Balz der Hähne erfolgt am frühen Morgen; mit aufgestelltem Schwanz und hängenden Flügeln schreiten sie mit kollernden Rufen durch die Arena, die von Weibchen umsäumt wird. Die Brutpflege übernimmt das Weibchen allein. Die Jungen sind Nestflüchter.

1

2

3

4a

4b

1 **Kranich** Trane (N) Trana (S) *Grus grus (Gruidae)*

L –115 cm Sp 180–250 cm G Männchen 5,1–6,1 kg, Weibchen 4,5–5,9 kg

Merkmale Schiefergrauer Körper, langer Hals, lange Beine, Gesicht und Kehle schwarz, roter Scheitel, weißer Streifen vom Auge zum Hals, über den Schwanz herabhängende Federn. Jungtiere Kopf und Körper braun, keine weiße Kopfzeichnung.

Vorkommen Brutgebiete in Mittelnorwegen z. B. der Hardangervidda und um den Femundsee, in Schweden, Finnland; in lichten Sumpf-, Bruch- und Birkenwäldern, auf feuchten Wiesen und Mooren. Überwintert in Frankreich, Spanien und Nordafrika.

Wissenswertes Kraniche sind monogam, das Paar bleibt meist zeitlebens zusammen. Der Kranichtanz dient der Paarbindung; alte Paare tanzen nur wenig. Sie brüten einzeln in abgelegenen Feuchtgebieten und Mooren (z. B. Store Mosse, s. S. 108). Beide Partner bauen ein etwa 80 cm großes Nest, das Weibchen legt im Mai zwei Eier. Nach 4 Wochen schlüpfen die winzigen Küken. Sie können schon am ersten Tag herumlaufen, werden aber im Familienverband 65–70 Tage versorgt. Geschlechtsreife erreichen Kraniche erst mit 4–6 Jahren. Außerhalb der Brutzeit treten die Vögel in Trupps auf.

2 **Austernfischer** Tjeld (N) Strandskata (S) *Haematopus ostralegus (Haematopodidae)*

L 40–57,5 cm

Merkmale Größerer, schwarzweißer Strandvogel mit langem, orangerotem Schnabel. Kopf, Brust und Oberseite schwarz, abgesetzt eine weiße Unterseite, rote Beine. Breite, weiße Flügelbinde, weißer Bürzel und im Flug schwarzweißer Schwanz.

Vorkommen An der norwegischen Küste, in Südschweden und Südfinnland, am Bottnischen Meerbusen. An Meeresküsten und Wiesen in Küstennähe, auf Inseln.

Wissenswertes Bei Ebbe können ganze Scharen von Austernfischern auf Sandbänken oder Inselchen rasten. Sie ernähren sich von kleinen Muscheln, Würmern, Insektenlarven, nur selten von Fisch. Oft stoßen sie beim Fliegen ein lautes „pikpikpik" aus. Austernfischer sind monogam, manche Paare verteidigen dasselbe Nestterritorium länger als 20 Jahre. Sie brüten einzeln. Im April/Mai legt das Weibchen zwei bis fünf Eier in eine Nestmulde am Boden.

3 **Säbelschnäbler** Avosett (N) Skärfläcka (S) *Recurvirostra avosetta (Recurvirostridae)*

L 42–45 cm G 225–397 g

Merkmale Unverkennbar der lange, schlanke, aufwärts gebogene Schnabel. Kontrastreiches, schwarzweißes Gefieder und lange, graublaue Beine.

Vorkommen Inselartige Verbreitung an der Südküste Schwedens, z. B. bei Falsterbo, auf Öland und auf Gotland. An Uferzonen von brackigen Gewässern und an Meeresküsten. Überwintert im westlichen und südlichen Europa.

Wissenswertes Die Vögel brüten in kleinen Kolonien an flachen Küsten. Bei der Nahrungssuche ist das Seitwärts-„Säbeln" mit dem Schnabel durch das Wasser charakteristisch. Sie ernähren sich von 4–15 mm langen marinen Weichtieren, Krebsen und Würmern oder von Pflanzenteilen.

4 **Bekassine** Enletbekkasin (N) Enkelbeckasin (S) *Gallinago gallinago (Scolopacidae)*

L 25–27 cm Sp 44–47 cm G 72–181 g

Merkmale Kleine Schnepfe mit auffallend langem, geradem Schnabel, Kopfscheitel schwarzbraun mit rahmfarbenem Längsstreif, deutlicher Überaugenstreif, rotbraun gefärbter Rücken, Außenkanten des Schwanzes mit wenig Weiß.

Vorkommen In Norwegen, Schweden und Finnland vom Süden bis zur Tundra. In Sümpfen und auf Feuchtwiesen.

Wissenswertes Charakteristisch ist der Zickzackflug, mit dem der Vogel beim Aufschrecken in die Höhe steigt, und der heisere, rätschende Ruf beim Auffliegen. Beim Balzflug zeigt er nahezu senkrechte Abstürze; durch Vibration der dabei weit gespreizten äußeren Schwanzfedern ertönt ein dumpfes, meckerndes Geräusch, weshalb die Bekassine gelegentlich auch „Himmelsziege" genannt wird.

1

2

3

4

1 **Kampfläufer** Brushane (N, S) *Philomachus pugnax* *(Scolopacidae)*

L Männchen 26–32 cm, Weibchen 20–25 cm, G Männchen 130–254 g, Weibchen 70–170 g

Merkmale Männchen im Brutkleid mit großer aufrichtbarer Krause und Ohrbüscheln in verschiedenen Farbvariationen mit Schwarz, Weiß und Braun. Rücken rostbraun, Bauch dunkel. Weibchen ohne Krause und Ohrbüschel, hellbraun.

Vorkommen Brutgebiete in Norwegen, Schweden und Finnland im Fjell und den Moorgebieten der Arktis und Subarktis. Überwintert in Südeuropa und Nordafrika.

Wissenswertes Bei Kampfläufern gibt es einen ausgeprägten Sexualdimorphismus: Der Hahn ist deutlich größer als die Henne. Im Frühjahr kämpfen mehrere Männchen mit ritualisierten Verhaltensweisen in der Arena an traditionellen Plätzen im Moor, die von Weibchen besucht wird. Nach Begattungen geht das Paar wieder auseinander. Gelege und Junge betreut das Weibchen alleine.

2 **Großbrachvogel** Storspove (N) Storspov (S) *Numenius arquata* *(Scolopacidae)*

L 50–60 cm Sp 80–100 cm G Männchen 4–10 kg, Weibchen 4,7–13,6 kg

Merkmale Größter europäischer Watvogel, Gefieder grau- bis gelbbraun dicht gestreift, sehr langer, abwärtsgebogener Schnabel, weißer Bürzel. Kopf ohne auffallende Zeichnung.

Vorkommen In Norwegen, Schweden sowie in Süd- und Mittelfinnland, Bruten im Gebirge selten. Auf Wiesen, in Feuchtgebieten und an Flußmündungen.

Wissenswertes Brachvögel brüten im offenen Gelände z. B. im Fjell oder im Moor. In eine flache Mulde werden drei bis fünf Eier gelegt. Kurz nach dem Schlüpfen verlassen die Jungen das Nest, werden aber von den Eltern noch 29–30 Tage gefüttert. Im Winter ziehen die skandinavischen Vögel südwärts. Ähnlichkeit besteht zum **Regenbrachvogel** *(Numenius phaeopus)*. Er ist aber kleiner, hat einen kürzeren, gebogenen Schnabel und ist am Kopf dunkel mit einem hellem Mittelstreif. Das Gefieder auf der Körperoberseite zeigt kontrastreichere Färbung.

3 **Rotschenkel** Rødstilk (N) Rödbena (S) *Tringa totanus* *(Scolopacidae)*

L 27–29 cm Sp 59–66 cm G 85–155 g

Merkmale Oberseite kräftig schwarzbraun und grau gezeichnet, langer Schnabel, rötlich mit schwarzer Spitze, lange rote Beine, Schwanz schwarzweiß gebändert. Unterseite dicht gestreift und gefleckt.

Vorkommen Norwegen, Süd- und Westschweden, Finnland; ausgenommen die borealen Nadelwälder Schwedens und Finnlands. Entlang der Küste in Feuchtwiesen und Mooren. Außerhalb der Brutzeit an der Küste.

Wissenswertes Das Nest ist eine tief ins Gras gedrückte Mulde, ausgekleidet mit trockenen Halmen. Umstehende Gräser werden zum Nest herangezogen, so daß man das Gelege aus drei bis fünf Eiern kaum erkennen kann. Kälte, besonders in Kombination mit Regen, senkt den Bruterfolg; Beutegreifer und auf das Gelege tretendes Vieh führt zu weiteren Verlusten. Häufig sieht man den Rotschenkel auffällig auf erhöhten Singwarten sitzen.

4 **Alpenstrandläufer** Myrsnipe (N) Kärrsnäppa (S) *Calidris alpina* *(Scolopacidae)*

L 16–22 cm Sp 33–40 cm G 33–85 g

Merkmale Im Sommer rostbrauner Rücken, schwarzer Bauchschild, Vorderbrust weiß und fein gestreift, langer Schnabel.

Vorkommen Brutgebiete in Norwegen, in Südschweden und Finnland an der Küste und entlang den Skanden. Meeresküsten, Flußmündungen und Feuchtgebieten in weiten Seggenmoore meist oberhalb der Baumgrenze, im Fjell und der Tundra.

Wissenswertes Sobald die etwa vier Jungen geschlüpft sind, verlassen sie das Nest. In den ersten Tagen werden sie noch vom Weibchen gehudert, während das Männchen in der Nähe wacht. Da die Jungen zunächst keine Thermoregulation haben, sinkt ihre Körpertemperatur an kalten, feuchten Tagen auf unter 30 °C ab. Sie wachsen dann langsamer und sterben häufiger, wenn die kalte Witterung anhält.

1

2

3

4

1 Odinshühnchen

Svømmesnipe (N) Smalnäbbad simsnäppa (S) *Phalaropus lobatus (Scolopacidae)*

L 18–19 cm Sp 31–34 cm G 20–48 g

Merkmale Zur Brutzeit Weibchen mit grauem Kopf, auffallend rostrotes Band an beiden Halsseiten und weiße Kehle; Männchen dagegen blasser gefärbt. Beide mit langem, nadelfeinem Schnabel.

Vorkommen Zur Brutzeit von Norwegen bis südwärts zur Hardangervidda und zum Dovrefjell, in Nordschweden und Nordfinnland in der Subarktis und Arktis vom Flachland bis auf 1.300 m. Auf Seen in der Tundra, im Hochfjell, in Mooren und Sümpfen. Außerhalb der Brutzeit an den Küsten.

Wissenswertes Odinshühnchen verschaffen sich ihre Nahrungstiere durch Kreiselschwimmen um die eigene Achse, dabei picken sie die hochschwimmenden Tiere auf. Sie brüten meist in kleinen Kolonien mit bis zu 50 Paaren. Die Odinshühnchen haben die Aufgaben bei der Brut ungewöhnlich verteilt: Das auffallend gefärbte Weibchen legt etwa vier Eier, verteidigt das Nestterritorium und ist polyandrisch, d. h. es produziert für mehr als ein Männchen ein Gelege. Das Männchen bebrütet die Eier 17–21 Tage lang und versorgt die Jungen noch 2 Wochen.

2 Große Raubmöwe oder Skua

Storjo (N) Storlabb (S) *Catharacta skua (Stercorariidae)*

L 53–58 cm Sp 132–140 cm G 1,1–1,7 kg

Merkmale Der große, gedrungene, möwenähnliche Körper mit kräftigem, hakenförmigem, schwarzem Schnabel, dunkelbraunem Gefieder und kurzem Schwanz. Flügel breit und rund, im Flug auffallende weiße Spiegel über den Handschwingenwurzeln.

Vorkommen Brutgebiet in Norwegen auf Runde und wohl in Nordwestnorwegen, auf kleine Areale begrenzt. Lockere, kleine Kolonien in Mooren an der Küste.

Wissenswertes Die Skua brütet erst seit Anfang der 80er Jahre auf Runde und breitet sich langsam aus. Sie ist Opportunistin und frißt alles, auch Aas oder Küken anderer Seevögel; sogar ausgewachsene **Papageitaucher** (*Fratercula arctica,* s. S. 186) oder **Dreizehenmöwen** (*Larus tridactyla,* s. S. 182) drückt sie unter Wasser, um sie zu töten. Ein Schauspiel bieten die Verfolgungsjagden: Die Skua stößt in der Luft auf andere Vögel und bedrängt sie solange, bis sie ihre Nahrung fallen lassen. Noch in der Luft schnappt die Raubmöwe die Brocken auf.

3 Schmarotzerraubmöwe

Tyvjo (N) Labb (S) *Stercorarius parasiticus (Stercorariidae)*

L 41–46 cm Sp 110–125 cm G 330–610 g

Merkmale Bei heller Phase **(3a)** Kopf mit schwarzem Scheitel, gelbweißen Wangen und Hals, dunkelbraune Ober- und weiße Unterseite; dunkle Phase **(3b)** einfarbig schwarzbraun. Intermediäre Form unterschiedlich braunweiß gefärbter Kopf, Bauch blaßbraun. Kennzeichnend am Schwanz die verlängerten, geraden und spitzen mittleren Steuerfedern.

Vorkommen Brutgebiet entlang der Küste Norwegens, vereinzelt am Bottnischen Meerbusen. In Kolonien an moorigen Küsten.

Wissenswertes Sie sind sehr territorial, jedes Paar in der Kolonie verteidigt sein Nest. Nähern sich Räuber, z. B. ein Fuchs oder ein Mensch, fliegen sie heftige Attacken und greifen in Sturzflügen an. Das Nest ist meist eine flache, ins Gras oder ins Heidekraut gedrehte Mulde. Ein bis zwei Junge verlassen das Nest schon 1–2 Tage nach dem Schlüpfen und drücken sich in der Vegetation. Beide Eltern versorgen die Jungen noch 24–27 Tage. Schmarotzerraubmöwen erinnern mit ihren wendigen Flugmanövern **(3c)** durchaus an Falken.

4 Falkenraubmöwe

Fjelljo (N) Fjällabb (S) *Stercorarius longicaudus (Stercorariidae)*

L 51–60 cm Sp 110–130 cm

Merkmale Sehr ähnlich der Schmarotzerraubmöwe (s. o.), aber mit sehr langen, spitzen Schwanzspießen.

Vorkommen Brutgebiete in Norwegen, Nordwestschweden und Nordfinnland. Entlang den Skanen im Fjell und in der Tundra.

Wissenswertes Die Zahl der Brutpaare fluktuiert mit der Hauptbeute, den Lemmingen (s. S. 88 f.). Ihr Flug ist seeschwalbenartig.

1

2

3a

3b

3c

4

1 Dreizehenmöwe Krykkje (N) Tretåig mås (S) *Rissa tridactyla* *(Laridae)*

L 38–40 cm Sp 91–97 cm G 305–512 g

Merkmale Kopf weiß mit schlankem, gelbem Schnabel und dunklen Augen mit rotem Augenring. Flügeldecken grau, dreieckige, schwarze Flügelspitzen, schwarze Beine.

Vorkommen Nur in Norwegen entlang den Küsten. Koloniebrüter an Felsinseln und steilen Klippen, außerhalb der Brutzeit weit draußen auf dem Meer.

Wissenswertes Sie bauen ihre napfförmigen Nester an Steilwänden in riesigen Kolonien mit Tausenden von Paaren (z. B. Store Ekkeroy, s. Kasten S. 90). In Vardø haben sie als Brutstätte sogar alte Fischkisten angenommen, die an einem Gebäude angebracht sind (s. S. 87). Die zwei, höchstens drei Jungen werden von beiden Eltern etwa 4 Wochen lang im Nest versorgt.

2 Sturmmöwe Fiskemåke (N) Fiskmås (S) *Larus canus* *(Laridae)*

L 40–46 cm Sp 110–125 cm G 290–350 g

Merkmale Mittelgroße Möwe mit weißem Kopf, grüngelbem Schnabel, hellgrauer Oberseite und schwarzweißen Flügelspitzen, weißem Schwanz und grüngelben Beinen.

Vorkommen In ganz Norwegen (bis auf 1.400 m Höhe), in Schweden und Finnland, in Kolonien und auch einzeln an den Meeresküsten und im Binnenland.

Wissenswertes Sturmmöwen ernähren sich sehr variabel von Insekten, Regenwürmern, Weichtieren, kleinen Fischen. Sie versuchen aber auch, mit akrobatischen Flugmanövern andere Vögel, die Fische im Schnabel tragen, so in Bedrängnis zu bringen, daß diese ihre Beute fallen lassen (Kleptoparasitismus); im Sturzflug können sie diese Nahrung meist noch in der Luft erhaschen. Die Sturmmöwe ähnelt stark der **Silbermöwe** *(Larus argentatus)*; diese ist aber viel größer und hat fleischfarbene Beine.

3 Mantelmöwe Svartbak (N) Havstrut (S) *Larus marinus* *(Laridae)*

L 68–79 cm Sp 152–167 cm G 1,4–2,3 kg

Merkmale Großer weißer Vogel mit dunklem Rücken, gelbem Schnabel mit rotem Schnabelpunkt und fleischfarbenen Beinen.

Vorkommen Brutgebiete entlang der Küste in Norwegen, Schweden und Finnland, aber auch im Binnenland auf Seen in Mooren oder im Fjell.

Wissenswertes Mantelmöwen brüten in kleinen Kolonien, bauen ihre Nester auf grasigen Inseln, am flachem Strand, Klippenspitzen oder in Mooren. Beide Partner bebrüten das Gelege aus zwei bis vier Eiern rund 4 Wochen. Die Jungen werden etwa 50 Tage von den Eltern gefüttert. Eine andere Großmöwe mit charakteristisch rotem Schnabelpunkt ist die **Silbermöwe** *(Larus argentatus)*. Verwechslungsgefahr besteht mit der kleineren, ansonsten gleich gefärbten **Heringsmöwe**, die aber gelbe Beine hat und hier in zwei Rassen vorkommt: in Südnorwegen die Rasse *Larus fuscus intermedius* mit schwarzgrauem Rücken, in Nordnorwegen, Schweden und Finnland die Rasse *Larus fuscus fuscus* mit schwarzem Rücken. Diese Möwen sind zirkumpolar verbreitet.

4 Lachmöwe Hettemåke (N) Skrattmås (S) *Larus ridibundus* *(Laridae)*

L 37–43 cm Sp 94–110 cm G 195–325 g

Merkmale Im Brutkleid mit schokoladenbraunem Kopf und einem schlanken, roten Schnabel; hellgrauer Rücken und schwarze Handschwingenspitzen, weißer Körper, rote Beine. Im Ruhekleid Kopf weiß mit schwarzer Zeichnung vor und hinter dem Auge.

Vorkommen In Norwegen, Schweden und Finnland bis auf die Gebirgsregionen der Skanden. In Kolonien an der Küste, auch im Binnenland auf Wiesen und Kiesstränden.

Wissenswertes Im Binnenland folgen sie oft dem Pflug. Die Nester, die häufig auf kleinen Bulten oder Grasbüscheln im See oder Sumpf gebaut werden, liegen in bis zu 10.000 Paaren umfassenden Kolonien etwa 1 m auseinander. Schwankende Wasserstände, Feinde wie der **Amerikanische Mink** (*Mustela vison*, s. S. 152), außerdem Trockenheit und Hitze am Ende der Brutperiode (Fehlen der als Kükennahrung wichtigen Regenwürmer) verringern den Bruterfolg.

1

2

3

4

1 **Brandseeschwalbe** Splitterne (N) Kentsk tärna (S) *Thalasseus sandvicensis (Sternidae)*

L 36–46 cm Sp 86–105 cm G 130–285 g

Merkmale Viel größer und heller getönt als die langschwänzige **Küstenseeschwalbe** (s. u.). Kennzeichnend lange Flügel, kurzer Gabelschwanz, langer, schwarzer Schnabel mit gelber Spitze und schwarze Beine. In Erregung werden die verlängerten schwarzen Hinterkopffedern gesträubt.

Vorkommen In Südnorwegen und -schweden verstreute Brutvorkommen an flachen Küsten. Überwintert in Westafrika.

Wissenswertes Sie brüten in Kolonien an flachen, sandigen, manchmal felsigen Stränden oder Inseln mit wenig Vegetation; das Gelege umfaßt zwei bis drei Eier. Die Jungen wiegen nach dem Schlupf 22–24 g. In einigen Kolonien führen die Eltern die Jungen mit 7–15 Tagen an den Strand, wo sie truppweise in „Kindergärten" zusammenstehen und nur von ein paar Erwachsenen bewacht werden. Mit 28–35 Tagen sind sie selbständig.

2 **Küstenseeschwalbe** Rødnebbterne (N) Silvertärna (S) *Sterna paradisaea (Sternidae)*

L 33–36 cm Sp 76–85 cm G 86–127 g

Merkmale Weißlicher, schlanker Vogel mit schwarzer Kopfkappe und bis zur Spitze blutrotem Schnabel. Im Sitzen überragen die Schwanzspieße die Flügelspitzen nur wenig.

Vorkommen Brutgebiete an der Küste Norwegens und Südschwedens, in Nordschweden und Nordfinnland im Binnenland und am Bottnischen Meerbusen. Flache Meeresküsten mit spärlicher Vegetation.

Wissenswertes Küstenseeschwalben sind die Weltrekordler unter den Langstreckenfliegern. Sie brüten auf der Nordkalotte bis in die arktische Tundra und ziehen im Herbst bis zu 30.000 km nach Süden, um im Südsommer der Antarktis zu überwintern. Wenn sie im Rüttelflug kleine Fische erspähen, stürzen sie aufs Wasser, um sie mit dem Schnabel aufzunehmen. Verwechslungsgefahr besteht mit der **Flußseeschwalbe** *(Sterna hirundo)*, die einen orangeroten Schnabel mit schwarzer Spitze hat.

3 **Zwergseeschwalbe** Dvergterne (N) Småtärna (S) *Sterna albifrons (Sternidae)*

L 22–28cm Sp 47–55 cm G 47–63 g

Merkmale Kleinste europäische Seeschwalbe mit weißer Stirn, schwarzem Scheitel und schwarzem Augenstreif, einem schwarzspitzigen, gelben Schnabel und gelben Beinen.

Vorkommen Brutgebiete in Südschweden und ein isoliertes Vorkommen an der Nordküste des Bottnischen Meerbusens um Haparanda, Kemi und Oulu. Überwintert in Westafrika.

Wissenswertes Sie fressen Fische und Krebstiere von 3–6 cm Größe sowie kleine Insekten. Bei der Nahrungssuche stoßtauchen sie, manchmal synchron in kleinen Trupps. Sie fliegen auch niedrig über das Wasser und nehmen Insekten von der Wasseroberfläche auf. Sie brüten an flachen Küsten mit Sandstrand und Dünen oder an vegetationsarmen Ufern um Brackwassertümpel. Störungen, z. B. durch zunehmenden Tourismus, reduzieren den Bruterfolg.

4 **Trauerseeschwalbe** Svartterne (N) Svarttärna (S) *Chlidonias niger (Sternidae)*

L 23–28 cm Sp 57–65 cm G 60–74 g

Merkmale Gänzlich schwarzgraues Brutkleid, ausgenommen die auffallend weißen Unterschwanzdecken. Im Ruhekleid mit grauer Ober- und weißer Unterseite. Schwarze Kopfkappe.

Vorkommen Brutgebiete verstreut in Südschweden an küstennahen Seen, beispielsweise am Hammarsjön und um den Mälarsee, in Süd- und Mittelfinnland nahe der Küste. Sumpfige Binnengewässer und brackige Küsten. Überwintert in Afrika. Sonst Europa, selten.

Wissenswertes Trauerseeschwalben nisten in verstreuten Kolonien mit bis zu 20, selten auch bis zu 100 Paaren und bauen Schwimmnester im Flachwasser. In kleinen Kolonien fallen die Jungvögel überdurchschnittlich häufig Feinden zum Opfer, weil die Altvögel schon früh das Nest verlassen; der Bruterfolg beträgt daher in der Regel nur 20–40%.

1

2

3

4

1 **Tordalk** Alke (N) Tordmule (S) *Alca torda (Alcidae)*

L 37–39 cm Sp 63–68 cm G 600–800 g

Merkmale Schwarzweiß gefärbte Vögel, kräftiger Schnabel mit auffallend weißer Querlinie, außerdem weißer Streif vom Auge bis zur Nasenhöhle.

Vorkommen An den Küsten Norwegens, Schwedens und Finnlands. Koloniebrüter an Klippen meist auf vorgelagerten Inseln. Außerhalb der Brutzeit auf dem Meer.

Wissenswertes Tordalken brüten in Kolonien auf breiten Felsbändern mit Felsüberhängen oft vergesellschaftet mit **Trottellummen** (s. u.). Innerhalb einer (Teil)kolonie brüten Tordalken (und Trottellummen) gleichzeitig. Diese Synchronisation minimiert die Gefahr des einzelnen Paares, Ei oder Junges durch Feinde wie Möwen u. a. zu verlieren. Die Jungen verlassen den Brutplatz nach 17 Tagen und werden auf dem Meer vom Männchen noch etwa 3 Wochen versorgt.

2 **Gryllteiste** Teist (N) Tobisgrissla (S) *Cepphus grylle (Alcidae)*

L –34 cm Sp 52–58 cm G 370–400 g

Merkmale Gefieder einfarbig schwarz mit scharf abgesetzten, weißen Flügelschildern, leuchtend rote Beine und Füße.

Vorkommen Brutgebiete an den Küsten Skandinaviens. Auf felsigen Inseln und an Meeresküsten lockere Kolonien. Außerhalb der Brutzeit in Küstennähe.

Wissenswertes Sie zeigen sich in der Brutplatzwahl sehr anpassungsfähig. Sie brüten in Felsspalten, aber auch in menschengemachten Strukturen wie Fischboxen oder Dachrinnen. Als einzige nordatlantische Alkenart ziehen sie zwei Junge groß. Brutzeit 34 Tage, Nestlingszeit 28–39 Tage, danach sind die Jungen unabhängig.

3 **Papageitaucher** Lunde (N) Lunnefågel (S) *Fratercula arctica (Alcidae)*

L 26–29 cm Sp 47–63 cm

Merkmale Kopf in Relation zum Körper groß, schwarz-gelb-rot gefärbter, massiver Schnabel mit gelben Hornplatten, Augenornamente und roter Augenring. Beine und Füße leuchten orange.

Vorkommen Brutgebiet nur in Norwegen z. B. auf Runde und den Lofoten/Vesterålen, hier insbesondere auf Røst. An Steilküsten auf vorgelagerten Inseln. Außerhalb der Brutzeit auf dem offenen Meer.

Wissenswertes Als Koloniebrüter bewohnen tausende Vögel an leicht geneigten Grashängen nebeneinander Höhlen, die sie meist selbst graben. Sie sind gesellig und stehen oft frühmorgens und abends am Kolonierand in Gruppen zusammen. Kehrt das Paar vom Fischfang zurück, schnäbeln sie zur Begrüßung. Im Juli halten sie 4–20 Fischchen (Sprotten, Sandaale oder kleine Heringe) hintereinander im Schnabel fest, verschwinden im Bau, um ihr einziges Junges zu füttern. Die Brutzeit beträgt etwa 40 Tage, die Nestlingszeit 38–53 Tage.

4 **Trottellumme** Lomvi (N) Sillgrissla (S) *Uria aalge (Alcidae)*

L –42 cm Sp 64–70 cm G 800–1.000 g

Merkmale Schwarzweiß gefärbte Vögel mit spitzem, schlankem, einfarbig schwarzem Schnabel. Es gibt zwei Farbvarianten: Lummen ohne und mit weißem Augenring (= Ringel- oder Brillenlummen).

Vorkommen Brutgebiete in West- und Nordnorwegen, vereinzelt in Schweden, z. B. auf Stora Karlsø bei Gotland. An Felsküsten. Außerhalb der Brutzeit über dem Meer.

Wissenswertes In dichten Kolonien stehen die Vögel fast in Körperkontakt nur 5 cm auseinander. Sie bauen kein Nest, sondern bebrüten ihr einziges kreiselförmiges Ei 32 Tage auf den Füßen. Das Junge verläßt nach 21 Tagen den Brutplatz. Es hat erst 25–30% der Größe und der Masse der Elternvögel, kann noch nicht fliegen und springt daher von der Klippe ins Meer (Lummensprung). Das Männchen hält dabei mit dem Küken Kontakt und versorgt das Junge noch weitere 53–70 Tage. Verwechslungsgefahr besteht mit der **Dickschnabellumme** *(Uria lomvia)*. Diese hat aber einen kürzeren, dickeren Schnabel mit weißlichem Streif am hinteren Oberschnabelrand. Sie kommt nur im hohen Norden vor, z. B. auf Hornøya vor der Varanger-Halbinsel.

1

2

3

4

1 **Uhu** Hubro (N) Berguv (S) *Bubo bubo* *(Strigidae)*

L 66–71 cm

Merkmale Größte europäische Eule, charakteristisch für alle Eulen der große Kopf mit nach vorne gerichteten, großen Augen, der krumme Schnabel und ein plattes Gesicht, in dem die kranzförmig angeordneten Federn einen „Schleier" bilden. Uhu hat orangefarbene Augen und auffallende Federohren, breitgestreifte, gelbbraune Brust und dunkelbraun gefleckte Oberseite.

Vorkommen In weiten Teilen Skandinaviens. Felsgelände und felsige Vorgebirge, in ausgedehnten Wäldern. Sonst Europa, Asien.

Wissenswertes Die Brutdichte in Skandinavien ist von der Häufigkeit kleiner Säuger, z. B. Hasen, im jeweiligen Sommer abhängig. Die Jagd erfolgt in der Morgen- und in der Abenddämmerung. Tagsüber rasten Uhus in Felsspalten, hohlen Bäumen oder sitzen aufrecht auf einem Ast nahe am Stamm.

2 **Waldohreule** Hornugle (N) Hornuggla (S) *Asio otus* *(Strigidae)*

L –36 cm

Merkmale Mittelgroße Eule mit gelbbrauner Oberseite und rostgelber Unterseite mit feiner Querbänderung. Vom rundköpfigen **Waldkauz** *(Asio otus)* durch eckigen Kopf, lange Federohren und orangefarbene (statt braunschwarze) Augen zu unterscheiden.

Vorkommen In Norwegen, Schweden und Finnland bis zum Polarkreis, in Nadel- und Laubmischwäldern mit Lichtungen.

Wissenswertes Die Vögel brüten in verlassenen Krähen- oder Elsternnestern oder in Baumhöhlen. Die Zahl der Brutpaare, die Gelegegröße und der Bruterfolg variieren alle 3–5 Jahre mit dem Lemmingzyklus (s. Tafel Seite 89). Außerhalb der Brutzeit leben sie meist in Trupps, haben gemeinsame Schlafplätze und ziehen in den kalten skandinavischen Wintern nach Süden. Sie fressen kleine Säuger, Vögel und Insekten. Wegen ihrer nächtlichen Lebensweise lassen sie sich nur schwer beobachten.

3 **Habichtskauz** Slagugle (N) Slaguggla (S) *Strix uralensis* *(Strigidae)*

L –61 cm

Merkmale Gräulichweißes Federkleid, breit dunkelbraun gestreift. Kopf rund, Gesichtsschleier ungezeichnet, keine Federohren. Augen relativ klein und schwarzbraun. Flügel und der relativ lange, gerundete Schwanz kräftig quergebändert.

Vorkommen In Südostnorwegen, Mittel- und Nordschweden sowie Süd- und Mittelfinnland. In Randlagen der Taigawälder.

Wissenswertes Habichtskäuze nisten in hohlen Bäumen, gelegentlich in alten, verlassenen Greifvogelhorsten und in Nistkästen. Da die moderne Forstwirtschaft Baumhöhlen und -stümpfe beseitigt, gewinnen Nistkästen für die Erhaltung der Art große Bedeutung. Habichtskäuze sind wie viele Eulen sehr wehrhaft und greifen auch menschliche Eindringlinge in Nestnähe an. In Schweden und Finnland leben Habichts- und **Waldkauz** *(Strix aluco)* im selben Gebiet, besetzen aber verschiedene Habitate: Der Habichtskauz bevorzugt Nadelwälder, der Waldkauz Laubmischwälder.

4 **Bartkauz** Lappugle (N) Lappuggla (S) *Strix nebulosa* *(Strigidae)*

L –68 cm

Merkmale Überwiegend graues Federkleid. Großer, runder Kopf ohne Federohren, Gesichtsschleier mit dunkler, konzentrischer Ringzeichnung, kleine, gelbe Augen, unter dem Schnabel schwarzer, bartähnlicher Fleck.

Vorkommen In Nordostschweden und Finnland in den Taigawäldern.

Wissenswertes Der Bartkauz ist etwas kleiner als der **Uhu** (s. o.), aber nur halb so schwer. Er kommt weiter im Norden vor als jede andere waldbewohnende Eulenart – bis zur nördlichen Waldgrenze – und nistet in alten Greifvogelhorsten. Die Brutdichte hängt stark vom Zyklus der Erd-, Rötel- und Waldspitzmäuse ab (s. Tafel S. 88/89). In guten Mäusejahren ziehen sie bis zu neun Junge groß, gewöhnlich werden nur vier bis fünf Eier gelegt. Im Winter harrt er im Norden aus. Mit seinem ausgezeichneten Gehör spürt er seine Beute selbst unter dem Schnee auf.

1

2

3

4

1 Dreizehenspecht Tretåspett (N) Tretåig hackspett (S) *Picoides tridactylus (Picidae)*

L –22 cm

Merkmale Oberseite nahezu schwarzes Gefieder mit grauweißer Rückenmitte vom Nacken bis zum Bürzel, Unterseite weiß und an den Flanken schwarz gebändert, Wangen schwarz, Männchen mit gelbem, Weibchen mit grauweißem Oberkopf.

Vorkommen In Skandinavien, fehlt in Südwestnorwegen und Südschweden. In Taiga- und Gebirgswäldern des Nordens.

Wissenswertes Ihre Füße haben nur drei Zehen (Name!); zwei Zehen sind nach vorne, eine nach hinten gerichtet. Von allen Spechten dringt er am weitesten nach Norden vor. Er zählt wie die **Ringdrossel** (*Turdus torquatus*, s. S. 198) zum arktisch-alpinen Verbreitungstyp. Dreizehenspechte ernähren sich von Baumsaft. Spiralförmig laufen sie um alte Fichtenstämme und hinterlassen dabei eine Löcherlinie.

2 Schwarzspecht Svartspett (N) Spillkråka (S) *Dryocopus martius (Picidae)*

L –46 cm

Merkmale Der größte europäische Specht (etwa krähengroß), Gefieder einfarbig schwarz, Männchen mit roter Kopfplatte, Weibchen hat nur roten Hinterhauptfleck.

Vorkommen In Süd- und Mittelnorwegen, in Schweden und Finnland vom Flachland bis in 600 m Höhe. In alten Laubmisch- und Nadelwäldern.

Wissenswertes Mit ihrem kräftigen Meißelschnabel zimmern sie in alten Bäumen sehr große Nisthöhlen mit längsovalem Eingang. Der kurze, steife Schwanz dient beim Baumklettern als Stütze. Da sie jedes Jahr eine neue Höhle bauen, können die alten von anderen großen Höhlenbrütern wie **Rauhfußkäuzen** *(Aegolius funereus)* oder **Schellenten** (*Bucephala clangula*, s. S. 168) angenommen werden, die nicht bauen. Im unteren Stammbereich meißeln sie senkrechte Löchern und Spalten, um an ihre Lieblingsmahlzeit, die Roßameisen, zu kommen. Ein Specht-Dorado ist der Skuleskogen-Nationalpark in Schweden (s. Tip S. 145).

3 Weißrückenspecht Hvitryggspett (N) Vitryggig hackspett (S) *Dendrocopos leucotos (Picidae)*

L –25 cm Sp 139–145 cm

Merkmale Größer als **Buntspecht** (s. u.), einfarbig schwarzer Rücken, schwarze Schultern und weißer Bürzel. Unterseite weiß mit auffallender schwarzer Streifung an den Körperseiten, rote Unterschwanzdecken. Flügel schwarzweiß gebändert. Männchen mit weißer Stirn und rotem Scheitel, Weibchen mit schwarzem Scheitel.

Vorkommen Vereinzelt in Süd- und Südwestnorwegen, in Mittelschweden sowie Süd- und Mittelfinnland. In Laubmischwäldern mit alten, morschen Bäumen.

Wissenswertes Bei der Nahrungssuche halten sie sich oft an Baumstümpfen auf. Mit kräftigen Schnabelschlägen tragen sie die Holzschicht ab, bis die Beute, z. B. Bockkäfer oder holzbohrende Larven, freigelegt ist. Nach einigen Hieben erfolgt stets ein kurzes Sichern der Umgebung.

4 Buntspecht Flaggspett (N) Större hackspett (S) *Dendrocopos major (Picidae)*

L –23 cm Sp –143 cm

Merkmale Gefieder schwarzweiß, auf der Oberseite große, weiße Schulterflecken, Unterseite ungestreift weiß und rote Unterschwanzdecken. Nur Männchen mit rotem Genickfleck.

Vorkommen In Skandinavien und Finnland, in Nadel- und Laubmischwäldern.

Wissenswertes Buntspechte erbeuten ihre Nahrung durch Ablesen von Stämmen (z. B. größere Insekten), durch Stochern (z. B. nach Ameisen), Hacken oder Spießen mit der verhornten Zungenspitze, die mit ihren 11–16 Borsten auf jeder Seite als Harpune dient. Koniferenzapfen und Nüsse werden mit dem Schnabel in „Spechtschmieden" bearbeitet; dabei wird der Zapfen in einen natürlichen Spalt, eine Astgabel oder sogar in eine selbstgehackte Nische gesteckt, um den Zapfen aufzuschuppen und an die Samen zu gelangen. Charakteristisch ist ihr Trommeln, insbesondere zu Beginn der Fortpflanzungszeit, um das Revier und die Nisthöhle anzuzeigen und einen Partner anzulocken.

1

2

3

4

1 **Neuntöter** Tornskate (N) Törnskata (S) *Lanius collurio (Laniidae)*

L –17 cm

Merkmale Männchen (rechts) hat kastanienbraunen Rücken, aschgrauen Scheitel, Nacken und Bürzel sowie einen dunklen Schwanz mit weißen Streifen an den vorderen Schwanzseiten. Schwarzer Gesichtsstreifen vom Schnabel bis hinters Auge, der beim Weibchen braun und nur undeutlich zu erkennen ist. Weibchen (links) oberseits rotbraun, Brust und Bauch gelblich mit braunen Wellenlinien. Hakenförmig gebogener Schnabel.

Vorkommen Brutgebiete in Südostnorwegen, in Südschweden und in Südfinnland. In flacheren, halboffenen Biotopen mit Buschgruppen. Überwintert in Afrika.

Wissenswertes Der Neuntöter erreicht in Skandinavien seine nördliche Verbreitungsgrenze. Starke Regenfälle wie in Westnorwegen und niedrige Temperaturen wie in den Fjellgebieten lassen eine Ansiedlung in diesen Regionen nicht zu. Hier kommt als weitere nördliche Art der überwiegend grau gefärbte **Raubrückenwürger** *(Lanius excubitor)* vor. Würger zeigen falkenartiges Verhalten: Sie gleiten und rütteln. Wenn sie an Hecken entlangjagen, stürzen sie sich oft von einer höheren Warte auf ihre Beute, meist Insekten. Größere Beute wie Kleinsäuger und Jungvögel spießen sie in Dornbüschen auf. Unverdauliche Nahrungsteile würgen sie wie Eulen und Falken als Speiballen wieder aus.

2 **Rotkehlpieper** Lappiplerke (N) Rödstrupig piplärka (S) *Anthus cervinus (Motacillidae)*

L –15 cm

Merkmale Im Brutkleid mit rostroter Kehle. Oberseite dunkler als beim **Wiesenpieper** (s. u.) mit kräftig gestreiftem Bürzel.

Vorkommen Brutgebiete in Nordskandinavien etwa ab dem Polarkreis in Subarktis und Arktis, im Birkenfjell und in der Strauchtundra. Überwintert in Nordafrika.

Wissenwertes Der Rotkehlpieper ist eine hochnordische Art, die im Weiden- und Birkengestrüpp der Fjells sowie in der feuchten Strauchtundra brütet. Sein Nest steht in Bodenvertiefungen oder im Gestrüpp. Die Weibchen legen fünf bis sechs Eier und beginnen ihr Brutgeschäft im Juni, nachdem der Schnee geschmolzen ist.

3 **Wiesenpieper** Heipiplerke (N) Ängspiplärka (S) *Anthus pratensis (Motacillidae)*

L –15 cm

Merkmale Ähnlich dem **Baumpieper** (s. u.), aber deutlich weiße Kehle, weniger gelbe Brust mit kleinen, dunklen Streifen, dunklere, olivfarbene Oberseite. Beine bräunlich.

Vorkommen Brutgebiete in ganz Norwegen, Schweden und Finnland bis 800–1.600 m Höhe, in der offenen, sumpfigen Landschaft von Moor, Fjell und Tundra. Außerhalb der Brutzeit an Meeresküsten.

Wissenswertes Sie brüten in offener Landschaft mit niedriger Vegetation, in der es nicht zu trocken ist. Die regenreichen Küstengebiete Norwegens und der Britischen Inseln sind daher am dichtesten besiedelt. Die Fluggeschwindigkeit der Wiesenpieper beträgt 53 km/h. Sie zählen zu den Kurzstreckenfliegern, daher sind ihre Flügel im Vergleich mit dem **Baumpieper**, einem Langstreckenzieher, kürzer und nicht so spitz.

4 **Baumpieper** Trepiplerke (N) Trädpiplärka (S) *Anthus trivialis (Motacillidae)*

L –15 cm

Merkmale Wie alle Pieper braungestreift mit weißen Schwanzkanten. Am Kopf gelber Überaugenstreif, gelbe Brust, Oberseite gelbbraun, Brust gelb mit kräftig schwarzen Streifen, Beine fleischfarben.

Vorkommen Brutgebiete in ganz Norwegen, Schweden und Finnland bis 2.300 m Höhe. Lichte Nadelwälder. Langstreckenzieher, überwintert in Afrika und Indien.

Wissenswertes Ihr Nest steht gut versteckt am Boden zwischen Zwergsträuchern oder unter Farnen in lichten Nadelwäldern. Für Pieper typisch ist der Singflug. Baumpieper singen laut und klangvoll oft von hohen Warten. Von dieser flattern sie in die Höhe, beginnen zu singen und lassen sich dabei fallschirmartig zu einem neuen Sitzplatz niedergleiten. Die exponierten Singwarten auf Bäumen dienen der Territorialverteidigung.

1

2

3

4

1 **Schafstelze** Gulerk (N) Gulärla (S) *Motacilla flava* *(Motacillidae)*

L –16,5 cm

Merkmale Schlanker, langschwänziger Vogel mit gelber Unterseite und olivgrünlichem Rücken. Unterarten unterscheiden sich in der Kopffärbung beim Männchen: *M. f. flava* hat grauen Kopf mit weißem Überaugenstreif, die Nordische Schafstelze *(M. f. thunbergi)* hat dunkelschiefergrauen Kopf, an Augen und um Ohrbereich schwarz.

Vorkommen Brutgebiete in ganz Skandinavien, von den Küsten bis ins Fjell, in Mooren, auf Wiesen, in Brackwassersümpfen. Überwintert in Afrika. Sonst Europa.

Wissenswertes Während im warmen, südlichen Teil Skandinaviens die Nominatform der Schafstelze vorkommt, schließt sich nach Norden das Brutgebiet der Nordischen Schafstelze an; sie ist bis in die Tundra von Nordnorwegen und den Fjells von Nordschweden und -finnland verbreitet.

2 **Gebirgsstelze** Vintererle (N) Forsärla (S) *Motacilla cinerea* *(Motacillidae)*

L 18 cm

Merkmale Gelbliche Unterseite wie **Schafstelze** (s. o.), aber blaugrauer Rücken und längerer, schwarzer Schwanz mit weißen, äußeren Steuerfedern. Beim Männchen im Brutkleid Kinn und Kehle schwarz (im Ruhekleid weiß), außerdem weißer Bart- und Überaugenstreif. Beim Weibchen Kinn und Kehle weiß, hellerer, olivfarbener Rücken.

Vorkommen Brutgebiete in Südostnorwegen, in Süd- und Nordwestschweden verstreute Populationen, vereinzelt in Finnland. Vom Flachland und bis ins Gebirge (2.000 m Höhe), an schnellfließenden Gewässern. Überwintert in Mittel- und Südeuropa.

Wissenswertes Gebirgsstelzen leben stets in Gewässernähe. Ihre Nester bauen sie in Halbhöhlen, Mauerlöchern oder Nischen aller Art. Die fünf bis sechs Eier werden etwa 14 Tage meist vom Weibchen bebrütet. Die Nestlingsdauer beträgt etwa 12 Tage, beide Eltern versorgen die Jungen.

3 **Seidenschwanz** Sidensvans (N, S) *Bombycilla garrulus* *(Bombycillidae)*

L –18 cm

Merkmale Unverkennbar durch die rötlichbraune Haube und den kurzen Schwanz mit gelber Spitze. Augenstreif und Kehlfleck schwarz. Oberseite kastanienbraun mit grauem Bürzel, Unterseite rötlichbraun.

Vorkommen In Nordschweden und –finnland, verstreut in Südschweden und Norwegen. In Waldtundra und Taigawäldern.

Wissenswertes Seidenschwänze legen Mitte bis Ende Juni vier bis sechs Eier. An der Jungenaufzucht beteiligen sich beide Eltern. Im Sommer jagen sie Insekten, im Herbst und Winter bilden Beeren die Hauptnahrung. In guten Beerenjahren bleiben sie über Winter nahe den Brutgebieten; in Jahren mit wenig Beeren und viel Schnee zeigen sie ausgeprägtes Wanderverhalten. Als Invasionsvogel ziehen sie dann in großer Zahl nach Süden bis nach Mitteleuropa.

4 **Wasseramsel** Fossekall (N) Strömstare (S) *Cinclus cinclus* *(Cinclidae)*

L –18 cm G –59 g

Merkmale Dicker, brauner, starengroßer Vogel mit kurzem Schwanz und auffallend weißer Brust. Skandinavische Wasseramseln haben einen dunkleren, schwarzbraunen Bauch. Geschlechter gleichgefärbt.

Vorkommen In ganz Norwegen, Schweden bis auf Nordostschweden und verstreut in Finnland. Vom Flachland bis ins Gebirge. An Flußläufen. Sonst Europa.

Wissenswertes Sie lebt an schnell fließenden, klaren Gebirgsbächen und Flüssen. Sie fliegt meist niedrig über der Wasseroberfläche und folgt dem Flußlauf. Auf Felsblöcken am Fluß ruht sie aus. Typisch ist ihr Knicksen. Zur Nahrungssuche taucht sie z. B. nach kleinen Krebsen; sie läuft dabei gegen die Strömung auf dem Flußgrund. Als Anpassung ans Tauchen hat sie ein besonders dichtes Federkleid von 4.600 Konturfedern (zum Vergleich: **Singdrossel** nur 3.300 Konturfedern), kräftige, relativ kurze Flügel und nur wenig pneumatisierte (mit Luftsackventrikeln durchzogene) Knochen. In der Brutsaison verhält sie sich streng territorial und bewohnt einen bestimmten Flußabschnitt.

1

2

3

4

1 **Dohle** Kaie (N) Kaja (S) *Corvus monedula (Corvidae)*

L –33 cm

Merkmale Schwarzer Vogel mit grauem Hinterkopf und Nacken, hellgrauem Hals, Stirn und Oberkopf sind aber schwarz.

Vorkommen In Norwegen verstreut, in Süd- und Ostschweden sowie in Süd- und Mittelfinnland. Fehlt im Gebirge und in der Tundra. Koloniebrüter, in lichten Wäldern mit alten Bäumen und an Gebäuden.

Wissenswertes Dohlen leben oft in der Nähe des Menschen. Ihre Brutplätze zeigen eine hohe Anpassungsfähigkeit; sie brüten in natürlichen Nistplätzen, z. B. an Steilküsten oder in höhlenreichen Bäumen, zumeist aber an Häusern oder anderen Bauwerken. Die Stimme der Dohle ist ein unverkennbares „kjack", erregt lärmen sie ein „kjacka-kjacka-kjack".

2 **Nebelkrähe** Kråke (N) Kråka (S) *Corvus corone cornix (Corvidae)*

L –47 cm

Merkmale Kopf, Flügel und Schwanz schwarz, grauer Rücken und überwiegend graue Unterseite.

Vorkommen In ganz Norwegen, Schweden und Finnland, vom Flachland bis ins Gebirge, in Wäldern und in der offenen Landschaft mit Bäumen.

Wissenswertes Bei der Nebelkrähe ist die Artenbildung noch im Fluß. Die Nebelkrähe ist die östliche Unterart der **Aaskrähe** *(Corvus corone)*, die **Rabenkrähe** *(Corvus corone corone)* die westliche Unterart. Die einfarbig mattschwarzen Rabenkrähen unterscheiden sich im Federkleid schon gut von den schwarzgrauen Nebelkrähen. Wo beide Unterarten in einem Gebiet zusammenleben, kommt es aber noch zu Bastardierungen.

3 **Kolkrabe** Ravn (N) Korp (S) *Corvus corax (Corvidae)*

L –63,5 cm Sp –120 cm G –1 kg

Merkmale Größter Rabenvogel mit klobigem, schwarzem Schnabel, charakteristisch der keilförmige Schwanz.

Vorkommen In Skandinavien und Finnland, von der Meeresküste bis ins Gebirge. In Nadelwäldern und in der Tundra.

Wissenswertes Kolkraben leben an Felsküsten und im Gebirge. Da sie sehr anpassungsfähig sind, bewohnen sie in Skandinavien auch die Strauchtundra. Sie nisten in Bäumen oder auf Felssimsen. Die Eiablage erfolgt schon sehr früh im Jahr (in Skandinavien Mitte März bis April), da die Brut ungewöhnlich lange dauert. Das Weibchen wird vom Männchen während der Bebrütung gefüttert. In den ersten 2 Wochen hudert das Weibchen die Jungen, während das Männchen allein die Nahrung herbeischafft. Danach füttern beide Elternteile. Die Jungen können erst 40–50 Tage nach dem Schlupf fliegen. Im Sommer patrouillieren Kolkraben regelmäßig an Seevogelkolonien entlang und „stehlen" Eier und Küken. Die Stimme der Kolkraben ist das charakteristische dunkle „krock".

4 **Tannenhäher** Nøttekråke (N) Nötkråka (S) *Nucifraga caryocatactes (Corvidae)*

L –32 cm

Merkmale Dunkelbrauner Vogel mit kräftig weiß getropften Flecken, Kopf mit dunkler Kappe und langem, kräftigem, schwärzlichem Schnabel. Auffallend weiße Unterschwanzdecken. Verhältnismäßig kurzer Schwanz.

Vorkommen In Südnorwegen, Südschweden und Südfinnland. In ausgedehnten Nadelwäldern und Mischwäldern mit hohem Nadelbaumanteil.

Wissenswertes In Skandinavien, seinem nördlichen Verbreitungsgebiet, kommt er bis in die Tieflagen vor, in Mitteleuropa dagegen ist er ein Gebirgsvogel. Tannenhäher bauen ein kompaktes Napfnest nahe am Stamm von Nadelbäumen. Oft sitzen sie auf der Baumspitze. Tannenhäher ziehen im Winter nicht weg, sondern sind typische Vorratssammler. Im Herbst tragen sie ihre Winternahrung, v. a. Arven- und Haselnüsse, zusammen; sie transportieren sie in Kehlsack und Schnabel über mehrere Kilometer und vergraben sie im Boden. Selbst unter einer geschlossenen Schneedecke finden Tannenhäher viele Verstecke wieder.

1

2

3

4

1 Rotsterniges Blaukehlchen

Blåstrupe (N) Blåhake (S) *Luscinia svecica svecica (Muscicapidae)*

L –14 cm

Merkmale Männchen im Brutkleid mit leuchtend blauem Kehlfleck. Skandinavische Rasse hat einen roten Fleck in der blauen Kehle. Weibchen weißlicher Kehlfleck mit schwarzer Begrenzung und dunklem Brustband. Beide Geschlechter haben braunen Rücken, weißlichen Bauch, braune Schwanzwurzel und rötliche äußere Schwanzfedern.

Vorkommen Brutgebiete in Norwegen, in Nordwestschweden entlang den Skanden und in Nordfinnland. Im Birkenfjell an Flüssen, in der Strauchtundra bis kurz oberhalb der Baumgrenze. Überwintert in Afrika und Südasien.

Wissenswertes Beim Blaukehlchen unterscheidet man die rotsternige, skandinavische Rasse und die weißsternige, mittel- und südeuropäische Rasse *(Luscinia svecica cyanecula)*. Besonders gut ist das Rotsternige Blaukehlchen in Fokstumyra (s. Tip S. 35) zu beobachten. Sein Gesang ahmt auch Gezwitscher anderer Arten nach. In Gestalt und Bewegung ähnelt es dem Rotkehlchen.

2 Rotkehlchen Rødstrupe (N) Rödhake (S) *Erithacus rubecula (Muscicapidae)*

L –14 cm

Merkmale Rundlicher Vogel. Kehle, Vorderbrust und Stirn ist bei beiden Geschlechtern (!) orangefarben. Oberseite olivfarben, Bauch weißlich.

Vorkommen Brutgebiete nahezu in ganz Skandinavien. Nicht verbreitet in der Tundra und oberhalb der Baumgrenze. In Wäldern, Parks und Heidegebieten Europas.

Wissenswertes Rotkehlchen bauen ihr Nest in Halbhöhlen, in Nischen oder gut versteckt am Boden und sind sehr territorial. Die Revierverteidigung erfolgt durch lauten Gesang wie bei vielen Singvögeln. Läßt sich der Eindringling davon nicht beeindrucken, plustert sich das Rotkehlchen auf und stellt seine rote Kehle und Brust zur Schau. **Blaukehlchen** (s. o.) reagieren ähnlich. Das Nahrungsspektrum der Rotkehlchen ist breit: Sie ernähren sich von Würmern und Insekten.

3 Gartenrotschwanz Rødstjert (N) Rödstjart (S) *Phoenicurus phoenicurus (Muscicapidae)*

L –14 cm

Merkmale Beim Männchen im Brutkleid Gesicht und Kehle schwarz, Stirn weiß, Oberseite schiefergrau, Brust, Flanken und Schwanz rostrot. Weibchen hat graubraunen Rücken, gelbbraunen Bauch und rötlichen Schwanz.

Vorkommen Brutgebiete in Norwegen außer in der Tundra, in Schweden und Finnland von der Küste bis auf 700 m Höhe. In lichten Wäldern, im Birkenfjell. Überwintert in Afrika. Sonst Europa.

Wissenswertes Ende April kommen sie aus den Überwinterungsgebieten bis nach Nordeuropa. Die Weibchen bauen ihr Nest in Baumhöhlen oder Steinmauern. Sie können auch alte Spechthöhlen beziehen. Das Gelege besteht aus fünf bis sieben Eiern, die Brutzeit bis zum Ausfliegen der Jungen dauert rund 4 Wochen.

4 Ringdrossel Ringrost (N) Ringtrast (S) *Turdus torquatus (Muscicapidae)*

L –24 cm

Merkmale Männchen einfarbig mattschwarzes Gefieder ähnlich der **Amsel** *(Turdus merula)*, aber mit unverkennbarem, breitem, weißem, halbmondförmigem Kropfband. Weibchen eher braun, mit schmalerem, mattem, weißlichem Kropfband.

Vorkommen Brutgebiete in ganz Norwegen, in Westschweden entlang den Skandenausläufern und vereinzelt in Nordfinnland ab etwa 300 m Höhe bis ins Gebirge. In Moor-, Heide- und Birkenfjellgebieten nahe und über der Baumgrenze, auch in lichten Nadelwäldern. Überwintert in Südfrankreich.

Wissenswertes Ringdrosseln zählen zum arktisch-alpinen Verbreitungstyp. In Mittel- und Westeuropa kommen sie nur in Hochgebirgen vor, denn im Gebirge sind die klimatischen Bedingungen ähnlich denen der nordischen Breiten. Sie bauen napfförmige Nester in niedrigen Büschen oder unmittelbar über dem Boden.

1

2

3

4

1 **Lapplandmeise** Lappmeis (N) Lappmes (S) *Parus cinctus (Paridae)*

L –13,5 cm

Merkmale Gesicht grauweiß mit schwarzem Kehllatz, Scheitel und Nacken dunkelbraun, Rücken bräunlich, Bauch grauweiß, Flanken rotbraun.

Vorkommen In Nordnorwegen, in West- und Nordschweden entlang den Skandenausläufern und in Nordfinnland. In Kiefern- und Fichtenwäldern und im Birkenfjell.

Wissenswertes Lapplandmeisen bevorzugen alte Nadelwälder. Modernes Forstmanagement (Fällen ganzer Waldteile, Beseitigung von Totholz usw.) reduziert ihre Nist- und Nahrungssuchmöglichkeiten.

2 **Weidenmeise** Granmeis (N) Talltita (S) *Parus montanus (Paridae)*

L –11,5 cm

Merkmale Die skandinavische Rasse *P. m. borealis* ist gegenüber der mitteleuropäischen heller und hat rein weiße Wangen. Dunkle Kopfkappe, schwarzer Kehlfleck, graubrauner Rücken, Brust und Bauch rahmfarben.

Vorkommen In Norwegen, Schweden und Finnland. In feuchten Mischwäldern, Taigawäldern und im Birkenfjell.

Wissenswertes Sie sind wie alle Meisen Höhlenbrüter und nehmen auch gerne Nistkästen an. Sie zeigen eine hohe Brutorttreue und bleiben oft über Winter im Gebiet; sie streifen dann in kleinen Trupps umher. Nur in Nordskandinavien ziehen sie im strengen Winter südwärts. Die Vögel sind an kalte Regionen gut angepaßt, denn sie betreiben Vorratshaltung. Außerdem senken sie ihre Körpertemperatur in Ruhephasen auf 32 °C ab (normale Körpertemperatur bei Vögeln etwa 40 °C).

3 **Haubenmeise** Toppmeis (N) Tofsmes (S) *Parus cristatus (Paridae)*

L –11,5 cm

Merkmale Typisch die schwarzweiß gesprenkelte Kopfhaube, Gesicht weißlich mit schwarzem Streif, schwarzer Kehllatz. Rücken graubraun, Bauch weißlich mit rahmfarbenen Flanken.

Vorkommen In Südnorwegen, Schweden, Süd- und Mittelfinnland. In Nadel- und in Mischwäldern.

Wissenswertes Sie nisten in Höhlen morscher Bäume. Während das Weibchen fünf bis neun Eier etwa 15 Tage bebrütet, wird es vom Männchen mit Nahrung versorgt. Die Nestlingsdauer beträgt rund 20 Tage.

4 **Bartmeise** Skjeggmeis (N) Skäggmes (S) *Panurus biarmicus (Muscicapidae)*

L –16,5 cm

Merkmale Langschwänzig, zimtbraune Oberseite und rötlichgraue Unterseite. Männchen mit aschgrauem Kopf und breitem, schwarzem Bartstreif. Weibchen mit bräunlichem Kopf ohne Bartstreif.

Vorkommen Brutgebiete verstreut in Südschweden nahe der Küste und in Mittelschweden, vereinzelt in Südnorwegen und -finnland. Im Röhricht- und Schilfbestand.

Wissenwertes Seit 1970 kommt es zur Arealausweitung der Bartmeisen nach Norden mit ersten Bruten in Norwegen und Finnland. Dies wird mit der allgemeinen Klimaerwärmung und den wärmeren Wintern erklärt.

5 **Beutelmeise** Pungmeis (N) Pungmes (S) *Remiz pendulinus (Remizidae)*

L –11 cm

Merkmale Schwarze Gesichtsmaske, sonst Kopf, Nacken und Kehle grauweiß, Rücken kastanienbraun, Bauch rahmfarben.

Vorkommen Brutgebiete in Südschweden und -finnland, kleine, verstreute Vorkommen an Gewässern.

Wissenswertes Beutelmeisen hängen ihre großen, kunstvollen, eiförmigen Nester an den äußersten Zweigspitzen auf. Die komplizierte Nestkonstruktion besitzt ein Dach und einen trichterförmigen Eingang. Die Brut der sechs bis sieben Eier und die Jungenaufzucht übernimmt das Weibchen allein. Das Männchen baut ein neues Nest und begattet ein weiteres Weibchen.

1

2

3

4

5

1 Haussperling Gråspurv (N) Gråsparv (S) *Passer domesticus (Ploceidae)*

L –15 cm G 25–30 g

Merkmale Kleiner, kräftiger, dickschnabeliger Vogel mit brauner, dunkellängsgefleckter Oberseite und grauweißer Unterseite. Männchen mit dunkelgrauem Scheitel, kastanienbraunem Nacken, schwarzer Kehle und weißen Wangen. Weibchen ohne schwarze Kehle, mit mattbraunem Scheitel.

Vorkommen Nahezu überall in Norwegen, Schweden und Finnland, von den Küsten bis auf 2.000 m Höhe. Im offenen Busch- und Fjellgelände sowie im Uferdickicht.

Wissenswertes Haussperlinge leben in der Nähe menschlicher Siedlungen und nisten in Höhlen oder Löchern von Gebäuden; die Nestmulde polstern sie mit Grashalmen oder Federn aus. Sie haben mehrere Bruten pro Jahr. Die Jungen werden mit Sämereien u. a. gefüttert. Der nahe verwandte, zierlichere **Feldsperling** *(Passer montanus)* unterscheidet sich vom Haussperling durch den braunen Scheitel und den schwarzen Fleck auf den weißen Ohrdecken. Außerdem sehen beide Geschlechter gleich aus.

2 Kleiber Spettmeis (N) Nötväcka (S) *Sitta europaea (Sittidae)*

L –14 cm

Merkmale Kopf mit graublauem Scheitel, kräftigem schwarzem Augenstreif, weißen Wangen und Kehle. Blaugraue Oberseite; skandinavische Rasse mit weißer, mitteleuropäische mit rahmfarbener Unterseite, kastanienbraune Flanken.

Vorkommen In Süd- und Westnorwegen, in Süd- und Mittelschweden. In alten Laub- und Mischwäldern oder Parks.

Wissenswertes Kleiber sind Höhlenbrüter; zu große Eingänge verengen sie mit Erde, die sie mit Speichel vermischen. Ende April bis Anfang Juni legen sie sechs bis acht Eier. Beide Eltern füttern die Jungen, danach tragen sie deren Kotballen im Schnabel nach draußen. Kleiber können im Gegensatz zu den meisten Baumkletterern auch kopfunter stammabwärts klettern, dabei nutzen sie den Schwanz nicht als Stütze.

3 Grünling Grønnfink (N) Grönfink (S) *Carduelis chloris (Fringillidae)*

L –15 cm

Merkmale Männchen mit grünem Rücken und gelbgrüner Unterseite, Gelb an Flügeln und Schwanz. Weibchen bräunlich. Kräftiger Körnerfresserschnabel.

Vorkommen In Norwegen, Schweden und Finnland bis zum 70. Breitengrad, von der Küste bis etwa 1.400 m Höhe. Am Waldrand und in offenem Buschgelände.

Wissenswertes Grünlinge bauen offene, napfförmige Nester in niedrigen Büschen und brüten in Skandinavien von Ende April bis Juni. Zu Beginn der Brutzeit zeigt das Männchen seinen fledermausartigen Balzflug, bei dem es kanarienvogelähnlich trillert und Lockrufe ertönen läßt, um ein Weibchen auf sich aufmerksam zu machen. Das Weibchen bebrütet das Gelege aus vier bis sechs Eiern allein und wird dabei vom Männchen mit Futter versorgt.

4 Erlenzeisig Grønsisik (N) Grönsiska (S) *Carduelis spinus (Fringillidae)*

L –12 cm

Merkmale Männchen gelbgrün mit schwarzem Scheitel und Kinn, gelber Streif hinter dem Auge, Rücken und Flanken braunschwarz gestreift. Weibchen grauer mit weniger Gelb, ohne Schwarz am Kopf.

Vorkommen Brutgebiete in Norwegen bis auf Finnmarksvidda und die nördlichen Küsten, in ganz Schweden und Finnland, von den Küsten bis ins Gebirge. In Fichten- und Lärchenwäldern. Überwintert zwischen Südskandinavien und Südeuropa.

Wissenswertes Sie bauen ihr Nest hoch auf Nadelbäumen, meist in den äußersten Zweigspitzen. In aufeinanderfolgenden Jahren kann der Brutplatz eines Individuums hunderte, das Winterquartier sogar tausende Kilometer entfernt liegen. Diese Wanderungen beruhen auf den zeitlich und räumlich stark schwankenden Samenerträgen; Erlenzeisige bevorzugen Birkensamen. In samenreichen Jahren brüten mehr Paare, sie beginnen auch früher zu brüten, so daß viele zwei Bruten aufziehen können.

1

2

3

4

1 **Berghänfling** Bergirisk (N) Vinterhämpling (S) *Carduelis flavirostris (Fringillidae)*

L –13 cm

Merkmale Bräunlicher Vogel mit braunschwarzen Streifen und hellerer Unterseite. Kehle gelbbraun. Bürzel beim Männchen leicht rötlich, beim Weibchen gelbbraun.

Vorkommen Brutgebiet in Norwegen bis auf die östlichen Skanden, in Schweden und Finnland vereinzelt, von den Küsten bis auf 2.000 m. In der offenen Landschaft der Moore, Fjells und der Tundra. Überwintert in der Türkei und im Kaukasusgebiet.

Wissenswertes Der Berghänfling ist dem **Hänfling** *(Carduelis cannabina)* sehr ähnlich, dessen Brust und Scheitel beim Männchen zur Brutzeit karminrot gefärbt sind. Berghänflinge nisten in kleinen Gesellschaften. Die Nester stehen meist nahe am Boden in hohem Heidekraut.

2 **Gimpel** oder **Dompfaff** Dompap (N) Domherre (S) *Pyrrhula pyrrhula (Fringillidae)*

L –15 cm G –29 g

Merkmale Plump, mit kräftigem Schnabel, Männchen auffallend, Wangen und Bauch rostrot, Oberseite grau, Kopfkappe, Kinn, Flügel und Schwanz schwarz, Flügelbinde und Bürzel weiß. Weibchen ähnlich, aber mit graubrauner Unterseite.

Vorkommen In Norwegen bis auf die Tundra und das Kahlfjell, in Schweden und Finnland, von den Küsten bis ins Gebirge. In unterwuchsreichen Nadelwäldern.

Wissenswertes Die nordeuropäische Rasse ist größer und leuchtender gefärbt als die britische oder die mitteleuropäische Rasse. Der kräftige Schnabel eignet sich hervorragend zum Öffnen von Baumsamen und harten Früchten. Die Zahl der Gimpel schwankt von Jahr zu Jahr mit dem Nahrungsangebot. Hiervon ist auch abhängig, ob die Vögel im Norden überwintern oder bei einem geringen Samenangebot nach Süden ziehen müssen.

3 **Kernbeißer** Kjernebiter (N) Stenknäck (S) *Coccothraustes coccothraustes (Fringillidae)*

L –18 cm G 50–60 g

Merkmale Starengroßer Finkenvogel mit kräftigem Schnabel. Männchen Kopf braun mit rotbraunem Scheitel und schwarzer Kehle, Rücken braun, Unterseite heller, Schwanz mit weißer Endbinde. Weibchen insgesamt blasser, Scheitel weniger rotbraun.

Vorkommen Brutgebiet in Norwegen an der Südküste und um den Oslofjord, in Südschweden und Südfinnland, vereinzelt am Bottnischen Meerbusen. In Laubmischwäldern, gelegentlich im Nadelwald.

Wissenswertes Im Süden Skandinaviens lebt der Kernbeißer an seiner nördlichen Verbreitungsgrenze, denn es gibt nur wenige Laubmischwälder. Kernbeißer brüten einzeln oder in kleinen Gruppen. Ein Paar zieht vier bis fünf Junge groß.

4 **Fichtenkreuzschnabel**

Grankorsnebb (N) Mindre korsnäbb (S) *Loxia curvirostra (Fringillidae)*

L –16,5 cm

Merkmale Charakteristisch die überkreuzten Schnabelspitzen. Männchen ziegelrot mit dunklen Flügeln und dunklem Schwanz. Weibchen olivgrün, Unterseite und Bürzel gelblich.

Vorkommen In Norwegen bis auf die Höhe von Bodø, in ganz Schweden und Finnland in feuchten Fichtenwäldern.

Wissenswertes Seine überkreuzten Schnabelspitzen sind hervorragend dazu geeignet, Samen aus Nadelholzzapfen herauszuziehen. Durch diese Nahrungsspezialisierung sind sie sehr vom Zapfenangebot abhängig und leben nomadisch. In reichen „Zapfenjahren" treten sie in großen Schwärmen auf; sobald das Futterangebot schlecht ist, müssen sie weiterziehen. Nach dem Nahrungsangebot richtet sich auch ihre Brutzeit. Gibt es ausreichend Samen, so findet die Eiablage schon Anfang Februar statt, wenn noch Schnee liegt. Die letzten Bruten im Jahr erfolgen noch im August/September. Dem Fichtenkreuzschnabel nahe verwandt ist der **Kiefernkreuzschnabel** *(Loxia pytyopsittacus)* mit einem höheren, kräftigeren Schnabel. Er nistet in Skandinavien und Finnland eher in Kiefern.

1

2

3

4

1 **Blindschleiche** Stålorm (N) Ormslå (S) *Anguis fragilis (Anguidae)*

L –50 cm, meist aber deutlich kleiner

Merkmale Glattschuppige, schlangenähnliche Eidechse ohne Beine. Der unversehrte Schwanz etwas länger als der Körper. Oberseite braun. Weibchen häufig mit Rückenstreif.

Vorkommen In Norwegen entlang der Küsten bis Alesund, in Schweden außerhalb der Skanden bis hinauf zum Bottnischen Meerbusen. In feuchten Heiden.

Wissenswertes Trotz ihres schlangenähnlichen Aussehens gehören sie zur Familie der Eidechsen! Sie leben meist im Verborgenen, sind dämmerungs- und nachtaktiv, haben aber auch Sonnenplätze, an denen sie Wärme tanken.

2 **Ringelnatter** Buorm (N) Vanlig snok (S) *Natrix natrix (Colubridae)*

L einschließlich Schwanz –200 cm, meist aber –120 cm

Merkmale Kopf deutlich abgesetzt, runde Pupille. Charakteristisch die gelben „Mondflecke", halbmondförmig am Hinterkopf, bei nördlichen Exemplaren oft kräftig gelb bis orange. Färbung sonst graubraun bis dunkelbraun mit oder ohne Flecken.

Vorkommen In Südskandinavien außerhalb der Gebirge. In Mooren, feuchten Wiesen und trockeneren Wäldern.

Wissenswertes Ringelnattern sind ungiftig und nicht gefährlich! Sie sind weitgehend tagaktiv. Sie können gut schwimmen und jagen zuweilen im Wasser. Ihre Nahrung besteht aus Kröten, Fröschen und Vögeln.

3 **Kreuzotter** Hoggorm (N) Huggorm (S) *Vipera berus (Viperidae)*

L –95 cm, meist aber nur –65 cm

Merkmale Dickrumpfige Viper mit flacher Schnauze. Meist entlang dem Rücken ein dunkles Zickzackband. Färbung von hellgrau bis dunkelbraun.

Vorkommen In Skandinavien, fehlt im äußersten Norden Norwegens. In Mooren, Heiden und im Fjell.

Wissenswertes Ottern oder Vipern haben bewegliche Giftzähne und sind die einzigen gefährlichen Giftschlangen Europas. Trotzdem besteht kein Grund zur Panik. Meist verstecken sie sich, da sie Bodenerschütterungen sehr gut wahrnehmen. Bisse müssen sofort ärztlich behandelt werden. Kreuzottern bewohnen sehr unterschiedliche Biotope wie Moore, Heiden, Lichtungen, Feldränder und Seemarschen. Sie ernähren sich von Wühlmäusen. Im Norden halten sie Winterruhe.

4 **Zauneidechse** Markfirfirsle (N) Sandödla (S) *Lacerta agilis (Lacertidae)*

KR –9 cm Schwanz 1,25–1,6 mal so lang

Merkmale Kurzbeinige, gedrungene Eidechse mit kurzem, niederen Kopf und deutlichem Band schmaler Schuppen in Rückenmitte. Männchen an den Flanken häufig grün. Weibchen einfarbig braun.

Vorkommen In Norwegen und Schweden nur südlich einer Linie Oslo-Uppsala. Trockene Biotope, an Steinmauern, sandige Heideflächen oder bewachsene Dünen.

Wissenswertes Die Zauneidechse ist eine wärmeliebende Art und sonnt sich an warmen Mittagen auf Steinhaufen oder Mauern. Wie alle Reptilien ist sie wechselwarm: Die Körpertemperatur ist von der Außentemperatur abhängig.

5 **Wald-** oder **Bergeidechse** Firfirsle (N) Ödla (S) *Lacerta vivipara (Lacertidae)*

KR –6,5 cm Schwanz 1,25–2 mal so lang

Merkmale Grundfärbung meist braun, grau oder oliv. Weibchen oft mit dunklem Rückenstreifen. Bei Männchen meist dunkle Flecken auf Rücken und Flanken. Kehle bei beiden weißlich bis bläulich, Bauch hell.

Vorkommen Feuchtgebiete.

Wissenswertes Als Anpassung an ihren nördlichen Lebensraum und das Hochgebirge (Alpen bis 3000 m !) bringt sie lebende Junge zur Welt – daher der Name „vivipara" (= lebendgebärend). Wie viele Eidechsen kann sie ihren Schwanz abstoßen, wenn sie z. B. von einem Vogel gepackt wird.

1

2

3

4

5

1 **Moorfrosch** Spissnutefrosk (N) Åkergroda (S) *Rana arvalis (Ranidae)*

L –8 cm

Merkmale Kräftiger Frosch mit kurzen Beinen, Rückendrüsenleisten und hellem Bauch. Moor- und **Grasfrosch** (s. u.) ähnlich variabel gefärbt **(1a)**. Unterscheidungsmerkmale: Moorfrosch hat spitzere Schnauze, Streifung auf dem Rücken und größere Fersenhöcker.

Vorkommen In Nordeuropa von Südnorwegen und östlich der Skanden in Schweden bis nach Nordfinnland. Meidet große Höhen. Sumpfige Biotope.

Wissenswertes Viele Amphibien scheiden ein giftiges Sekret aus, das sie für Freßfeinde unattraktiv machen soll. Dieses Gift kann Menschen kaum gefährlich werden; man sollte trotzdem keine Tiere in die Hand nehmen – und wenn doch, sich anschließend nicht in die Augen fassen. Der Moorfrosch bevorzugt deutlicher als der Grasfrosch feuchte Gebiete, pflanzt sich aber auch in temporären Gewässern fort. Die Männchen können zur Paarungszeit blau gefärbt sein **(1b)**.

2 **Grasfrosch** Vanleg frosk (N) Vanlig groda (S) *Rana temporaria (Ranidae)*

L –10 cm

Merkmale Oberseite grau, braun, rötlich, oliv oder gelblich. Oft eine umgekehrte V-Zeichnung zwischen den Schultern. Auf dem Rücken meist orangerote oder rote und schwarze Flecken. An den Flanken gefleckt oder marmoriert.

Vorkommen In Skandinavien bis etwa auf Höhe des Polarkreises.

Wissenswertes Im Herbst ziehen sich die Tiere zum Überwintern in den Schlamm am Grunde der Seen zurück. Im Frühjahr erscheinen sie in großer Zahl am Ufer, werden aktiv und paaren sich. Die Männchen quaken, um Weibchen anzulocken. Sie umklammern die ausgewählte Partnerin und fördern durch Preßbewegung die Eiablage; dabei legen sie ihre Spermien über die austretenden Eier. Oft gehen sie nur in der Paarungszeit ins Wasser und leben sonst weitgehend terrestrisch. Verwechslungsgefahr besteht mit dem **Moorfrosch** (s. o.).

3 **Erdkröte** Padde (N) Vanlig padda (S) *Bufo bufo (Bufonidae)*

L –15 cm

Merkmale Größte europäische Kröte, Weibchen größer als Männchen. Kräftig gebaut mit sehr warziger Haut und deutlichen Ohrdrüsen. Bräunlich, meist einheitlich gefärbt. Waagerechte Pupillen goldgelb bis kupferfarben. Keine äußeren Schallblasen.

Vorkommen In Skandinavien bis etwa zum Polarkreis. In vielfältigen, auch trockenen Lebensräumen.

Wissenswertes Erdkröten zählen zu den häufigsten europäischen Lurchen. Sie sind dämmerungs- oder nachtaktiv, tagsüber leben sie in einem Versteck. Einzelne Tiere wohnen oft über Jahre im selben Revier und haben bevorzugte Ruheplätze. Nach der Fortpflanzung kehren sie selten zum Wasser zurück, da ihre Haut nicht so leicht eintrocknet wie die der Frösche. Sie rufen nachts, oft hört man den Paarungs- oder den männlichen Befreiungsruf; dieser ist nötig, da sich die Geschlechtsgenossen in der Paarungszeit an alle etwa gleichgroßen Amphibien klammern.

4 **Kreuzkröte** Strandpadde (N) Stinkpadda (S) *Bufo calamita (Bufonidae)*

L 7–8 cm, höchstens 10 cm

Merkmale Grundfärbung meist braun, grau oder grün mit dunkleren Flecken. Robuste, kurzbeinige Kröte mit waagerechter Pupille und einem leuchtend gelben Streifen entlang der Rückenmitte. Iris silbrig bis golden. Kleiner als die **Erdkröte** (s. o.).

Vorkommen In Südschweden. In sandigen Gebieten und Dünen nahe bei Lagunen.

Wissenswertes Das Weibchen legt seine Eier in einer Doppelschnur – im Gegensatz zur **Erdkröte** (s. o.), die nur eine Laichschnur ausstößt. Kurz nach Sonnenuntergang beginnen sie zu rufen, oft gemeinsam im Chor. Bei Gefahr rennen sie eher, als das sie hüpfen; auch pumpen sie ihren Körper auf und heben das Hinterteil, um möglichst groß zu erscheinen.

1a

1b

2

3

4

1 **Hirschkäfer** Eikehjort (N) Ekoxe (S) *Lucanus cervus (Lucanidae)*

L Männchen –75 mm, Weibchen 30–45 mm

Merkmale Männchen größter Käfer Europas mit mächtigen Oberkieferzangen. Weibchen nur halb so groß, beide mit schwarzbraunem Chitinpanzer.

Vorkommen Nur in Südskandinavien. Ausschließlich in Laubwäldern.

Wissenswertes Die Oberkieferzangen dienen den Männchen als Waffen beim Kampf um die Weibchen. Die Entwicklung eines Käfers dauert 5 Jahre. Die Larve wächst auf etwa 10 cm Länge, bevor sie sich verpuppt. Die Imago überwintert in altem Holz. Erst im darauffolgenden Juni/Juli sieht man sie im Freien. Als Nahrung dienen süße, gärende Eichensäfte.

2 **Großer Eichenbockkäfer** Eikebukk (N) Större ekbock (S) *Cerambyx cerdo (Cerambycidae)*

L 24–53 mm

Merkmale Schwarzbrauner Chitinpanzer. Die 30–60 mm langen, nach hinten gerichteten Fühler überragen den Hinterleib.

Vorkommen In Südschweden.

Wissenswertes Der Eichenbock ist ein ausgeprägter Spezialist, der ausschließlich Biotope mit Alteichen besiedelt. Die Entwicklung von der Larve zum Käfer dauert 5 Jahre. Die ausgewachsene, 7–9 cm lange Larve hinterläßt im Eichenstamm markante, fingerbreite, gut sichtbare Fraßgänge. Den Käfer bekommt man kaum zu sehen, denn er fliegt nur in der Dämmerung und nachts.

3 **Blauflügel-Prachtlibelle**

Blåvinget vann-nymfe (N) Blå jungfrusländа (S) *Calopteryx virgo (Calopterygidae)*

L 5 cm Sp 7 cm

Merkmale Männchen mit blaugrünen, glänzenden Flügeln und einem bläulich gefärbten Körper. Weibchen grünlich mit hellbraun transparenten Flügeln.

Vorkommen In Norwegen und Schweden, auf die südlichen Landesteile beschränkt. An Bächen mit klarem Wasser.

Wissenswertes (3) zeigt das charakteristische Paarungsrad. Das Weibchen legt etwa 300 Eier ins Gewebe verschiedener Wasserpflanzen wie Pfeilkraut oder Igelkolben. Die Larven (ohne Flügel und Geschlechtsorgane) leben im Wasser und wachsen über mehrere Jahre (je nach Wassertemperatur und Nahrungsangebot) zur Nymphe (= ausgewachsene Larve) heran. Diese kommt ans Ufer, klammert sich an einen Pflanzenstengel, und nach einiger Zeit schlüpft die Imago, die vollentwickelte Libelle.

4 **Vierfleck** Firflekklibelle (N) Fyrfläckad trollslända (S) *Libellula quadrimaculata (Libellulidae)*

L 4–5 cm Sp 7–8,5 cm

Merkmale Eindeutig erkennbar an den vier Flecken auf den Flügeln (Name!).

Vorkommen In Süd- und Mittelskandinavien. An Seen in Schilfzonen und auf Uferwiesen. Sonst Europa, Vorderasien, Amerika.

Wissenswertes Der Vierfleck gehört zu den häufigsten Libellen Europas. Er ist eine Segellibelle, die immer mit ausgebreiteten Flügeln auf einer Ansitzwarte ruht. Der Vierfleck kommt zwischen Mai und August an stehenden Gewässern vor. Das Weibchen legt seine Eier frei ins Wasser ab; die Larven brauchen 2 Jahre für ihre Entwicklung.

5 **Trauermantel** Sørgekåpe (N) Sorgmantel (S) *Nymphalis antiopa (Nymphalidae)*

Sp 60–70 mm

Merkmale Unverwechselbar: Grundfärbung dunkel purpurbraun mit breitem, cremegelbem Rand. Nach innen zu eine Reihe blauer Flecken. Beide Geschlechter gleich gefärbt.

Vorkommen In Skandinavien bis zum Nordkap. Vom Tiefland bis auf 2.000 m Höhe. In Auen, buschbestandenem Gelände und lichten Wäldern. In Skandinavien häufig.

Wissenswertes Im Mai kommt er aus seinem Winterversteck und flattert an Flußufern oder sonnigen Waldrändern. Die Raupen leben gesellig an Birken und Weiden, verpuppen sich, schlüpfen als Schmetterling im August und fliegen bis zum Überwintern.

1

2

3

4

5

1 **Birkenpilz** Brunskrubb (N) Björksoppen (S) *Boletus scaber (Boletaceae)*

Hut 5–15 cm Juli–Sept.

Merkmale Hut gewölbt, filzig-glatt, später klebrig, matt graubraun bis dunkel nußbraun. Röhren anfangs blaßgrau, später braungrau-oliv. Stiel 8–17 cm lang, 1–3 cm dick, etwas gefurcht, mit weißgrauen bis blaßbraunen Schuppen.

Vorkommen In weiten Teilen Skandinaviens und Nordfinnlands, in Birkenwäldern, -mooren und auf Zwergstrauchheiden.

Wissenswertes Die Röhrlinge sind meist gute Speisepilze. Ausnahmen sind der giftige **Satanspilz** *(Boletus satanas)* und der **Netzstielige Hexenröhrling** *(Boletus luridus)*, die beide in humusreichen Laubwäldern vorkommen. Wegen der stets gegebenen Verwechslungsgefahr und des noch immer vorhandenen radioaktiven Cäsiums von der Tschernobyl-Katastrophe sollten Pilze nicht gesammelt werden. Die hier gezeigten Hutpilzarten **(1) (2) (4)** halten mit ihrem Pilzgeflecht im Boden – dem Mycel, dem eigentlichen Pilz – meist Verbindung zu Pflanzenwurzeln. So kommen Birkenpilze eben in der Nähe von Birken vor, weil sie mit denen in einer Art Lebensgemeinschaft (Symbiose) stehen.

2 **Heide-Rotkappe** Rødskrubb (N) Tegelsopp (S) *Boletus testaceo-scabrum (Boletaceae)*

Hut 4–15 cm Juli–Sept.

Merkmale Hut zunächst halbkugelförmig, jung am Stiel anliegend, später gewölbt, zuletzt polsterförmig. Oberfläche feinfilzig, lederartig-glatt, gelb bis rötlich orange, später auch verblassend bis gelblich oder braun. Röhren anfangs hell, später gelblichbraun. Stiel 8–17 cm lang, 2–7 cm dick, auf gräulicher Unterlage schwarz-schuppig. Eßbar.

Vorkommen In weiten Teilen Skandinaviens und Nordfinnlands, überwiegend in Birkenwäldern, auch unter Espen und auf Zwergstrauchheiden.

Wissenswertes Die Gattung *Boletus* gehört zu den Röhrenpilzen. Statt der Lamellen (s. o.) sitzen die Sporen hier in Röhren, die den ganzen Hut durchziehen und ihn schwammähnlich machen. Die Sporen sind mikroskopisch klein und werden vom Wind verbreitet.

3 **Flaschen-Stäubling**

Vorterøyksopp (N) Vårtig röksvamp (S) *Lycoperdon perlatum (Lycoperdaceae)*

Hut 3–5 cm Juni–Okt.

Merkmale Fruchtkörper birnen- bis keulenförmig, 4–7 cm hoch, der obere Fruchtteil kugelig, 3–5 cm dick und von kegelförmigen Stacheln dicht bedeckt. Stiel mit Körnchenschuppen bedeckt, weiß bis weißgrau, später schmutziggrau mit Pore am Scheitel.

Vorkommen In weiten Teilen Skandinaviens und Finnlands, überwiegend in Nadelwäldern, aber gelegentlich auch in Laubwäldern.

Wissenswertes Der auch Flaschenbovist genannte Pilz zählt zu den Bauchpilzen, die ihre Sporen im oberen, hier kugeligen „Hut" reifen lassen. Nachdem sich die Pore (s. o.) geöffnet hat, können die Sporen austreten. Es gibt eine Reihe von ähnlich aussehenden Stäublings- oder Bovistarten.

4 **Fliegenpilz** Rød fluesopp (N) Röda flugsvampen (S) *Amanita muscaria (Amanitaceae)*

Hut 6–15 cm Aug.–Nov.

Merkmale Hut charakteristisch scharlach-orangerot mit weißen Schuppen. Zunächst halbkugelig, später ausgebreitet. Die Farbe verblaßt meist. Lamellen gedrängt, weiß. Stiel weiß, 8–20 cm lang, mit herabhängender Manschette, 1–3,5 cm dick. Unten knollenartig verdickt. Giftig.

Vorkommen In weiten Teilen Skandinaviens und Nordfinnlands, überwiegend in Birken- und Nadelwäldern.

Wissenswertes Diese Lamellenpilze gehören zu den giftigen Knollenblätterpilzen. Die Lamellen tragen die Sporen und sind in analog zu den Staubgefäßen der Blütenpflanzen zu sehen. Die Pilze wachsen am besten in dunklen Nadelwäldern ohne Unterwuchs. Hier kann man die „Hexenringe" sehen. Sie kommen aber auch mitten in der Waldbodenvegetation vor. Der nächste Verwandte ist der **Braune Fliegenpilz** *(Amanita regalis)*, der montane Wälder bevorzugt.

1

2

3

4

1 Torfmoos *Sphagnum* spec. *(Sphagnaceae)*

H einzelne Arten 20–25 cm

Merkmale Torfmoose sind grün, blaugrün, rötlich oder gelblich. Die wurzellosen Stämmchen stehen in dichten Polstern, tragen Büschel von Seitenästen und schopfige, köpfchenförmige Verzweigungen am oberen Stengelende. An einzelnen Zweigen männliche oder weibliche Geschlechtsorgane.

Vorkommen Auf der gesamten nördlichen Halbkugel, in höheren Breiten oder in Gebirgen, an sumpfigen Stellen.

Wissenswertes Dem Feuchtegehalt entsprechend kommen im Hoch- oder Niedermoor verschiedene Torfmoos-Arten nebeneinander vor. Sie wachsen an ihrer Oberfläche von Jahr zu Jahr weiter, während die tieferen Schichten absterben und schließlich in Torf übergehen. Die braune Farbe entsteht bei der Verrottung der Pflanzen unter Luftabschluß durch im Wasser gelöste Huminsäuren. Die Rinde der Stämmchen besteht aus einem Mantel toter, leerer Zellen, die kapillar Wasser aufsaugen; die Pflanzen können etwa das 20 fache ihres Eigengewichts an Wasser binden. Torfmoose sind somit für die Moorbildung unabdingbar.

2 Krustenflechten *(Lichenes)*

H 1–3 cm

Merkmale Fest angewachsene Flechten aus kleinen, nicht blättrigen, eckigen bis runden Thallusfeldern, bilden dünne Krusten, z. B. auf Gestein, in vielen Farben. Die auffälligsten Arten schwefelgelb oder ziegelrot, meist aber braun oder grau. Einteilung nach der Wuchsform ihres Thallus (analog zum Blatt der Pflanzen).

Vorkommen Weltweit, an vielen Standorten zwischen Meeresküste und Berggipfeln.

Wissenswertes Alle Flechten sind Doppelwesen aus einem Pilz und einer Alge, wobei der Pilz die Alge umspinnt. Die Gestalt der Flechten hängt meist vom Bau des Pilzes ab. Er sorgt mit seinem Mycel für die mechanische Stabilität. Die Alge hat die Fähigkeit, mit ihrem Blattgrün (Chlorophyll) aus Sonnenlicht und Wasser Zucker und Sauerstoff zu produzieren. Diese Symbiose ist in der Natur sehr erfolgreich. Sie wachsen sehr, sehr langsam. Krustenflechten in alpinen und arktischen Regionen weisen oft einen Radialzuwachs von gerade einmal 0,5 mm pro Jahr auf.

3 Strauchflechten *(Lichenes)*

H bis 10 cm, max. bis ca. 20 cm

Merkmale Thallus bandförmig oder drehrund, meist aufgerichtet, reich verzweigt und strauchig, oft in dichten Polstern. Einige Arten mit Fruchtkörpern (Apothecien) an der Spitze von stiel- oder trichterförmigen Differenzierungen (im Bild links). Fließender Übergang zu den laubartigen Blattflechten.

Vorkommen Weltweit.

Wissenswertes Zu den bekanntesten Strauchflechten gehören die „geweihförmigen" **Rentierflechten** (*Cladonia rangiferina* und ähnliche Arten; im Bild rechts), die eine hohe wirtschaftliche Bedeutung für die Rentierzucht haben und z. B. um den Femundsee (s. Kasten S. 37) in Handarbeit gesammelt und europaweit verarbeitet werden. Die bandförmige Strauchflechte *Cetraria islandica* findet in der Pharmazie und im Pflanzenhandel als **„Islandmoos"** Verwendung.

4 Bartflechten *(Lichenes)*

L 5–30 cm

Merkmale Herabhängende, fädige Strauchflechten. Fadenförmige, dünne, oft drehrunde Thalli, manchmal auch verzweigt.

Vorkommen Weltweit.

Wissenswertes Bartflechten kommen häufig auf Bäumen in feuchten Wäldern vor. Auf Luftverschmutzung, besonders durch Schwefeldioxid, reagieren viele Flechten sehr empfindlich. Da sie auch kleinste Mengen an Schadstoffen aufnehmen und anhäufen können, stellen sie ein sehr feines Meßinstrument für Luftverschmutzung dar. In vielen belasteten Gebieten sind Flechten verschwunden, in Skandinavien und Finnland sind sie aber noch weit verbreitet.

1

2

3

4

1 **Mondraute** Marinøkkel (N) Låsbräken (S) *Botrychium lunaria* *(Ophioglossaceae)*

H 5–15 cm

Merkmale Farnpflanze. Der grüne, sterile Teil des Blattes einfach gefiedert. Der Teil, der die Sporangien (Sporenbehälter) trägt, rispig. Sporangien gelblich.

Vorkommen In weiten Teilen Skandinaviens und Finnlands auf nicht zu trockenen Wiesen, besonders im Gebirge, z. B. im Dovrefjell. Sonst im Gebirge in Europa.

Wissenswertes Aus der unterirdischen Sproßachse wächst jährlich nur ein einziges Blatt hervor. Man findet deshalb immer nur einzelne Mondrauten. Dieses Blatt ist zweigeteilt (s. Merkmale) und erfüllt sowohl die Funktion der Lichtumwandlung (überwiegend im sterilen Teil), als auch die Funktion einer „Blüte". Die Mondraute weist – neben wenigen anderen Farnen – sekundäres Dickenwachstum auf, eine Fähigkeit, welche die später entstandenen Blütenpflanzen dann brauchten, um hohe, dicke Stämme zu bilden.

2 **Adlerfarn** Einstape (N) Örnbräken (S) *Pteridium aquilium* *(Polypodiaceae)*

H 0,5–1,5 m

Merkmale Blätter bilden sich einzeln am unterirdisch kriechenden Wurzelstock. Blätter zwei- bis vierfach gefiedert, am hellgelben Stengel horizontal ausgebreitet. Jung sind die Fiedern noch eingerollt. Sporangien an den Blatträndern.

Vorkommen In weiten Teilen Skandinaviens und Finnlands. Überall bis in die Waldtundra verbreitet, besonders in Wäldern ausgedehnte Bestände bildend. Sonst ganz Europa.

Wissenswertes Der Adlerfarn ist die einzige europäische Art seiner Gattung. Die einzelnen Fiederblätter wirken auf den ersten Blick wie zwei bis vier Blätter an einem Stengel, was morphologisch jedoch nicht der Fall ist; das Ganze stellt nur ein einziges, aber eben „verzweigtes" oder gefiedertes Blatt dar. Der Adlerfarn liebt feuchten, kalkfreien Untergrund und bildet auch in Moor- oder Heidegebieten große Bestände. Die Grenze der mechanischen Belastbarkeit der Fiederblätter, die kein sekundäres Dickenwachstum und keine Verholzungen aufweisen, liegt bei ungefähr 2 m Wuchshöhe.

3 **Gewöhnlicher Tüpfelfarn** Sisselrot (N) Stensöta (S) *Polypodium vulgare* *(Polypodiaceae)*

H 10–30 cm

Merkmale Blätter einzeln, am unterirdisch kriechenden Rhizom nur einfach gefiedert mit großen gelben Sporangiengruppen, die auch Sori genannt werden. Diese sind sogar von der Oberseite her durch das Blatt erkennbar.

Vorkommen In weiten Teilen Skandinaviens und Finnlands. Sonst ganz Europa. In Felsspalten, auf Moospolstern oder als Epiphyt (Aufsitzerpflanze) auf bemoosten Bäumen. Häufig.

Wissenswertes Die Art wird im Volksmund auch als Engelsüß bezeichnet, denn der unterirdische Sproß enthält Zucker, der beim Zerkauen süß schmeckt. Die Art bildet in Europa drei Kleinarten, die jedoch nur mikroskopisch bestimmt werden können, und daher meist zur Sammelart *Polypodium vulgare* zusammengefaßt werden.

4 **Gemeiner Wurmfarn** Ormetelg (N) Träjon (S) *Dryopteris filix-mas* *(Polypodiaceae)*

H 40–120 cm

Merkmale Blätter in Rosetten nur einfach gefiedert, Fiedern tief spaltig, ringsum mit gesägtem Rand. Blätter bilden im Frühjahr, wie einige andere Arten auch, die auffälligen „Bischofsstäbe". Sori mit großem, nierenförmigem, graublauem Schleier (Indusium), einem Häutchen, das den Sorus bedeckt und schützt.

Vorkommen In weiten Teilen Skandinaviens und Finnlands. In schattigen, feuchten Wäldern weit verbreitet. Ganz Europa.

Wissenswertes In der Volksmedizin wurde der Wurmfarm als Kur gegen Bandwürmer eingesetzt. Diese Wirkung ist auch wissenschaftlich belegbar: Das im Rhizom enthaltene Phloroglucin wirkt eindeutig gegen Bandwürmer. Ähnliche Stoffe enthalten auch einige *Rosaceae* und *Euphorbiaceae*, die aber nicht im Norden vorkommen.

1

2

3

4

1 Gewöhnliche Teichbinse Sjøsivaks (N) Säv (S) *Schoenoplectus lacustris (Cyperaceae)*

H 50–100 cm Juni–Juli

Merkmale Stengel drehrund, aufrecht und blattlos mit einer Ähre. Blätter schmal, am Stengelgrund flutend. Ähren 5–10 mm lang, rotbraun, Früchte dreikantig.

Vorkommen In weiten Teilen Skandinaviens und Finnlands. Uferröhricht stehender oder langsam fließender Gewässer.

Wissenswertes Abhängig von der Wasserhöhe kann man folgende Vegetationsabfolge erkennen: Im Wasser gedeiht der Schwimmblattpflanzengürtel mit z. B. Weißer Seerose (s. S. 230), zum Ufer hin folgt das Röhricht, z. B. mit Teichbinse und Rohrkolben (s. u.). Die Weichholzaue mit Weiden und Erlen wird nur vom Hochwasser erreicht.

2 Wollgras Ull (N, S) *Eriophorum* spec. *(Cyperaceae)*

H 20–40 cm Mai–Sept.

Merkmale Stengel oft rund, auch oberwärts kantig mit einer bis zu zehn endständigen Ähren. Zur Fruchtzeit charakteristisch weißwolliger Kopf, Samen mit Flughaaren. Blätter länglich, lanzettförmig.

Verbreitung In weiten Teilen Skandinaviens und Finnlands, in Mooren.

Wissenswertes Diese zu den Riedgrasgewächsen oder Sauergräsern gehörenden Pflanzen kommen in ähnlichen Arten in Mooren und Feuchtwiesen vor. Aus Schutzgründen sollten diese empfindlichen Flächen nicht betreten werden, daher kann man auch meist die Pflanze nicht aus nächster Nähe bestimmen. Häufig sind **Scheuchzers Wollgras** *(Eriophorum scheuchzeri)* und **Scheidiges Wollgras** *(Eriophorum vaginatum)*.

3 Pfeilkraut Pilblad (N, S) *Sagittaria sagittifolia (Alismataceae)*

H 30–100 cm Juni–Aug.

Merkmale Sumpfpflanze, Stengel dreikantig, untere Blätter flutend, Schwimmblätter mit ovaler bis pfeilförmiger Spreite, obere Blätter aufrecht, tief pfeilförmig. Blüten quirlständig, innere drei Blütenblätter weiß. Frucht in kugeligen Köpfchen.

Vorkommen In Skandinavien und Finnland. Bis etwa zum Polarkreis. Im Uferröhricht stehender, nährstoffreicher Gewässer.

Wissenswertes Ein großer Teil der Pflanze ist unter Wasser. Man sieht meist nur die oberen 30–40 cm mit den ganz typischen pfeilförmigen Blättern.

4 Breitblättriger Rohrkolben Brei dunkjevle (N) Bredkaveldun (S) *Typha latifolia (Typhaceae)*

H 100–250 cm Juli–Aug.

Merkmale Sumpfpflanze mit kriechendem Rhizom, Blätter zweizeilig angeordnet, 10–20 mm breit, flach, blaugrün. Blüten in auffälligen, typischen 10–20 cm langen, 20–30 mm breiten Kolben, gelbbraun bis schwarzbraun.

Vorkommen Nördlich bis Südschweden und Südnorwegen. Im Uferröhricht.

Wissenswertes Einst war er in stehenden oder langsam fließenden, nährstoffreichen Gewässern sehr häufig, heute wird er durch Entwässerungsmaßnahmen immer seltener.

5 Ästiger Igelkolben
Kjempe-piggknopp (N) Stor igelknopp (S) *Sparganium erectum (Sparganiaceae)*

H 30–50 cm Juli–Sept.

Merkmale Sumpf- und Wasserpflanze, Stengel ästig, Blätter zweizeilig und schwertförmig, 5–15 mm breit, im unteren Teil dreikantig. Blüten mit kugeligen Köpfen, die unteren, weiblichen größer, die oberen, männlichen kleiner. Rispig angeordnet.

Vorkommen Weite Teile Skandinaviens und Finnlands. Im Uferröhricht.

Wissenswertes Dieser Igelkolben bildet eine Familie mit nur einer weiteren Art in Europa, dem **Einfachen Igelkolben** *(Sparganium emersum)*, der jedoch viel seltener ist. In Röhricht oder Schilf kommen immer nur einzelne Exemplare vor. Charakteristisch und namengebend sind die igelförmigen Blüten. Sie werden durch Wind bestäubt, auch Selbstbestäubung kommt vor.

1

2

3

4

5

1 Gelbe Schwertlilie Sverdlilje (N) Svärdslilja (S) *Iris pseudacorus* *(Iridaceae)*

H 50–100 cm Mai–Juni

Merkmale Staude mit dickem Rhizom, Blätter schwertförmig, grün bis blaugrün. Blüten gelb, äußere Blütenblätter 4–8 cm lang und eiförmig, innere viel kürzer. Fruchtkapsel dreikantig, 4–5 cm lang.

Vorkommen In weiten Teilen Skandinaviens und Finnlands. Im Uferröhricht stehender oder langsam fließender, nährstoffreicher Gewässer, vorwiegend auf Schlammböden.

Wissenswertes Die Gelben Schwertlilien sind oft wegen ähnlicher Ansprüche an Nährstoff- und Wasserversorgung mit dem **Blutweiderich** *(Lythrum salicaria)* vergesellschaftet, einer hohen Pflanze mit lanzettlichen Blättern und roten Blüten.

2 Sibirische Schwertlilie Sibiriris (N) Strandiris (S) *Iris sibirica* *(Iridaceae)*

H 30–80 cm Mai–Juni

Merkmale Staude, Stengel hohl, Blätter schmal-lineal, 2–6 mm breit und kürzer als der Stengel. Eine bis drei Blüten, blau bis violett, am Grund eher gelb. Äußere Blütenblätter 4–5 cm lang, innere kürzer, aber die Narbe überragend. Fruchtkapsel 3–4 cm lang, runzelig.

Vorkommen In Südskandinavien. In Moorwiesen, an stehenden, eher nährstoffarmen Gewässern.

Wissenswertes Beide Irisarten unterscheiden sich deutlich in ihren Lebensraumansprüchen. Die Gelbe Schwertlilie liebt es nährstoffreich, die Sibirische eher nährstoffarm. Dies ist ein typisches Beispiel von Konkurrenzvermeidungsstrategien zweier nahe miteinander verwandter Arten.

3 Gefleckter Aronstab

Flekkmunkehette (N) Fläckig munkhätta (S) *Arum maculatum* *(Araceae)*

H 15–40 cm April–Juni

Merkmale Staude mit Rhizomknolle, Blätter pfeilförmig, 10–20 cm lang, grün, manchmal gefleckt. Blüten klein und unscheinbar in einem Kessel, an der verdeckten Basis des Kolbens sitzen unten die weiblichen Blüten, darüber die männlichen, über den Blüten kleine Sperrhaken (Hindernisblüte), die den Kesselausgang verengen. Sichtbar der violettbraune, blütenlose, obere, keulenförmige Kolbenteil. Gesamter Kolben mit Blüten von einer tütenförmigen, gelbgrünen Hochblattscheide (Spatha) umgeben **(3a)**, Beeren rot **(3b)**. Giftig.

Vorkommen In Südschweden, in Laubwäldern, sonst Mitteleuropa.

Wissenswertes Die Hochblattscheide und der Blütenstand bilden eine interessante Insektenfalle, eine „Gleitfalle“. Sie dient nicht wie bei fleischfressenden Pflanzen, etwa dem **Sonnentau** (s. S. 236) oder dem **Fettkraut** (s. S. 256), der Zusatzernährung, sondern der Blütenbestäubung. Fliegen und Mücken werden durch den Aasgeruch des Kolbens angelockt und rutschen von der glatten Blattscheide ins Kesselinnere. Zunächst bestäuben sie die Narbe mit ihrem mitgebrachten Pollen. Während der Nacht streuen die männlichen Blüten ihre Pollen in den Kessel und beladen das Insekt. Gleichzeitig läßt nachts der Aasgeruch nach, die Hindernisblüten und der Kolbenstiel welken, so daß am nächsten Tag das Insekt die Falle verlassen kann, um meist in die nächste zu stürzen.

4 Schachblume Rutelilje (N) Kungsängslilja (S) *Frittilaria meleagris* *(Liliaceae)*

H 15–30 cm April–Mai/Juni

Merkmale Pflanze mit fast kugeliger Zwiebel, meist vier bis fünf wechselständige Blätter, linealisch, graugrün, am Stengel verteilt. Blüten meist einzeln, aber auch zwei bis drei, bauchig-glockig, überhängend, 3–4 cm lang und 2 cm im Durchmesser. Außen matt purpurbraun, schachbrettartig gemustert. Blütenblätter an der Spitze leicht umgebogen. Am Grund mit Nektardrüse, Narbe dreilappig. Giftig.

Vorkommen In Südskandinavien bis auf die Höhe von Uppsala. In Feuchtwiesen und Flachmooren, sehr selten. Auch als Zierpflanze verwildert.

Wissenswertes Sie steht überall unter Naturschutz. Sie enthält Steroidsaponine, die stark giftige Pseudoalkaloide bilden.

1

2

3a

3b

4

1 **Waldgelbstern** Vanlig gullstjerne (N) Vårlök (S) *Gagea lutea (Liliaceae)*

H 10–30 cm April

Merkmale Staude mit einer Zwiebel und 1 cm breiten, linealigen Grundblättern. Stengel kürzer als Blätter, doldenartiger Blütenstand mit zwei bis sieben Blüten, Einzelblüte 2–3 cm breit, Blütenblätter sternförmig abstehend und gelb.

Vorkommen In Südschweden. In feuchten Laubmischwäldern. Sonst in weiten Teilen Europas.

Wissenswertes Der Waldgelbstern blüht in Schweden zusammen mit den Frühjahrsblühern (s. **Scharbockskraut,** S. 234) schon sehr früh im Jahr. Er bevorzugt basenreiche, feuchte, fruchtbare Böden. Die Zwiebel dient als Überdauerungsorgan, in dem die Pflanze wichtige Speicherstoffe für den Austrieb lagert, mit deren Hilfe sie sich aber auch vegetativ fortpflanzen und große Bestände bilden kann.

2 **Bärlauch** Ramslauk (N) Ramslök (S) *Allium ursinum (Liliaceae)*

H 20–40 cm Mai–Juni

Merkmale Staude mit länglichen Zwiebeln, meist zwei grundständige, eiförmige Blätter, 2–5 cm breit und 5–15 cm lang. Langer, dreikantiger, blattloser Stengel, Blütenstand aus 5–20 weißen, 1–2 cm breiten Einzelblüten in einer Scheindolde. Stark nach Knoblauch riechend.

Vorkommen In Südskandinavien, z. B. im Stenshuvud-Nationalpark. In Laub- insbesondere Buchenwäldern. Sonst in weiten Teilen Europas.

Wissenswertes Heute steht der Bärlauch unter Naturschutz. Früher wurde er wegen seines Geschmacks häufig in der Küche benutzt und auch frisch gegessen.

3 **Vielblütige Weißwurz** Storkonvall (N) Storrams (S) *Polygonatum multiflorum (Liliaceae)*

H 30–50 cm Mai–Juni

Merkmale Staude mit rundem Stengel, Blätter zweizeilig, oberseits dunkelgrün, unterseits graugrün. Blüten von Blättern und sich neigendem Stengel verdeckt, zu je drei bis fünf an einem kleinen Stiel. Blüte 1–1,5 cm lang, unscheinbar gelbgrünlich und engglockig. Blauschwarze Beeren. Giftig.

Vorkommen In Südskandinavien. Verstreut in schattigen Laub- und Laubmischwäldern. Sonst in weiten Teilen Europas.

Wissenswertes Die Vielblütige Weißwurz bevorzugt basenreiche, oft kalkhaltige Böden und gedeiht z. B. im Dalby-Hage-Nationalpark (s. Tip S. 103). Bei der engen Blütenröhre kommen ausschließlich Insekten mit langem Rüssel an den Nektar. Die Pflanze enthält wie die **Schachblume** (s. S. 220) Saponine.

4 **Ährenlilie** oder **Beinbrech** Rome (N) Myrlilja (S) *Narthecium ossifragum (Liliaceae)*

H 10–25 cm Juni–Aug.

Merkmale Staude, Blätter zweizeilig und schwertförmig, Blütenstand in einer lockeren Traube, Einzelblüten lang gestielt, innen gelb, außen grünlich, 6–7 cm lang und 1–1,5 cm breit. Staubbeutel orangerot, Staubfäden gelb.

Vorkommen In weiten Teilen Norwegens (Westskandinaviens). In Mooren und im Fjell. Sonst in Westeuropa.

Wissenswertes Die Ährenlilie bevorzugt stickstoffarme, saure Böden und benötigt stets eine hohe Luftfeuchtigkeit. Außerdem ist sie sehr frostempfindlich. Daher kommt sie nur im Westen und nach Norden dort vor, wo feuchtes Meeresklima herrscht. Dieses sorgt z. B. im Rago-Nationalpark nahe am Polarkreis (s. Tip S. 78) für eine im Winter immer geschlossene Schneedecke, die isolierend wirkt.

1

2

3

4

1 **Echte Sumpfwurz** Myrflangre (N) Kärrknipprot (S) *Epipactis palustris (Orchidaceae)*

H 20–40 cm Juli–Aug.

Merkmale Am Grund zwei- bis vierscheidige Schuppenblätter. Blütenstand in lockerer, einseitswendiger Scheintraube, aus 7–20 leicht hängenden Blüten bestehend. Kelchblätter eiförmig-lanzettlich geformt, grünlich und braun überlaufen, die seitlichen Kronblätter weißlich mit rotem Grund. Lippe 10–12 mm lang, weißlich gefärbt, in der Mitte mit zwei auffallenden orangegelben Längsleisten.

Vorkommen In Südskandinavien, in Flachmooren.

Wissenswertes Die Echte Sumpfwurz erreicht im Süden Skandinaviens ihre nördliche Verbreitungsgrenze.

2 **Frauenschuh** Marisko (N) Guckusko (S) *Cypripedium calceolus (Orchidaceae)*

H 15–40 cm Juni–Juli

Merkmale Blätter eiförmig bis länglich, 6–10 cm lang, stengelumfassend und hellgrün. Ein bis zwei auffallend große Blüten. Äußere Blütenblätter lanzettlich, rotbraun, Lippe pantoffel- oder schuhartig aufgeblasen, gelb und dunkel geadert und gefleckt, 3–4 cm lang und –3 cm breit.

Vorkommen In Skandinavien und Finnland. In borealen Wäldern, selten.

Wissenswertes Europas größte Orchideenart. Der Frauenschuh bevorzugt Halbschatten und gedeiht auf kalkhaltigen Böden. Seine Blüte stellt eine Kesselfalle dar – ähnlich der des **Aronstabs** (s. S. 220). Fliegen, die auf dem Schuhrand landen, rutschen in die Falle. Weil die Wände so glatt sind, können sie nur an der Narbe und den Staubgefäßen wieder herausklettern. Dabei bestäuben sie mit dem mitgebrachten Pollen und werden mit neuem Pollen für die nächste Blüte beladen.

3 **Vogelnestwurz** Fuglereir (N) Nästrot (S) *Neottia nidus-avis (Orchidaceae)*

H 20–40 cm Juni

Merkmale Unscheinbare Orchidee. Blätter hellbraun, zu Schuppen reduziert. Blütenstand in einer allseitswendigen Scheintraube aus 20–40 Einzelblüten.

Vorkommen In Süd- und Mittelskandinavien. In Laub- und Laubmischwäldern.

Wissenswertes Das kurze, kriechende Rhizom ist mit dichten, unverzweigten, fleischigen Wurzeln besetzt, was dem Wurzelwerk ein vogelnestartiges Aussehen (Name) gibt. Die Vogelnestwurz ist ein Vollschmarotzer: Sie hat kein Blattgrün (Chlorophyll) und kann daher keine Photosynthese betreiben. Sie lebt im Humus des Waldbodens und bezieht als Parasit über ihr Wurzelwerk alle wichtigen Nähr- und Aufbaustoffe von Pilzen.

4 **Zweiblättrige Waldhyazinthe** Nattfiol (N) Nattviol (S) *Plathanthera bifolia (Orchidaceae)*

H 20–35 cm Ende Mai–Juli

Merkmale Zwei große, eiförmige Blätter nahe am Grund, 5–15 cm lang. Kleine lanzettliche Stengelblätter. Blütenstand in einer reichblütigen Scheintraube. Blüten weiß, stark duftend, 11–18 mm breit.

Vorkommen In Skandinavien und Finnland. In lichten Laub- und Nadelwäldern.

Wissenswertes Verwechslungsgefahr besteht mit der **Berg-Waldhyazinthe** *(Plathanthera chlorantha)*. Ihre Blüten sind aber duftlos und grünlichweiß.

5 **Kriechstendel** Knerot (N) Knärot (S) *Goodyera repens (Orchidaceae)*

H 10–25 cm Juli–Aug.

Merkmale Grundblätter rosettig, eiförmig, netznervig und 1–3 cm lang. Obere Blätter lanzettlich, Stengel dicht drüsenbehaart. Blütenstand mit 10–15 Blüten, diese grünweiß, 5–9 mm breit. Lippe ungeteilt, schnabelförmig abwärts gebogen, spornlos.

Vorkommen In weiten Teilen Skandinaviens und Finnlands. In fichtendominiertem Mischwald und Kiefernmischwald.

Wissenswertes Den Kriechstendel nennt man auch Netzblatt wegen der netznervigen Grundblätter, bei denen die Adern hell hervortreten. Blütenduft süßlich.

1

2

3

4

5

1 Norne Norne (N) Norna (S) *Calypso bulbosa (Orchidaceae)*

H 10–25 cm Ende Mai–Juni

Merkmale Orchidee mit eiförmiger Knolle und breitem, eiförmigem, grünem, –7 cm langgestieltem Laubblatt. Eine endständige, etwa 3 cm große Blüte, kurzgestielt und hängend. Fünf obere, purpurne, linealische, spreizende Blütenblätter, Lippe pantoffelförmig, 15–25 mm lang, spornlos.

Vorkommen In weiten Teilen Skandinaviens und Finnlands. In feuchten Fichtensumpfwäldern und Mooren. Eher selten.

Wissenswertes Sie ist eine typisch nordische, zirkumpolare Orchidee, deren südliche Verbreitungsgrenze bei 57° nördlicher Breite liegt. Jeder Orchideenliebhaber wird in Skandinavien ein Exemplar finden wollen.

2 Brandknabenkraut Krutbrennar (N) Krutbrännare (S) *Orchis ustulata (Orchidaceae)*

H 10–25 cm Ende Mai–Juni

Merkmale Blätter blaugrün, lanzettlich, stengelaufwärts kleiner werdend. Blütenstand 3–6 cm lang und reichblütig, dicht. Knospen vor dem Aufblühen braun-schwarzrot wie angebrannt. Einzelblüte klein, –1 cm lang. Sporn 1–2 mm lang, abwärts gerichtet.

Vorkommen In Südschweden, Kalkmagerrasen, selten.

Wissenswertes Der Gattungsname der Knabenkräuter kommt von deren beiden eiförmigen Wurzelknollen, die in früheren Zeiten als kleine Hoden gedeutet wurden.

3 Kleines Knabenkraut Narrmarihand (N) Göknycklar (S) *Orchis morio (Orchidaceae)*

H 10–25 cm Mai–Juni

Merkmale Blätter schmaloval, stumpf, ungefleckt, 3–8 cm lang. Blütenstand aus 5–20 Blüten in lockerer Scheintraube, 5–10 cm lang. Alle Blütenblätter helmförmig zusammenneigend, purpurrot bis violett, oft grünlich geadert. Lippe mindestens so breit wie lang, dreiteilig. Sporn waagerecht.

Vorkommen In Südskandinavien, auf Feuchtwiesen. Sonst Mittel- und Südeuropa.

Wissenswertes Als Überdauerungsorgan haben die *Orchis*- und *Ophrys*-Arten eine eiförmige Knolle, die alljährlich in der Achsel eines Niederblattes entsteht und dieses dann später durchbricht. Aus dieser Knolle geht der nächstjährige Sproß hervor.

4 Helmknabenkraut Johannesnøklar (N) Johannesnycklar (S) *Orchis militaris (Orchidaceae)*

H 25–40 cm Ende Mai–Juni

Merkmale Blätter schmal oval, 5–15 cm lang. Blütenstand 5–10 mm lang, 20–40 Blüten in einer dichten Scheintraube. Blüten rosa bis violett, alle fünf Blütenblätter helmartig zusammenneigend, lanzettlich, spitz. Lippe 10–15 mm lang, lila bis weiß, lila gepunktet. 5–7 mm langer Sporn, abwärts gebogen.

Vorkommen In Südschweden. Auf Kalkmagerrasen, sehr selten.

Wissenswertes Das Helmknabenkraut besitzt eine interessante Bestäubungstechnik: Versucht ein Insekt, das sich auf der Blütenlippe niedergelassen hat, weiter nach innen vorzudringen, stößt es mit Kopf oder Rüssel an die Pollenklebkörper, zieht sie heraus und trägt sie fort – zur nächsten Pflanze.

5 Fliegenragwurz Flueblom (N) Flugblomster (S) *Ophrys insectifera (Orchidaceae)*

H 10–20 cm Ende Mai–Juni

Merkmale Drei bis zwölf Blüten in lockerer, allseitswendiger Scheintraube. Blüte etwa 2 cm lang. Lippe dreilappig und zweimal so lang wie breit, samtig purpurbraun mit großem, grauem bis blauem Fleck.

Vorkommen In Süd- und Mittelskandinavien. In trockenen Kiefernwäldern oder auf Kalkmagerrasen. Sonst Mitteleuropa.

Wissenswertes Die *Ophrys*-Arten haben einen außerordentlich interessanten Bestäubungsmodus entwickelt: Die Blüte täuscht den Hinterleib weiblicher Hautflügler vor; männliche Fliegen werden dadurch angelockt und versuchen, die Unterlippe zu begatten. Dabei übertragen sie Pollenpakete von früheren Versuchen mit anderen Fliegenragwurz-Pflanzen.

1

2

3

4

5

1 Fleischrotes Knabenkraut

Engmarihand (N) Ängsnycklar (S) *Dactylorhiza incarnata (Orchidaceae)*

H 10–40 cm Ende Mai–Juli

Merkmale Stengel kantig mit drei bis sechs gelbgrünen, ungefleckten Blättern. Blütenstand mit 20–40 Blüten in dichter Scheintraube, fleischrot, seltener weißlich oder purpurn. Lippe ungeteilt. 6–10 mm langer, kegelförmiger Sporn, fast gerade.

Vorkommen In Skandinavien und Finnland. In Sumpfwiesen und Kalkflachmooren.

Wissenswertes Das Fleischrote Knabenkraut bevorzugt basenreiche Böden auf nährstoffreichen Hang- oder Seggenmooren. Ähnlich wie bei den Knabenkräutern (s. **Brandknabenkraut**, S. 226) ist auch bei der Gattung *Dactylorhiza* der Name von der Wurzelform abgeleitet. Er bedeutet „fingerförmige Wurzel". Meist gibt es drei bis fünf Finger, welche die Wurzelknolle bilden.

2 Breitblättriges Knabenkraut

Kongsmarihand (N) Majnycklar (S) *Dactylorhiza majalis (Orchidaceae)*

H 15–40 cm Ende Mai–Juni

Merkmale Stengel hohl und nach oben oft rotviolett überlaufen. Blätter breit lanzettlich, in der Mitte am breitesten, meist dunkel gefleckt. Blütenstand aus 10–30 Blüten in einer mäßig lockeren, zunächst pyramidenförmigen Scheintraube. Blüten purpur bis violett. Lippe dreiteilig mit hellerem Grund. Sporn schwach abwärts gebogen. Die Tragblätter zwischen den Blüten grün bis rot.

Vorkommen In Südskandinavien. Auf Naßwiesen und in Quellmooren.

Wissenswertes Es dringt nicht so weit nach Norden vor wie das **Fleischrote Knabenkraut** (s. o.) und liebt basenreiche, stickstoffarme Böden. Durch Mineraldüngung ist es an vielen Standorten verdrängt worden.

3 Holunderknabenkraut

Søstermarihand (N) Adam och Eva (S) *Dactylorhiza sambucina (Orchidaceae)*

H 15–35 cm Ende Mai–Juni

Merkmale Stengel hohl, am Grund zwei Schuppenblätter, darüber vier bis sieben hellgrüne, 5–12 cm lange, ungefleckte Laubblätter, die unteren rosettig. Blütenstand aus 10–40 Blüten in einer dichten Scheintraube. Blüten in zwei Farbvarianten entweder dunkelpurpur oder gelb. Lippe ungeteilt oder auch dreilappig mit purpurnen Punkten. Sporn zylindrisch, abwärts gebogen.

Vorkommen In Süd- bis Mittelskandinavien sowie Süd- und Mittelfinnland. Auf Magerrasen, selten.

Wissenswertes Die beiden Farbvarianten wachsen in den Populationen oft gemeinsam. Die Blüten duften nach Holunder.

4 Großes Zweiblatt Stortveblad (N) Tvåblad (S) *Listera ovata (Orchidaceae)*

H 20–50 cm Mai–Juni

Merkmale Am Stengelgrund zwei gegenständige, breit-eiförmige Blätter. 10–40 Blüten in einer langgestreckten, lockeren, allseitswendigen Scheintraube. Blüte 1–2 cm lang, 5–8 mm breit. Blütenblätter unscheinbar gelbgrünlich, zusammenneigend. Grünliche Lippe bis zur Hälfte in zwei stumpfe Lappen gespalten, 7–12 mm lang, ohne Sporn.

Vorkommen In Skandinavien und Finnland. Auf Wiesen, in Flachmooren.

Wissenswertes Das Große Zweiblatt ist nicht so prächtig gefärbt wie die Knabenkräuter und hebt sich von der Umgebung wegen der grünlichen, unscheinbaren Blüten kaum ab. Die meisten Orchideen ernähren sich mit Hilfe von Pilzen, sind also mykotroph. Orchidee und Pilz bilden eine Lebensgemeinschaft, wobei die Abhängigkeit der Orchideenpflanze vom Pilz sich mit dem Lebensalter ändert. Der winzige Orchideensamen hat kaum Nährgewebe und Reservestoffe, so daß der Pilz, der für die Wasser- und Mineralsalzernährung sorgt, zur Keimung und Entwicklung unerläßlich ist („Ammenpilz"). Die erwachsene Pflanze ernährt sich hingegen weitgehend selbständig, behält aber die Symbiose bei. Der Pilz dringt in die Wurzelrinde (endotrophe Mycorrhiza) ein und erhält Kohlenhydrate.

1

2

3

4

1 Gelbe Teichrose Gul nøkkerose (N) Gul näckros (S) *Nuphar lutea (Nymphaeaceae)*

H 0,5–2,5 m Juni–Aug.

Merkmale Schwimmblattpflanze mit verzweigtem Rhizom. Aus ihm treiben große Unterwasserblätter und langstielige, auf der Wasseroberfläche schwimmende Blätter. Intensiv riechende, kugelige Blüte 3–5 cm breit mit fünf gelben, schraubig angeordneten Blütenblättern, Narbenscheibe in der Mitte trichterförmig vertieft. Blüte meist nicht schwimmend, sondern aus dem Wasser herausgehoben.

Vorkommen In Süd- und Mittelskandinavien und Finnland. Auf stehenden oder langsam fließenden Gewässern.

Wissenswertes Die Gelbe Teichrose, auch Mummel genannt, bevorzugt Verlandungszonen und stille Buchten von Seen. Die Blätter und auch der Stengel werden ebenso wie bei der **Weißen Seerose** (s. u.) von einem System von Interzellularen (= luftgefüllte Zwischenzellräume) durchzogen. Diese reich verästelten, feinen Luftkanäle erhöhen den Auftrieb, so daß die Blätter auf dem Wasserspiegel schwimmen. Eine weitere Aufgabe der „Röhren" besteht darin, die im Boden haftenden Wurzeln mit Sauerstoff zu versorgen. Auch die Samen der Teichrose schwimmen.

2 Weiße Seerose Kvit nøkkerose (N) Vit näckros (S) *Nymphaea alba (Nymphaeaceae)*

H 0,5–3 m Juni–Aug.

Merkmale Schwimmblattpflanze, mit dickem Rhizom am Gewässerboden verankert. Blattstengel je nach Wassertiefe –3 m lang, große, rundliche Blätter, 10–30 cm breit, auf Wasseroberfläche schwimmend, Blüte 10–12 cm breit, 15–25 weißen Kronblättern und 11–22 gelben Staubblättern.

Vorkommen In Süd- und Mittelskandinavien, Finnland. Auf stehenden oder langsam fließenden Gewässern und Moorseen.

Wissenswertes Seerosen bilden einen Schwimmblattgürtel auf nährstoffreichen, ruhigen Seen. Mittags sind die Blüten voll geöffnet und wirken besonders prächtig. Sie werden von Käfern und Fliegen bestäubt. Der Samen ist in einen Samenmantel, den sogenannten Arillus, eingehüllt, der als lufthaltiger Schwimmsack der besseren Verbreitung dient. Im Tiveden-Nationalpark (s. S. 122) gibt es eine Farbvariante, die Rotblühende Weiße Seerose, die – 1856 entdeckt – die erste Art war, die in Schweden unter Naturschutz gestellt wurde.

3 Sumpfdotterblume Soleihov (N) Kabbleka (S) *Caltha palustris (Ranunculaceae)*

H 15–40 cm Mai–Juni

Merkmale Staude mit wechselständigen Blättern. Stengel hohl und mehrblütig. 15 cm breite Grundblätter lang gestielt, Stengelblätter sitzend, alle herz- bis nierenförmig, am Rand gekerbt und dunkelgrün. Fünf leuchtend gelbe Blütenblätter, viele Staubgefäße und fünf bis acht Fruchtknoten.

Vorkommen In Skandinavien und Finnland, von den Tallagen bis ins Gebirge. Auf Feucht- und Sumpfwiesen, in Straßengräben.

Wissenswertes Die für das menschliche Auge einheitlich gelben Blütenblätter haben „Saftmale", die nur für das ultraviolett empfindliche Insektenauge erkennbar sind; diese Saftmale sind Wegweiser zum Nektar. Die dadurch angelockten Insekten bestäuben die Blüte durch mitgebrachten Pollen.

4 Europäische Trollblume Ballblom (N) Smörbollar (S) *Trollius europaeus (Ranunculaceae)*

H 30–60 cm Juni–Juli

Merkmale Hochstaude, Stengel unverzweigt, meist mit einer, selten zwei bis drei kugelige Blüten. Blätter handförmig geteilt, mit ungleichen Zipfeln. Blüte 3–5 cm breit mit fünf bis zehn goldgelben Blütenhüllblättern, die sich zusammenneigen.

Vorkommen In weiten Teilen Skandinaviens und Finnlands. Im Fjellbirkenwald.

Wissenswertes Die Trollblume hat eine boreale und montane Verbreitung, bevorzugt basen- und nur mäßig stickstoffreiche, feuchte Böden. Oft ist sie im Birkenwald mit anderen Feuchthochstauden aus **Echtem Mädesüß** (*Filipendula ulmaria,* s. S. 242), **Waldstorchschnabel** *(Geranium sylvaticum)* und anderen *Ranunculus*-Arten vergesellschaftet.

1

2

3

4

1 **Gewöhnliche Akelei** Akeleie (N) Akleja (S) *Aquilegia vulgaris (Ranunculaceae)*

H 30–60 cm Mai–Juli

Merkmale Grundständige Blätter, lang gestielt, doppelt dreiteilig, meist blaugrün. Drei bis zehn Blüten in lockerer Traube, blauviolett, 3–5 cm lang. Zahlreiche Staubblätter wenig aus der Blüte herausragend, fünf lange Sporne, diese oben nach innen gekrümmt.

Vorkommen In Südskandinavien. In lichten Laubwäldern.

Wissenswertes Die Akelei ist eine wärme- und kalkliebende Pflanze. Der spornartige Auswuchs bei den Arten der Gattung *Aquilegia* ist in Anpassung an die Blütenbesucher jeweils unterschiedlich entwickelt; im Sporn ist der Nektar verborgen.

2 **Buschwindröschen** Kvitsymre (N) Vitsippa (S) *Anemone nemorosa (Ranunculaceae)*

H 10–20 cm April

Merkmale Blätter stehen zu dritt, fast quirlständig gestielt und bis zum Grund geteilt. Blüte einzeln, mit sechs bis acht weißen, außen rosa Blütenblättern. Nußfrucht.

Vorkommen In Skandinavien und Finnland. Im Laub- und Laubmischwald, seltener im lichten Birkenfjellwald.

Wissenswertes Die Buschwindröschen zählen zu den Frühjahrsblühern und gedeihen in der Krautschicht auf nährstoffreichen Böden. Im norwegischen Rago-Nationalpark, der schon nördlich des Polarkreises liegt, blühen die Buschwindröschen wesentlich später, im Juli, zusammen mit dem **Schwedischen Hartriegel** (*Cornus suecica*, s. S. 244). In Südskandinavien hat das eng verwandte, seltenere **Gelbe Buschwindröschen** *(Anemone ranunculoides)* seine nördliche Verbreitungsgrenze.

3 **Nordischer Eisenhut**

Tyrihjelm (N) Nordisk stormhatt (S) *Aconitum septentrionale (Ranunculaceae)*

H 30–100 cm Juni–Aug.

Merkmale Hochstaude, Stengel aufrecht, Blätter wechselständig und fast bis zum Grund geteilt mit schmalen Zipfeln, Blüten in einer Traube angeordnet, blauviolett, oberstes Blütenblatt helmförmig. Giftig.

Vorkommen In Skandinavien in den Skanden. Im Fjellbirkenwald.

Wissenswertes Er gedeiht besonders üppig an Südhängen und auf mineralreichen Böden entlang den Bächen. Oft ist er vergesellschaftet mit **Schmalblättrigem Weidenröschen** (*Epilobium angustifolium*, s. S. 244) und dem violett blühenden **Waldstorchschnabel** *(Geranium sylvaticum)*. Sie bilden mit weiteren Pflanzen die Nordische Hochstaudenflur, eine Vegetationsstufe, die sich am Übergang von den Tallagen zum Fjellbirkenwald entwickelt. Die Größe dieser Hochstaudengewächse ist abhängig vom Boden und den klimatischen Bedingungen. Der Eisenhut enthält stark wirkende Esteralkaloide mit dem Hauptinhaltsstoff Aconitin, einem der stärksten Pflanzengifte überhaupt.

4 **Gewöhnliche Küchenschelle** Kubjølle (N) Backsippa (S) *Pulsatilla vulgaris (Ranunculaceae)*

H 5–30 cm Ende April–Mai

Merkmale Stengel zottig und weißhaarig, Grundblätter mehrfach fiederteilig, mit etwa 4 mm breiten Zipfeln, erst nach der Blüte erscheinend. Blüte glockig, hell- bis dunkelblauviolett, sechs Blütenblätter, 4–5 cm lang. Nußfrucht mit behaarten, verlängerten Griffeln (= Federschwänzen).

Vorkommen In Südskandinavien. Auf Kalkmagerrasen an sonnigen Standorten.

Wissenswertes Die Gewöhnliche Küchenschelle ist eine typische Pflanze, die auf Magerrasen, an sonnigen Hängen zusammen mit kalkliebenden Orchideen vorkommt. Im Stenshuvud-Nationalpark wächst sie auf den windexponierten Heiden mit lichten **Wacholdern** (*Juniperus* spec.). In Norwegen gilt die **Frühlings-Küchenschelle** *(Pulsatilla vernalis)* als Charakterpflanze der alpinen Zone auf Moränendecken, z. B. im Jotunheimen und im Dovrefjell. Sie blüht im Mai kurz nach der Schneeschmelze auf Silikatböden mit zart rötlichen Blüten und ist mit 5–15 cm kleiner als die Gewöhnliche Küchenschelle. Die Federschwänze der Nußfrüchte dienen der Windverbreitung.

1

2

3

4

1 Leberblümchen Blåsymre (N) Blåsippa (S) *Hepatica nobilis (Ranunculaceae)*

H 5–15 cm April

Merkmale Mehrere behaarte Stengel mit je einer Blüte, Blätter grundständig, überwinternd, dreilappig mit grüner Ober- und rotbrauner oder violetter Unterseite. Sechs bis zehn blaue, seltener weiße Blütenblätter, dicht unter der Blüte drei grüne Hochblätter. Nußfrucht länglich behaart mit kurzem Schnabel.

Vorkommen In Süd- und Mittelskandinavien. Im Laub- und Laubmischwald.

Wissenswertes Das Leberblümchen gehört zu den typischen Frühjahrsblühern; zuerst treibt es die Blüte mit Reservestoffen aus dem vergangenen Jahr, erst danach erfolgt die Blattentwicklung. Seine Blüten werden von pollenfressenden Käfern bestäubt, seine Samen von Ameisen verschleppt.

2 Scharbockskraut Vårkål (N) Svalört (S) *Ranunculus ficaria (Ranunculaceae)*

H 5–20 cm April–Mai

Merkmale Niederliegend, oft Wurzeln keulenförmig verdickt, Blätter gestielt, rundlich bis herzförmig. Blüte leuchtend gelb, 2–3 cm breit mit acht bis zwölf blumenartigen Honigblättern und drei kelchartigen äußeren Blütenhüllblättern.

Vorkommen In Südskandinavien. Im Laub- und Laubmischwald. Sonst in Europa.

Wissenswertes In den Blattachseln und an den Wurzeln sitzen oft kleine Brutknollen (= Bulbillen), die der vegetativen Vermehrung dienen. Das Scharbockskraut ist ein typischer Frühjahrsblüher. Diese raschlebigen, nährstoffbedürftigen und gegen Austrocknung empfindlichen Pflanzen gedeihen nur auf sehr fruchtbaren Böden. Hier treiben sie im Vorfrühling noch vor der Belaubung der Bäume ihre Blüten aus. Sobald sich mit zunehmender Sonnenbestrahlung die obere Bodenschicht erwärmt, sterben sie ab. Die Frühjahrsblüher müssen also innerhalb von 8–12 Wochen Blüte, Blätter und Früchte oder Brutknospen bilden und zusätzlich noch genügend Reservestoffe in Zwiebeln, Knollen oder Rhizomen speichern, um im darauffolgenden Vorfrühling gleich wieder Blüten zeigen zu können. Diese intensive Stoffproduktion ist nur auf sehr nährstoffreichen Böden gewährleistet. In Nordskandinavien – mit Hauptverbreitung im Osten Finnlands – gedeiht das feuchtigkeitsliebende **Lappländische Scharbockskraut** *(Ranunculus lapponicus)* im Fichtensumpfwald. Wo der Sumpfwald durch forstwirtschaftliche Maßnahmen trockengelegt wird, stirbt es aus.

3 Gletscherhahnenfuß Issoleie (N) Isranunkel (S) *Ranunculus glacialis (Ranunculaceae)*

H 5–15 cm Juli–Aug.

Merkmale Stengel aufrecht und meist mehrblütig, Grundblätter gestielt, fleischig, dunkelgrün und dreigeteilt. Stengelblätter sitzend und handförmig drei- bis fünfspaltig. Blüten aus weißen bis hellroten Kronblättern, Kelchblätter dunkelbraun und behaart.

Vorkommen In Skandinavien, in den Skanden bis knapp 2.400 m, verstreut in Nordfinnland. Fjellpflanze auf Silikatschutt.

Wissenswertes Der Gletscherhahnenfuß hält in Skandinavien den Höhen- und Kälterekord. Er ist hochspezialisiert an die extremen Lebensbedingungen in der hochalpinen Stufe angepaßt, wo die Vegetationszeit sehr kurz ist. So schafft er es innerhalb von nur 3 Wochen, die notwendige Energie für den nächsten Sommer zu speichern. Als Überlebenskünstler kann er sogar einige Jahre unter der Schneedecke überdauern, ohne oberirdische Triebe oder gar Blüten auszubilden, und stirbt dennoch nicht ab.

4 Arktischer Mohn Fjellvalmue (N) Fjällvallmo (S) *Papaver radicatum (Papaveraceae)*

H 15–25 cm Mitte Juni–Aug.

Merkmale Zarte Staude, lange, dünne Stengel. Blätter grundständig, fiederlappig. Blüten 2–4 cm groß, kräftig gelb.

Vorkommen In Skandinavien im Gebirge. Schuttsiedler der oberen alpinen Stufe.

Wissenswertes Der Arktische Mohn ist in Skandinavien relativ selten und kommt in mehreren Unterarten vor. Er gedeiht oberhalb der Baumgrenze im Hochfjell auf nährstoffreichen Böden. Der Milchsaft enthält giftige Alkaloide, u. a. Morphin.

1

2

3

4

1 **Rosenwurz** Rosenrot (N, S) *Sedum rosea (Crassulaceae)*

H 10–35 cm Juni–Aug.

Merkmale Mit fleischigem Stengel und wechselständigen, lanzettförmigen, blaugrünlichen Blättern. Rote **(1a)** oder gelbe **(1b)** Blüten in Trugdolden, männliche und weibliche Blüten auf verschiedenen Pflanzen.

Vorkommen In weiten Teilen Skandinaviens und Finnlands. Von der Küste bis ins Gebirge. In Silikat-Felsspalten und Felsküsten.

Wissenswertes Die Grundachsen duften rosenartig. Die Rosenwurz klammert sich z. B. an Felsküsten nahe bei Vogelkolonien, wo deren Kot den Boden für diese stickstoffliebende Pflanze düngt.

2 **Fetthenne** oder **Scharfer Mauerpfeffer**

Bitterbergknapp (N) Gul fetknopp (S) *Sedum acre (Crassulaceae)*

H 5–15 cm Juni–Juli

Merkmale Rasenbildend, reich verzweigte Pflanze. Blätter dick, eiförmig, am Grund abgerundet, 4–7 mm lang, von scharfem Geschmack. Blütenkronblätter 6–7 mm lang, fein zugespitzt und goldgelb.

Vorkommen In Südskandinavien. An sonnigen Felsspalten, auf Gesteinsschutt.

Wissenswertes Im Süden Skandinaviens liegt seine Verbreitungsgrenze. Die fleischigen Blätter mit Wasserspeichergewebe sind eine Anpassung an trockene Standorte.

3 **Mittlerer Sonnentau** Dikesoldogg (N) Småsileshår (S) *Drosera intermedia (Droseraceae)*

H 3–10 cm Juni–August

Merkmale Ganz ähnlich dem **Rundblättrigen Sonnentau** (s. u.), aber Blattspreite zwei- bis viermal so lang wie breit.

Vorkommen In weiten Teilen Skandinaviens und Finnlands. Im Moor.

Wissenswertes Die Sonnentauarten sind als Moorspezialisten an hohe Wasserstände und geringen Nährstoffnachschub angepaßt. Sie kommen meist in den Schlenken der Hochmoore vor, also in den feuchteren Senken.

4 **Rundblättriger Sonnentau**

Rundsoldogg (N) Rundsileshår (S) *Drosera rotundifolia (Droseraceae)*

H 5–15 cm Juli–Aug.

Merkmale Winzig. Blätter in grundständiger Rosette, lang gestielt und rund mit klebrigen Drüsenhaaren (=Tentakeln), Einzelblüten aus je fünf weißen Kronblättern.

Vorkommen In weiten Teilen Skandinaviens und Finnlands. Im Moor.

Wissenswertes Die Sonnentauarten gehören zu den fleischfressenden Pflanzen, eine Anpassung an die nährstoffarmen Hochmoore, mit deren Hilfe sie sich zusätzlich Stickstoff besorgen. Der Insektenfangmechanismus erfolgt durch Klebfallen. Die Blätter tragen zahlreiche Tentakel, an deren Enden Drüsenköpfchen mit klebrigem Sekret sitzen. Angelockt durch einen Duftstoff bleibt ein Insekt bei Berührung an den Tentakeln kleben. Diese krümmen sich daraufhin zur Blattmitte und umschließen das Tier, das bis auf den Chitinpanzers aufgelöst wird.

5 **Hohler Lerchensporn** Hollerkespore (N) Hålnunneört (S) *Corydalis bulbosa (Fumariaceae)*

H 15–30 cm April–Mai

Merkmale Blätter doppelt dreizählig, blaugrün. Endständige Traube aus 10–20 lilarötlich oder weiß gefärbten Blüten, je 18–28 mm lang. Einzelblüte aus zwei äußeren Kronblättern: die Oberlippe nach rückwärts lang gesporng und vorne verbreitert, die Unterlippe ebenfalls vorne verbreitert.

Vorkommen In Südskandinavien. In Laub-, besonders Buchenwäldern.

Wissenswertes Der Lerchensporn gedeiht nur auf nährstoffreichen, nicht sauren Böden. Er kann nur von Insekten mit langen Rüsseln besucht werden, da sein Nektar tief im hohlen Blütensporn verborgen ist. Am Samen hängt ein Anhängsel (= Elaiosom) mit Lock- und Nährstoffen, auf die sich bestimmte Ameisenarten spezialisiert haben. So verschleppen Ameisen die Frucht bzw. den Samen (= Myrmecochorie).

1a

1b

2

3

4

5

1 **Gewimperter** oder **Fetthennen-Steinbrech**

Gulsildre (N) Gullbräcka (S) *Saxifraga aizoides (Saxifragaceae)*

H 3–15 cm Juni–Aug.

Merkmale Niedrige Polsterpflanze, Blütenstengel bis oben beblättert. Blätter 8–15 mm lang, fleischig, schmal bis spitzstachelig, am Rande kurz bewimpert. Fünf bis zwölf Blüten in einer Rispe, zitronengelb bis orange und mit orangeroten Punkten.

Vorkommen In Skandinavien im Gebirge. Im Schutt und in Seggenmooren.

Wissenswertes Der Gewimperte Steinbrech gedeiht nur in artenreichen Moortypen. Er benötigt Kalkuntergrund und mehr Nährstoffe, als die bodensauren Hochmoore bieten.

2 **Knöllchensteinbrech**

Nyresildre (N) Mandelblomma (S) *Saxifraga granulata (Saxifragaceae)*

H 15–40 cm Mai

Merkmale Einjährige Pflanze mit verzweigtem, drüsenhaarigem Stengel und einem Blütenstand in einer lockeren Rispe. Grundblätter rosettenartig, rundlich bis nierenförmig und tief gekerbt. Blüte aus fünf weißen, 10–15 mm langen Kronblättern.

Vorkommen In weiten Teilen Skandinaviens und Finnlands. Im Fjell. Sonst fast ganz Europa.

Wissenswertes Der einjährige Knöllchensteinbrech besitzt zur vegetativen Fortpflanzung unterirdisch zahlreiche rundliche Brutzwiebeln, die aus fleischigen Niederblättern bestehen. Die Bestäubung der Blüten erfolgt überwiegend durch Schwebfliegen.

3 **Roter** oder **Gegenblättriger Steinbrech**

Rødsildre (N) Purpurbräcka (S) *Saxifraga oppositifolia (Saxifragaceae)*

H 2–6 cm Juni–Juli

Merkmale Niedrige Polsterpflanze mit dichten, gegenständigen Blättern. Blätter 2–5 mm lang, elliptisch, stumpf, blaugrünlich, etwas fleischig und am Rand bewimpert. Blüten einzeln, dunkelrot bis violett.

Vorkommen In Skandinavien und Nordfinnland im Gebirge. Fjellpflanze und Schuttsiedler der oberen alpinen Zone.

Wissenswertes Der Rote Steinbrech gehört zu den prächtigsten Pflanzen im Hochfjell; dem Fjell fehlt ansonsten die Blütenpracht der Hochgebirgsmatten. Die Pflanze ist sehr anpassungsfähig, bevorzugt aber feuchte Böden. Nach den Eiszeiten hat sie sich von den Gebirgen Südeuropas bis zur Arktis ausgebreitet und zählt heute im hohen Norden zu den häufigsten Blütenpflanzen. In Jotunheimen in Norwegen (s. S. 55) kommt sie bis auf 2.300 m vor.

4 **Straußsteinbrech** Bergfrue (N) Fjällbrud (S) *Saxifraga cotyledon (Saxifragaceae)*

H 15–30 cm Juni–Aug.

Merkmale Blütenstengel oft vom Grund an verzweigt, Rosettenblätter linealförmig, –1,5 cm breit, 6 cm lang, regelmäßig fein gesägt. Weiße Kronblätter mit purpurnem Fleck, dreimal so lang wie die Kelchzipfel.

Vorkommen In Skandinavien im Gebirge. In feuchten Felsspalten. Selten.

Wissenswertes Der Straußsteinbrech gedeiht mit seinen hochaufragenden Blütenständen an felsigen Stellen zwischen Blockschutt.

5 **Sumpfherzblatt** Jåblom (N) Slåtterblomma (S) *Parnassia palustris (Saxifragaceae)*

H 10–30 cm Juli–Aug.

Merkmale Staude, grundständige, herzförmige, langgestielte Blätter, darüber ein Blatt stengelumfassend, endständige Blüte, 1–3 cm breit mit fünf weißen, ovalen Kronblättern.

Vorkommen In weiten Teilen Skandinaviens und Finnlands. Im Fjell und in kalkreichen Seggenmooren.

Wissenswertes Das Sumpfherzblatt kommt oft zusammen mit dem **Gewimperten Steinbrech** (s. o.) in Seggenmooren vor, da beide nährstoffreichen Kalkuntergrund benötigen.

1

4

2

3

5

1 **Moltebeere** Molte (N) Hjortron (S) *Rubus chamaemorus (Rosaceae)*

H 5–20 cm Ende Mai–Juni

Merkmale Zwergstrauch mit unterirdisch kriechenden Trieben, einem verholzten, stachellosen Stengel und einer endständigen Blüte. Pflanze zweihäusig. Blätter herz- bis nierenförmig, mit fünf bis sieben rundlich gezähnten, leicht eingebuchteten Lappen. Blüte mit fünf weißen Kronblättern, 2 cm breit. Sammelfrucht hellrot, später orangefarben, eßbar.

Vorkommen In weiten Teilen Skandinaviens und Finnlands. Im Moor. Sonst Nordwestdeutschland.

Wissenswertes Die Moltebeere ist mit unserer **Brombeere** *(Rubus fructicosus)* und der **Himbeere** *(Rubus idaeus)* verwandt. Sie entwickelt allerdings nur jedes Jahr eine Sammelfrucht in Anpassung an die extremen Bedingungen des Nordens. Sie gedeiht auf Bulten und an trockeneren Moorrändern; sie gilt als Charakterpflanze der nordischen Moore. Die ausgereifte Frucht ist gelborange und schmeckt süßlich. Schon die Seefahrern schätzten sie wegen ihres hohen Vitamin-C-Gehaltes sehr; sie half, Skorbut zu vermeiden.

2 **Sumpfblutauge** Myrhatt (N) Kråkklöver (S) *Potentilla palustris (Rosaceae)*

H 15–25 cm Juni–Juli

Merkmale Kriechende Staude, bis 60 cm weit reichend, Stengel bogig aufsteigend, Blätter mit drei bis sieben gesägten Fiederblättern, auf der Oberseite dunkelgrün, auf der Unterseite grau- bis blaugrün. Blüte dunkelrot, Kronblätter unscheinbar, bleiben bis zur Fruchtreife, mit 3–8 mm Länge nur halb so lang wie die purpurnen, blütenblattartigen Kelchblätter. Außenkelch grün.

Vorkommen In Skandinavien und Finnland, verstreut in feuchten Moorsenken.

Wissenswertes Das Sumpfblutauge meidet Kalkflächen und gedeiht in sehr feuchten Moorsenken oder im Randsumpf eines Moores, dem Lagg – z. B. im Hamra-Nationalpark (s. S. 142). Interessant ist der Blütenbau, denn nicht die Kron-, sondern die Kelchblätter sind auf der Innenseite intensiv purpurn gefärbt.

3 **Alpenfrauenmantel** Fjellmarikåpe (N) Fjällkåpa (S) *Alchemilla alpina (Rosaceae)*

H 10–-15 cm Ende Juni–Aug.

Merkmale Staude. Blätter handförmig in fünf bis neun schmale Abschnitte zerteilt, Blattoberseite grün, am Rand und unterseits silbrig-seidenhaarig, vorne gezähnt. Rispiger Blütenstand, Blütenhülle nur aus Kelchblättern, unscheinbar gelbgrünlich, etwa 3 mm breit. Blütenstiele kürzer als Blüten.

Vorkommen In Skandinavien. Im Gebirge im Hochfjell der alpinen Stufe.

Wissenswertes Der Alpenfrauenmantel ist eine typische Pflanze des Fjells. Relativ unscheinbar gedeiht sie auf Silikatböden und meidet kalkhaltigen Untergrund. In Skandinavien kommt auch der **Gewöhnliche Frauenmantel** *(Alchemilla vulgaris)* vor. Er ähnelt dem Alpenfrauenmantel, die Blätter sind aber größer, die Pflanze erreicht bis zu 30 cm Höhe. Beim Frauenmantel sieht man oft – besonders in Zeiten hoher Luftfeuchtigkeit – Tropfen am Blattrand. Dabei handelt es sich nicht um Tau, wie oft fälschlich angenommen wird, sondern um von der Pflanze aktiv ausgeschiedenes Wasser.

4 **Bachnelkenwurz** Englehumleblom (N) Humleblomster (S) *Geum rivale (Rosaceae)*

H 20–60 cm Mai–Juni

Merkmale Hochstaude, Stengel locker verzweigt mit mehreren abstehend behaarten, nickenden Blüten. Grundblätter langgestielt, rundlich und dreiteilig bis zum Grund, Lappen grob gezähnt. Blüte 1–1,5 cm lang, glockenförmig. Blütenblätter außen rötlich, innen gelb, Kelchblätter braunrot und anliegend.

Vorkommen In Süd- und Mittelskandinavien sowie in Finnland. Auf Feuchtwiesen, an Bächen und Flachmooren.

Wissenswertes Die Bachnelkenwurz gehört zu den Rosengewächsen, einer Familie mit über 2.000 vor allem auf der Nordhalbkugel verbreiteten Arten. Die Blüten der Bachnelkenwurz mit den zahlreichen langen Staubblättern sehen sehr hübsch aus.

1

2

3

4

1 **Silberwurz** Reinrose (N) Fjällsippa (S) *Dryas octopetala (Rosaceae)*

H 2–10 cm Juni–Aug.

Merkmale Mattenbildender Zwergstrauch, Blätter stumpfoval, gekerbt und gestielt, 1–3 cm lang, mit dunkelgrüner Oberseite, Unterseite weißfilzig. Blüten einzeln, 2–3 cm breit, lang gestielt mit sieben bis neun weißen Kronblättern, viele Staubgefäße.

Vorkommen In Skandinavien, verstreut in Nordfinnland. Im Gebirge, Fjellpflanze der alpinen Stufe. Sonst in Gebirgen Mitteleuropas.

Wissenswertes Die Silberwurz ist eine alpine Hochgebirgspflanze, die auf Kalkschutt oft große Flächen bedeckt. Diese arktisch-alpine Art hatte während der Eiszeiten eine viel größere Verbreitung über Europa als heute. Sie gilt als Leitart der eiszeitlichen „Dryas-Flora". Mit der Klimaerwärmung hat sich ihr Areal auf den Norden und die Gebirge Mitteleuropas, z. B. die Alpen, verkleinert. Sie zählt zu den Spätblühern und entwickelt erst ihre Blüte, wenn der Schnee schon längst geschmolzen ist. Unverwechselbar sind ihre ledrigen, unterseits behaarten Blätter, die ihr den Namen gaben. In diesen kalten Regionen wachsen die Pflanzen bemerkenswert langsam: Eine nur 8–10 cm hohe Silberwurz kann durchaus 100 Jahre alt sein.

2 **Frühlings-Fingerkraut** Mure (N) Småfingerört (S) *Potentilla verna (Rosaceae)*

H 5–15 cm Mai–Juli

Merkmale Niederliegende Staude mit blattlosen Rosettentrieben, dichte Polster bildend. Blätter fünf- bis siebenzählig gefingert, behaart. Nebenblätter der Grundblätter linealisch, die der Stengelblätter ei-lanzettlich. Drei bis fünf gelbe Blüten, 1–2 cm breit.

Vorkommen In Südskandinavien. Auf Magerrasen. Sonst in Mitteleuropa.

Wissenswertes Das Frühlings-Fingerkraut bevorzugt trockene, kalkreiche Böden und kommt in Schweden z. B. auf Öland vor. Der Name Fingerkraut bezieht sich auf die geteilten Blätter.

3 **Echtes Mädesüß** Mjødurt (N) Älggräs (S) *Filipendula ulmaria (Rosaceae)*

H 50–100 cm Juni–Juli

Merkmale Hochstaude. Stengel kantig und kahl mit großen gefiederten Blättern, Fiederblätter eiförmig, 4–6 cm lang und doppelt gesägt, dazwischen kleine Fiederchen. Winzige, 6–9 mm breite Blüten in einer ästigen Trugdolde sehr dicht zusammenstehend, eine Blüte mit fünf bis sechs rund- bis eiförmigen, weißlichen Kronblättern. Duftend.

Vorkommen In weiten Teilen Skandinaviens und Finnlands. Auf Feuchtwiesen und in Fichtensumpfwäldern. Sonst in Europa. Häufig.

Wissenswertes Das Mädesüß ist eine spätblühende Sommerpflanze. Sie bevorzugt feuchte, mineralreiche Böden entlang von Bachufern und ist eine der Charakterpflanzen der Hochstaudenflur. Sie enthält ätherische Öle und Gerbstoffe. Auf Mahdwiesen stellt sie eine wichtige Futterpflanze dar.

4 **Seidelbast** Tyrbast (N) Tibast (S) *Daphne mezereum (Thymelaeaceae)*

H 30–120 cm April

Merkmale Strauch mit rutenförmigen Zweigen, an der Spitze beblättert, im oberen Teil sitzen ährenartig angeordnet die Blüten ohne Stiel direkt am Zweig. Blätter 5–12 cm lang, hellgrün und lanzettförmig. Blüte 10–14 mm breit, vierzipfelig, rosa bis violettrot. Kugelige beerenartige Steinfrucht, ziegelrot, 6–10 mm breit. Giftig.

Vorkommen In Süd- und Mittelskandinavien, selten. In Laubmischwäldern.

Wissenswertes Im Skuleskogen-Nationalpark in Schweden (s. Tip S. 145) erreicht der Seidelbast seine nördliche Verbreitungsgrenze. Er blüht sehr zeitig im Jahr, noch bevor er seine Blätter erscheinen läßt. Die Blüten sind allerdings so klein, daß man sie im Wald oft übersieht und die Pflanze eher an ihrem süßlichen Duft erkennt. Sie enthält das starke Gift Mezerin, außerdem die Gifte Daphnetoxin und Daphnin (ein Cumaringlycosid).

1

2

3

4

1 Schmalblättriges Weidenröschen
Geitrams (N) Mjölkört (S) *Epilobium angustifolium* *(Oenotheraceae)*

H 50–120 cm Juli–Sept.

Merkmale Hochstaude, Stengel kantig mit wechselständigen, schmal-lanzettförmigen, 8–12 cm langen, kahlen Blättern. Blüten in langer, aufrechter, lockerer Traube, rosa bis violettrot, 2–3 cm breit, Kronblätter kurz gestielt.

Vorkommen In Süd- und Mittelskandinavien. Im Birkenwald. Sonst in fast ganz Europa.

Wissenswertes Das Schmalblättrige Weidenröschen gilt als eine typische Pflanze der Nordischen Hochstaudenflur. Im Sommer bringt sie den Fjellbirkenwald zusammen mit dem blaublühenden **Nordischen Eisenhut** (*Aconitum septentriole*, s. S. 232) und dem blau violetten **Waldstorchschnabel** *(Geranium sylvaticum)* zum Erleuchten. Weidenröschen bilden ausgedehnte Bestände, weil der Wurzelstock kriecht und Tochtersprossen treibt. Da die klimatischen Verhältnisse sehr ähnlich sind, tritt es auch in Nordamerika in lichten Taigawäldern auf. Seine Blütezeit liegt sehr spät; wenn es verblüht, fällt in höheren Lagen meist schon der erste Schnee.

2 Waldengelwurz Sløke (N) Strätta (S) *Angelica sylvestris* *(Apiaceae)*

H 80–150 cm Juli–Sept.

Merkmale Hochstaude, Stengel rund, hohl und weißlich bereift. Blätter zweifach gefiedert und dunkelgrün, Fiederblätter 6–12 cm lang, eiförmig bis lanzettlich, fein gesägt. Blattscheiden groß und bauchig aufgeblasen. Die Blüte ist eine Dolde, 20–40strahlig, Doldenstiele flaumig behaart, Kronblätter weiß bis rötlich, anfangs grün.

Vorkommen In weiten Teilen Skandinaviens und Finnlands. Im feuchten Nadelwald und an Bächen. Sonst in Europa.

Wissenswertes Die Waldengelwurz wächst bestandsbildend oder zusammen mit anderen feuchtigkeitsliebenden, hochwüchsigen Pflanzen wie der **Goldrute** *(Solidago virgaurea)* oder dem **Waldstorchschnabel** *(Geranium sylvaticum)* auf Naßwiesen oder in feuchten Bergwäldern. Die Pflanze enthält Furocumarine und ätherische Öle, die in hoher Konzentration recht giftig wirken. Ähnlich der Waldengelwurz ist die **Echte Engelwurz** *(Angelica archangelica)*. Diese hat grünliche Blüten und hellgrüne, stark riechende Blätter. Auch findet man die Echte Engelwurz eher im Fjellbirkenwald; sie ist bis in den Stabbursdalen-Nationalpark in Nordnorwegen verbreitet.

3 Schwedischer Hartriegel Skrubbær (N) Hönsbär (S) *Cornus suecica* *(Cornaceae)*

H 5–15 cm Juni–Aug.

Merkmale Krautige Pflanze, Stengel aufrecht, vierkantig und unverzweigt. Blätter eiförmig, direkt am Stengel sitzend, drei- bis fünfnervig, unterseits blaugrünlich. Die endständige Blüte **(3a)** ist eine Dolde aus 8–25 dunkelroten, 2 mm langen Einzelblüten, die von vier weißen, 5–8 mm langen, eiförmigen Hochblättern (= Scheinblüte) umgeben sind. Früchte sind rote Beeren **(3b)**.

Vorkommen In weiten Teilen Skandinaviens und Finnlands. Im Fjellbirkenwald, seltener im borealen Nadelwald. Sonst Nordwestdeutschland.

Wissenswertes Der weithin leuchtend weiße Kranz von Hochblättern um die eigentlichen Blütendolden hat die Aufgabe, das Aussehen des ansonsten sehr unscheinbaren Blütenstandes für Blütenbesucher optisch attraktiver zu machen. Insekten werden so vermehrt angelockt, welche die Fortpflanzung des Hartriegels gewährleisten.

1

2

3a

3b

1 Alpensäuerling Fjellsyre (N) Fjällsyra (S) *Oxyria digyna (Polygonaceae)*

H 5–20 cm Juni–Aug.

Merkmale Staude, mehrstengelig mit grundständigen, lang gestielten, nierenförmigen Blättern. Traubiger Blütenstand, Blüte mit vier Blütenblättern, zweigeschlechtlich, rötlich oder grün, 2 mm groß, Frucht linsenförmig mit zwei purpurroten Flügeln.

Vorkommen In weiten Teilen Skandinaviens und Nordfinnlands. Auf der oberen alpinen Stufe im Hochfjell. Sonst in der Arktis und im Gebirge Mittel- und Südeuropas.

Wissenswertes Der Alpensäuerling ist eine typische Pionierpflanze und erweist sich als sehr anpassungsfähig. Er besiedelt kalkarme Steinschutt-Rohböden, auf denen der Schnee lange liegenbleibt, und bildet dort eine lückige Vegetationsdecke. Der Alpensäuerling gehört zum arktisch-alpinen Verbreitungstyp, wie auch z. B. die **Silberwurz** (s. S. 242), wobei sich die alpinen Ökotypen besser an die in den Alpen höheren, die arktischen Ökotypen besser an die dort vorherrschenden niedrigeren Temperaturen angepaßt haben. Die Blätter werden gelegentlich als Rohkost verzehrt, schmecken aber wegen ihres hohen Oxalsäuregehaltes sehr sauer.

2 Knöllchenknöterich Harerug (N) Ormrot (S) *Polygonum viviparum (Polygonaceae)*

H –15 cm Juli–Aug.

Merkmale Staude, langer Stengel, Blätter wechselständig, länglich, am Rand umgerollt, Blattoberseite dunkelgrün, Unterseite blaugrün. Blüte in Scheinähre, weißlich.

Vorkommen In Skandinavien und Finnland bis ins Gebirge. Im Fjellbirkenwald.

Wissenswertes Die klimatischen Bedingungen im hohen Norden verhindern in manchen Jahren, daß die Pflanze Blüten und Früchte bildet. Der Knöllchenknöterich kann sich daher auch vegetativ (= ungeschlechtlich) durch Brutknöllchen, die im unteren Teil der Scheinähre sitzen, fortpflanzen. Die Brutknöllchen keimen noch an der Mutterpflanze, fallen dann ab und können sofort weiterwachsen. Dies nennt man auch „lebendgebärend“ (= vivipar) – ein Vorteil im Überlebenskampf, der es dem Knöllchenknöterich auch erlaubt, Neuland zu besiedeln, z. B. dort, wo die Gletscher im Jostedalsgebiet (s. S. 53 ff.) gerade abgeschmolzen sind.

3 Alpenhornkraut Fjellarve (N) Fjällarv (S) *Cerastium alpinum (Caryophyllaceae)*

H –15 cm Juli–Aug.

Merkmale Mit abstehenden, wollig behaarten, graugrünen Sprossen und vier bis fünf Blüten. Blätter eiförmig, behaart und 5–20 mm lang. Blüte mit fünf tief ausgerandeten, weißen Kronblättern, die doppelt so lang wie die behaarten Kelchblätter sind.

Vorkommen In Skandinavien und Nordfinnland. Im Gebirge auf sauren Böden.

Wissenswertes Das lockere Rasen bildende Alpenhornkraut ist eine arktisch-alpine Art, die im lebensfeindlichen Hochfjell selbst an unwirtlichen Steilhängen noch gedeihen kann. Es schmiegt sich eng an den Boden. Gegen den drohenden Verlust von Feuchtigkeit schützt die wollige, dichte Behaarung, die gleichzeitig etwas Wärme speichert.

4 Alpenpechnelke Fjelltjæreblom (N) Fjällnejlika (S) *Viscaria alpina (Caryophyllaceae)*

H 5–15 cm Juli–Aug.

Merkmale Rasenbildend, aufrechter Stengel mit grundständiger Blattrosette, darüber gegenständige Blätter und ein dichter, kopfiger Blütenstand. Blätter lanzettlich, sitzend und am Grund etwas bewimpert. Blüten hellrot mit purpurstreifigem Schlund. Kronblätter vorne gezähnt.

Vorkommen In Skandinavien. Im Gebirge in der alpinen Stufe, im Kahlfjell.

Wissenswertes Die Alpenpechnelke ist eine arktisch-alpine Art, die nicht nur in Nordeuropa, sondern auch in den Alpen vorkommt. Heute sind ihre Verbreitungsgebiete weit voneinander isoliert (= disjunkt), während der Eiszeiten fand jedoch ein intensiver Florenaustausch zwischen dem arktischen Raum und den europäischen Gebirgsregionen statt. Die nacheiszeitliche Erwärmung führte dann zur heutigen Zerstückelung der ursprünglich geschlossenen Verbreitung.

1

2

3

4

1 **Stengelloses Leimkraut** Fjellsmelle (N) Fjällglim (S) *Silene acaulis* *(Caryophyllaceae)*

H 1–3 cm Juni–Aug.

Merkmale Polsterpflanze, dicht beblättert, Blätter gegenständig, hellgrün, gerade, 5–12 mm lang. Blüten stehen einzeln, kurz gestielt, 6–12 mm groß, dunkel- bis blaßrote Kronblätter.

Vorkommen In weiten Teilen Skandinaviens und Nordfinnlands. Von der Küste bis ins Gebirge. Meist im Kahlfjell auf kalkhaltigen Böden. Sonst in Gebirgen in Mittel- und Südeuropa.

Wissenswertes Der Polsterwuchs gilt als Anpassung an den extremen Standort: Starke Temperaturschwankungen dringen nicht bis ins Innere des Polsters, außerdem bietet diese Wuchsform Schutz vor Austrocknung durch die kalten, stets wehenden Winde. Die Blätter, durch die sich die Knospen schieben, stehen dicht gedrängt; die Blüten erheben sich kaum über den Blatt-Teppich. Allerdings benötigt die Pflanze rund 10 Jahre, bis sie zum ersten Mal Blüten bildet. Das Polster des Stengellosen Leimkrautes kann einen Durchmesser von bis zu 1,20 m besitzen. Verwechslungsgefahr besteht mit dem Polster des **Roten Steinbrechs** (s. S. 238), der allerdings verkehrt eiförmige und gegenständig stehende Blätter aufweist.

2 **Prachtnelke** Silkenellik (N) Praktnejlika (S) *Dianthus superbus* *(Caryophyllaceae)*

H 30–50 cm Juni–Aug.

Merkmale Pflanze bildet lockere Rasen. Blätter gegenständig, schmal, lanzettförmig, grünlich, –8 cm lang und 3–5 mm breit. Lockerer Blütenstand, Blüte mit fünf bleichrosa bis purpurroten Kronblättern, 15–35 mm lang, bis zur Mitte unregelmäßig zerschlitzt.

Vorkommen In weiten Teilen Skandinaviens und Finnlands. Entlang von Flußläufen und auf Wiesen. Sonst in fast ganz Europa, eher selten.

Wissenswertes Die Prachtnelke bevorzugt basenreiche, oft kalkhaltige Böden. In der duftenden Blüte ist der Nektar tief in der Kelchröhre verborgen, so daß ihn nur sehr langrüsselige Insekten erreichen können.

3 **Rote Lichtnelke**

Rød jonsokblom (N) Rödblära (S) *Melandrium rubrum = Silene dioica* *(Caryophyllaceae)*

H 30–50 cm Mai–Juni

Merkmale Staude dicht weichhaarig und zum Teil drüsig mit lockeren Blütenständen. Blätter am Stengel sitzend und eiförmig spitz. Blüte zweihäusig, entweder männliche oder weibliche Blüten, 2–3 cm lang mit fünf rotblauen, tief zweilappigen Kronblättern und einer weißen Nebenkrone am Schlund, nur am Tag geöffnet. Kelch stark behaart und bauchig.

Vorkommen In Süd- und Mittelskandinavien, Süd- und Mittelfinnland. Auf feuchten Wiesen mit basenreichen Böden. Sonst fast ganz Europa.

Wissenswertes Die Lichtnelke ist in Europa an Waldrändern und auf feuchten, stickstoffreichen Wiesen weit verbreitet. Je nach den klimatischen Standortverhältnissen weist sie einen anderen Habitus auf. In Süd- und Mitteleuropa mit wärmeren Temperaturen gedeiht sie am besten auf nährstoffreichen Böden, wo sie in dichten Büscheln sehr üppig und mit zahlreichen Blüten wächst. Je ungünstiger die Wachstumsbedingungen werden, desto weniger prächtig allerdings wächst sie: Die Pflanze ist in Skandinavien meist deutlich kleiner und entwickelt auch viel weniger Blüten.

1

2

3

1 Rundblättriges Wintergrün

Lækjevintergrøn (N) Vitpyrola (S) *Pyrola rotundifolia (Pyrolaceae)*

H 15–25 cm Juni–Juli

Merkmale Staude mit grundständigen Rosettenblättern und 8–15 Blüten, etwas nickend, in einer lockeren, aufrechten, allseitswendigen Traube. Blätter rundlich bis eiförmig, auch im Winter grün. Blüten 1 cm breit mit weißen, zuweilen rot überlaufenen Kronblättern, offen und glockenförmig. Griffel des Fruchtknotens ragt aus der Blüte heraus. Kelchzipfel lanzettlich, spitz und abstehend.

Vorkommen In weiten Teilen Skandinaviens und Finnlands. In lichten Nadelwäldern und im feuchten Birkenwald bis in die Fjellstufe. Sonst in Mitteleuropa.

Wissenswertes Die Wintergrün-Arten gehören zu den immergrünen Pflanzen. In Skandinavien kommt außerdem noch das **Einblütige Wintergrün** oder **Moosauge** *(Moneses uniflora)* vor. Das Rundblättrige Wintergrün enthält in geringen Mengen das Hydrochinonderivat Arbutin. Wegen der Seltenheit der Pflanze spielt sie pharmazeutisch keine Rolle mehr.

2 Kleines Wintergrün

Perlevintergrøn (N) Klotpyrola (S) *Pyrola minor (Pyrolaceae)*

H 10–15 cm Juni–Juli

Merkmale Staude mit grundständigen, rundlich-eiförmigen Rosettenblättern. Blüte mit weißen Kronblättern kugelig geschlossen und zu 5–20 in einer allseitswendigen, dichten Traube. Kelchblätter dreieckig, etwa so lang wie breit und der Blüte anliegend.

Vorkommen In weiten Teilen Skandinaviens und Finnlands. Im Nadelwald und im Birkenmoor. Sonst Mitteleuropa bis Mittelitalien.

Wissenswertes Während beim Kleinen Wintergrün die Blüten in charakteristischer dichter Traube stehen, sind sie beim **Rundblättrigen Wintergrün** (s. o.) locker am Stengel verteilt.

3 Europäischer Siebenstern

Skogstjerne (N) Skogsstjärna (S) *Trientalis europaea (Primulaceae)*

H 5–17 cm Juni–Juli

Merkmale Staude mit 2–5 cm langgestielten Blüten in den Blattachseln. Stengel aufrecht und im unteren Drittel blattlos, darüber Blätter lanzettförmig, ganzrandig, 2–4 cm lang, am Stengelende quirlartig angeordnet. Blüte mit weißen Kronblättern, 10–15 mm breit, weit geöffnet und fast bis zum Grund in sieben spitze Zipfel zerteilt. Kelchblätter mit sieben Lanzettzipfeln.

Vorkommen In weiten Teilen Skandinaviens und Finnlands. Im borealen Fichtenwald und in Mooren.

Wissenswertes Während der kalkmeidende Europäische Siebenstern in Mitteleuropa relativ selten vorkommt, ist er in Skandinavien eine häufige Waldpflanze im bodensauren, lichten Fichtenwald und im dichten Unterwuchs zwischen **Heidelbeeren** (*Vaccinium myrtillus*, s. S. 260).

4 Gewöhnliche Grasnelke

Fjørekoll (N) Strandtrift (S) *Armeria maritima (Plumbaginaceae)*

H 10–30 cm Juni–Juli

Merkmale Polsterpflanze mit dichtem, kugeligem, 1–3 cm breitem Blütenkopf. Zahlreiche Blätter in grundständiger Rosette, 5–12 cm lang und 1–2 mm schmal, länglich, einnervig und fleischig. Blüte mit fünf 6–8 mm langen, rosa Kronblättern.

Vorkommen In Skandinavien und Finnland an Meeresküsten auf felsigem Untergrund und auf Salzwiesen.

Wissenswertes Die Gewöhnliche Grasnelke ist eine Salzpflanze (= Halophyt), die nicht mehr täglich überflutet wird. Sie steht höher, wird aber von Sturmfluten und Gischt noch erreicht; an ihrem Standort ist der Salzgehalt des Bodens sehr hoch. Um nicht laufend auf osmotischem Wege Wasser zu verlieren, muß die Natriumchloridkonzentration im Zellsaft höher sein als in der Umgebung, denn sonst würde die Pflanze austrocknen und absterben. Die fleischigen (= sukkulenten) Blätter speichern Wasser, ein Effekt, den man von Pflanzen in Trocken- und Wüstengebieten kennt.

1

2

3

4

1 Schnee-Enzian Snøsøte (N) Fjällgentiana (S) *Gentiana nivalis (Gentianaceae)*

H 2–10 cm Juni–Aug.

Merkmale Zierliche, winzig kleine Pflanze mit grundständigen, kleinen, stumpfen, zu einer Rosette gehäuften Blättern; außerdem eiförmige und spitze Stengelblätter. Einzelne Blüte an den Astenden stieltellerförmig, himmelblau und 3–4 mm breit. Kelch gekielt oder schmalgeflügelt mit lanzettförmigen, spitzen Kelchzähnen.

Vorkommen In Skandinavien und Nordfinnland. In der alpinen Stufe bis 2.500 m im Feinschutt und im Kahlfjell auf Kalkuntergrund. Sonst in Gebirgen Mittel- und Südeuropas.

Wissenswertes Da der Schnee-Enzian einjährig ist, muß er im kurzen Sommer seine Blüte austreiben und Früchte hervorbringen. Er ist so winzig, daß man ihn auf einer Fjellwanderung leicht übersieht, zumal er seine Blüten erst bei einer Temperatur von über 10 °C öffnet – und sogleich schließt, wenn sich der Himmel bewölkt. Man kann dieses Phänomen bei Sonne beobachten, wenn man die Hand zur Beschattung über die Blüte hält.

2 Feldenzian Bakkesøte (N) Fältgentiana (S) *Gentiana campestris (Gentianaceae)*

H 5–25 cm Juli–Aug.

Merkmale Staude, oft vom Grund an verzweigt, mit spatelförmigen, gegenständigen Blättern. Blüte mit vier blauvioletten **(2a)**, seltener weißen **(2b)** Kronblättern. Krone im Schlund mit weißen Haaren. Vier ungleichzipfelige Kelchblätter.

Vorkommen In Skandinavien und Nordfinnland. Im Fjell. Sonst im Gebirge in Europa.

Wissenswertes Der Feldenzian ist wie der Schneenzian eine einjährige Pflanze. Er meidet allerdings Kalkuntergrund und ist auf Silikatböden verbreitet. Weiße und blaue Feldenziane nebeneinander kann man beim Aufstieg zum Dovrefjell finden (s. S. 36).

3 Fieberklee Bukkeblad (N) Vattenklöver (S) *Menyanthes trifoliata (Menyanthaceae)*

H 15–30 cm Mai

Merkmale Sumpfpflanze, Staude mit dickem, lang kriechendem Rhizom. Blätter langgestielt, wechselständig, dreizählig, gefingert und umgekehrt-eiförmig. Blüte weiß bis rötlich in aufrechter, dichter Traube, Blütenkrone kurztrichterförmig mit fünf zurückgeschlagenen, bärtigen Zipfeln.

Vorkommen In Skandinavien und Finnland. In den nährstoffarmen Schlenken der Niedermoore und an feuchten offenen Stellen. Sonst in Mitteleuropa und im Gebirge Südeuropas.

Wissenswertes Die dreigeteilten Blätter erinnern an Klee, daher nennt man die Pflanze Fieber- oder Bitterklee. Doch mit den Kleearten aus der Familie der Fabaceen besteht keinerlei Verwandschaft, vielmehr mit den Enziangewächsen. Der Fieberklee fällt durch seinen bitteren Geschmack auf, der von der Bitterdroge Folia Trifolii fibrini herrührt.

4 Weiße Schwalbenwurz
Svalerot (N) Tulkört (S) *Cynanchum vincetoxicum (Asclepiadaceae)*

H 30–100 cm Juni–Juli

Merkmale Staude, Stengel hoch und flaumig, Blätter gegenständig, länglich, herz- bis eiförmig zugespitzt, dunkel- bis blaugrün und 8–12 cm lang. Blütenstand doldig-traubig aus kleinen, gelblichweißen Blüten in den oberen Blattachseln und am Stengelende. Blüten an manchen Stellen knäuelig gehäuft. Blüte mit fünf Kronblättern, Krone trichterförmig, 4–7 mm breit und mit einer nektarführenden Nebenkrone als Anhängsel an den Staubblättern. Giftig!

Vorkommen Nur in Südskandinavien. An sonnigen, trockenen Standorten.

Wissenswertes Die wärme- und kalkliebende Schwalbenwurz kommt eher in Eichenwäldern, an sonnigen Gebüschen und warmen Steinschuttfluren vor. Die Pflanze ist giftig, sie enthält den Bitterstoff Vincetoxin, ein Esterglykosid. Die Blüte besitzt einen Klemm-Mechanismus, damit das nektarsuchende Insekt seinen Rüssel nur aus einer engen Spalte befreien kann, wenn es die Pollen mitzieht.

1

2a

2b

3

4

1 Echtes Lungenkraut Lungeurt (N) Fläckig lungört (S) *Pulmonaria officinalis (Boraginaceae)*

H 15–30 cm April–Juni

Merkmale Staude, Grundblätter herz- bis eiförmig, meist mit großen, hellen Flecken, nach oben hin verschmälern sich die Blätter, werden oval bis stengelumfassend. Blütenstand doldenartig mit mehreren rötlichen, blauen oder violetten, gestielten Einzelblüten, 1 cm breit, leicht nickend.

Vorkommen In Südskandinavien. In krautreichen Laub- und Laubmischwäldern.

Wissenswertes Das Lungenkraut gedeiht nur auf sehr nährstoffreichen Mullböden und ist oft mit Frühjahrsblühern vergesellschaftet. Es beginnt schon früh im Jahr zu blühen, die Blüten bleiben aber bis zum Frühsommer erhalten. Die Blütenfarbe beruht auf wasserlöslichen Anthocyanen im Zellsaft. Ob die Blüte eher rosa oder mehr blauviolett aussieht, hängt davon ab, in welcher chemischen Form das Anthocyan vorliegt. Bei hohem Säuregehalt im Zellsaft ist die Blüte rosa; geht das Anthocyan mit Aluminium oder Eisen – Metalle, die in der Stoffwechselphysiologie eine Rolle spielen – einen sogenannten Chelatkomplex ein, ändert die rötliche Blüte ihre Farbe nach blau. Beide Blütenfarben sieht man oft gleichzeitig an einer Pflanze.

2 Gewöhnlicher Thymian Timian (N) Backtimjan (S) *Thymus serpyllum (Lamiaceae)*

H 5–30 cm Juni–Sept.

Merkmale Staude, Stengel kriechend bis aufsteigend, meist behaart. Blätter oval bis elliptisch, kahl oder behaart. Blütenstand am Ende der Zweige kopfig aus zahlreichen Lippenblüten. Kronblätter der Einzelblüte 3–6 mm lang, hell- bis dunkelrotviolett.

Vorkommen In Südskandinavien auf trockenen Standorten, z. B. auf Sandböden.

Wissenswertes Die „Sammelart" *Thymus serpyllum* ist sehr formenreich, oft treten Bastardierungen auf. Die Pflanze findet als Heil- und Gewürzkraut Verwendung, sie enthält ätherische Öle, vor allem Thymol.

3 Rauhhaariges Läusekraut

Lodnemyrklegg (N) Fjällspira (S) *Pedicularis hirsuta (Scrophulariaceae)*

H –20 cm Juli–Aug.

Merkmale Blätter fiederteilig und braungrün, Blütenstand kopfförmig mit zahlreichen rosafarbenen bis roten Lippenblüten.

Vorkommen In Nordskandinavien und Nordfinnland. Im Kahlfjell.

Wissenswertes Das Rauhhaarige Läusekraut ist eine arktische Art, die ihre südliche Verbreitungsgrenze z. B. in Norwegen im Saltfjellet-Svartisen-Nationalpark hat. Um an seinen sehr unwirtlichen Standorten überleben zu können, besitzt es eine dichte Behaarung – gegen Kälte und gegen Feuchtigkeitsverluste. Das gelbblühende **Braunspitzige Läusekraut** *(Pedicularis oederi)*, ebenfalls eine arktische Art, hat sein südlichstes Vorkommen in der Hardangervidda (s. S. 44 ff.) und im Dovrefjell (s. S. 36).

4 Karlszepter

Kongsspir (N) Kung Karls spira (S) *Pedicularis sceptrum-carolinum (Scrophulariaceae)*

H –50 cm Juli–Aug.

Merkmale Krautige Pflanze, Blätter 10–25 cm lang und bis auf den Mittelnerv fiederteilig, Blütenstand locker mit mehreren Lippenblüten. Blütenkrone bis –3 cm lang, schwefelgelb, ihr Schlund durch die zusammenneigenden Lippen fast geschlossen, Oberlippe sichelförmig, Spitze der Unterlippe blutrot.

Vorkommen In Skandinavien und Nordfinnland. In Flachmooren, selten.

Wissenswertes Das Karlszepter ist von allen Läusekräutern das stattlichste. Die für Skandinavien und Finnland typische Pflanze wächst in Mooren und entlang von Bächen. Die Läusekräuter (wie auch das **Rauhhaarige Läusekraut**, s. o.) leben als Wurzelparasiten: Ihre Wurzeln zapfen über kleine Saugorgane (= Haustorien) die Wurzeln ihres Wirtes an, meist Gräser, und entziehen ihnen Wasser und anorganische Nährstoffe. Die Läusekräuter betreiben jedoch mit ihren grünen Blättern selbst Photosynthese; man bezeichnet sie deshalb als Halbschmarotzer.

1

2

3

4

1 Roter Fingerhut

Revebjølle (N) Fingerborgsblomma (S) *Digitalis purpurea (Scrophulariaceae)*

H 40–120 cm Juni–Aug.

Merkmale Hochstaude mit hohem, graufilzigem Stengel und mehreren Blüten, diese hängend, in langer, einseitswendiger Traube. Blätter ei-lanzettförmig, gekerbt und unterseits graufilzig. Untere Blätter gestielt, obere sitzend. Blütenkrone purpurrot und röhrig-glockig, –6 cm lang, innen gefleckt und behaart, außen kahl.

Vorkommen In Südskandinavien, verstreut an Wegrändern und Waldlichtungen auf Silikatböden, auch aus Hausgärten verwildert. Sonst West- und Mitteleuropa.

Wissenswertes Der Fingerhut gehört zu den bekanntesten Arznei- und Giftpflanzen. Er enthält die Blattdroge Cardenoliden, ein Digitalis-Glucosid, das für die Behandlung von Herzinsuffizienz unentbehrlich ist.

2 Gemeines Fettkraut Tettegras (N) Tätört (S) *Pinguicula vulgaris (Lentibulariaceae)*

H 5–15 cm Juni–Juli

Merkmale Staude mit grundständiger Rosette, Blätter fleischig und sich vom Rand her einrollend, mit Klebdrüsen zum Fangen und Verdauen von Insekten. Langstielige Blüte blauviolett mit schlankem, dunkelviolettem, 16–22 mm langem Sporn mit weißem Schlundfleck.

Vorkommen In weiten Teilen Skandinaviens und Finnlands. In Moorschlenken.

Wissenswertes Das Gemeine Fettkraut ist eine Moorpflanze, die wie der **Sonnentau** (*Drosera* spec., s. S. 236) zu den fleischfressenden Pflanzen zählt. Mit dem Fangen von Insekten und Spinnen und deren enzymatischer Auflösung haben sich die Fettkräuter eine zusätzliche Stickstoffquelle in den nährstoffarmen Mooren erschlossen. Ihre Verdauungsdrüsen sitzen auf der Blattoberseite der Grundblätter, auf denen die Insekten kleben bleiben und „verdaut" werden. In manchen Gebieten, z. B. im Pallas-Ounastunturi-Nationalpark (s. S. 94), kommt außerdem das **Alpen-Fettkraut** *(Pinguicula alpina)* vor, dessen weiße Blüte mit einem kurzen, kegelförmigen Sporn versehen ist.

3 Kugelblume Kuleblom (N) Bergskrabba (S) *Globularia elongata (Globulariaceae)*

H 20–30 cm Ende Mai

Merkmale Staude mit aufrechtem, bis zum Blütenstand beblättertem Stengel. Blütenstand in einem endständigen, von Hüllblättern umgebenen, 10–15 mm breiten Köpfchen. Grundblätter rosettig, lang gestielt und spatelförmig. Stengelblätter sitzend. Krone der Einzelblüten violett.

Vorkommen In Südskandinavien, z. B. auf Öland und Gotland, auf Kalkmagerrasen.

Wissenswertes Die Kugelblume ist eine wärme- und kalkliebende Pflanze, die in Skandinavien ganz selten auftritt, auf Öland (auf dem Alvaret) aber prächtige Exemplare hervorbringt. Die Heilpflanze enthält das Glycosid Globularin.

4 Rundblättrige Glockenblume

Blåklokke (N) Blåklocka (S) *Campanula rotundifolia (Campanulaceae)*

H 10–35 cm Juni–Aug.

Merkmale Staude, langer Stengel, grundständige Blätter, rundlich bis herz- oder nierenförmig, zur Blütezeit verwelkt. Stengelblätter wechselständig, lineal-lanzettlich, meist kahl. Eine bis acht Blüten in lockerer Rispe, 10–20 mm lang, hellblau bis blauviolett. Kelchzipfel schmal lanzettlich.

Vorkommen In weiten Teilen Skandinaviens und Finnlands. Von den Tälern bis in höhere Lagen. Im Wald, auf Wiesen und an Wegrändern. Sonst in fast ganz Europa.

Wissenswertes Sie wächst häufig in kleinen Büscheln und bildet dichte Blütenpolster. Während die Blütenknospen zunächst aufrecht stehen, beginnen sie kurz vor der Blüte zu nicken. Licht hat einen großen Einfluß auf die Form ihrer Blätter: Im schwachen Licht schattiger Standorte entwickeln sich rundliche, bei starkem Licht an sonnigen Standorten schmale Grundblätter. Da die Pflanze ihre Wurzeln mehr als 1 m tief in den Boden treiben kann, gedeiht sie auch noch an trockenen Standorten.

1

2

3

4

1 **Gewöhnliche** oder **Gemeine Pestwurz**

Lækjepestrot (N) Pestskråp (S) *Petasites hybridus (Asteraceae)*

H 10–40 cm Mai

Merkmale Staude, Blätter nach der Blütezeit groß, –60 cm breit, rund bis herzförmig, gezähnt, Blütenköpfe in dichter Traube, nur mit rötlichen Röhrenblüten, keine Zungenblüten, wohlriechend. Kelch zu rötlichen Schuppen umgewandelt.

Vorkommen In weiten Teilen Skandinaviens und Finnlands. Auf Naßwiesen, entlang von Bachufern. Sonst in Mitteleuropa.

Wissenswertes An Flußufern, die öfters überschwemmt und mit Sinkstoffen gedüngt werden, können sich ausgedehnte Pestwurzfluren entwickeln. Sie bilden oft den Saum höher gelegener Weidengebüsche. Die Pestwurz verändert über das Jahr, ähnlich wie der **Huflattich** (s. u.), ihr Aussehen sehr stark. Während der Blütezeit sieht man nur die bis zu 40 cm hohen Blütenköpfe; danach entwickeln sich die riesigen Blätter zu dichten Beständen. Zur Fruchtzeit kann die Pestwurz immerhin 1 m Höhe erreichen.

2 **Bergwohlverleih** oder **Arnika** Solblom (N) Slåttergubbe (S) *Arnica montana (Asteraceae)*

H 20–50 cm Juni–Juli

Merkmale Staude mit grundständiger Rosette aus meist vier ganzrandigen Blättern, Stengelblätter gegenständig, eiförmig spitz. Am aufrechten, behaarten Stengel meist ein Blütenkopf, 5–8 cm breit, Köpfchenboden behaart. Blüten dottergelb, Randblüten zungenförmig, 2–3 cm lang und 4–6 mm breit, auf Köpfchenboden zahlreiche Röhrenblüten. Frucht mit Haarkranz.

Vorkommen Nur in Südskandinavien. Moorwiesen.

Wissenswertes Eine Tinktur aus der alten Heilpflanze wird in der Volksmedizin gegen Vergiftungen, Erbrechen, Durchfall oder Blutungen angewendet. Als Einreibemittel kann es entzündungshemmende Wirkung ausüben, aber auch zu allergischen Reaktionen führen. Nördlich an das Verbreitungsgebiet von *Arnica montana* schließt sich das der **Schmalblättrigen Arnika** *(Arnica angustifolia)* an. Sie ist kalkliebend und findet sich z. B. in den Nationalparks von Abisko, Stora Sjöfallet und Padjelanta.

3 **Huflattich** Hestehov (N) Hästhov (S) *Tussilago farfara (Asteraceae)*

H 5–20 cm Ende April–Juni

Merkmale Am kurzen, dicken Sproß mit seinen olivrötlichen, filzig behaarten Blattschuppen ein 2–3 cm breiter Blütenkopf aus gelben, mehrreihigen Zungenblüten außen und ebenfalls gelben Röhrenblüten innen. Als Kelch rötliche Schuppen. Frucht mit weißem, langem, mehrreihigem, seidigem Pappus. Blattentwicklung erst nach der Blüte, Blätter grundständig, sehr groß, 10–30 cm breit, schwärzlich gezähnt, unterseits graufilzig. Blattstiel oben rinnig.

Vorkommen In weiten Teilen Skandinaviens und Finnlands. An Wegrändern, an Ufern und auf Moränenschutt.

Wissenswertes Die Blätter des Huflattichs kommen in großen Beständen vor und können leicht mit denen der **Pestwurz** (s. o.) verwechselt werden. Der Pestwurz-Blattstiel ist jedoch oben nicht rinnig. Der Bau der Früchte steht immer in enger Verbindung zu ihrer Verbreitung; der haarförmige Pappus, ein Flugschopf, ist ideal für die Windverbreitung (= Anemochorie) der Samen.

4 **Katzenpfötchen** Kattefot (N) Kattfot (S) *Antennaria dioica (Asteraceae)*

H 5–20 cm Ende Mai–Juni

Merkmale Pflanze mit grundständiger Blattrosette. Blätter einnervig und unterseits weißfilzig. Drei bis zwölf Blütenköpfe jeweils 5–8 mm breit in einem Körbchen, am Stengelende kopfig gedrängt. Pflanze zweihäusig, Hüllblätter der männlichen Blüte weiß, der weiblichen rosa.

Vorkommen In Südskandinavien, an trockenen, warmen Standorten.

Wissenswertes Das Katzenpfötchen ist in Skandinavien sehr selten und kommt nur auf trockenen und warmen Standorten, z. B. auf Öland, vor. Der Name „Katzenpfötchen" bezieht sich auf die weiche Behaarung am Blütenstand und am Stengel.

1

2

3

4

1 **Gemeine Moosbeere** Tranebær (N) Tranbär (S) *Oxycoccus palustris (Ericaceae)*

H –10 cm Juni–Aug.

Merkmale Zwergstrauch mit fadenförmigen, kriechenden Zweigen, Blätter immergrün, eiförmig, zugespitzt, 4–8 mm lang. Blüten an roten Blütenstielen, rosa Kronblätter mit zurückgeschlagenen Kronzipfeln. Kugelige, rote Beerenfrucht, 8–10 mm breit.

Vorkommen In weiten Teilen Skandinaviens und Finnlands. In Hochmooren.

Wissenswertes Die anspruchslose Moosbeere gedeiht auf den trockeneren Bulten, ist aber als Moorspezialist auch an hohe Wasserstände und geringen Nährstoffnachschub angepaßt.

2 **Echte Bärentraube** Melbær (N) Mjölon (S) *Arctostaphylos uva-ursi (Ericaceae)*

H 10–30 cm Mai–Juli

Merkmale Niederliegender, immergrüner Zwergstrauch. Mattenbildend. Blätter 1–3 cm lang, dunkelgrün, umgekehrt eiförmig, kahl, glänzend, ledrig, ganzrandig. Drei bis acht Blüten, 5 mm groß, weißliches Glöckchen. Steinfrucht rot.

Vorkommen In weiten Teilen Skandinaviens und Finnlands. Im Hochmoor.

Wissenswertes Die Echte Bärentraube wächst auf Heiden zwischen Gebüschen und bevorzugt Südhänge und nicht zu feuchte Standorte. Ihre Blätter enthalten in hoher Konzentration Arbutin, ein Monoglycosid.

3 **Alpen-Bärentraube** Rypebær (N) Ripbär (S) *Arctostaphylos alpina (Ericaceae)*

H –12 cm Mai–Juni

Merkmale Sommergrüner, niederliegender Zwergstrauch. Blätter dick, gezähnt, umgekehrt eiförmig. Zwei bis fünf Blüten grünweißlich, glockenförmig. Steinfrucht, anfangs rote, später glänzend blauschwarze Beere.

Vorkommen In weiten Teilen Skandinaviens und Finnlands. Im Gebirge auf der alpinen Stufe im Fjell.

Wissenswertes Die Alpen-Bärentraube überzieht zusammen mit **Rauschbeere** (s. u.), **Rentierflechte** (s. S. 214), **Schwarzer** und **Zwittriger Krähenbeere** *(Empetrum nigrum* und *E. hermaphroditum)* das Bergrelief. Im Herbst leuchten ihre Blätter intensiv rot.

4 **Preiselbeere** Tyttebær (N) Lingon (S) *Vaccinium vitis-idaea (Ericaceae)*

H 10–20 cm Juni–Aug.

Merkmale Immergrüner Zwergstrauch. Blätter 1–3 cm lang, ledrig, verkehrt eiförmig, ganzrandig, am Rand umgerollt, glänzend, unten hellgrün, oben dunkelgrün. 5–8 mm lange Blüten in hängenden, zierlichen Trauben, glockig, weißlich bis rosa. Scharlachrote Beere, 6–8 mm breit, eßbar.

Vorkommen In Skandinavien und Finnland, vom Flachland bis ins Gebirge. In Nadelwäldern, in Mooren und im Fjell.

Wissenswertes Die Preiselbeere ist sehr reich an Vitamin C. Verwechslungsgefahr besteht mit der **Echten Bärentraube** (s. o.), deren Blätter aber am Rand nicht umgerollt sind.

5 **Rauschbeere** Blokkebær (N) Odon (S) *Vaccinium uliginosum (Ericaceae)*

H 10–30 cm Mai–Juni

Merkmale Ein sommergrüner Zwergstrauch (im Bild links), Zweige braun und rund, Blätter blaugrün, verkehrt eiförmig, stumpf, ganzrandig. Ein bis vier Blüten traubig, 5 mm lang, weiß bis rosa Glöckchen mit zurückgeschlagenen Zipfeln. Frucht kugelig, schwarzblau, 6–10 mm breit.

Vorkommen In weiten Teilen Skandinaviens und Finnlands. In Birken- und Kiefernmooren. Sonst im Gebirge in Europa.

Wissenswertes Nach Verzehr der Beeren soll ein rauschartiger Zustand einsetzen. Verwechslungsgefahr besteht mit der **Heidelbeere** *(Vaccinium myrtillus)*. Diese hat jedoch kantige, grüne Zweige, die Blätter sind hellgrün, fein gesägt und spitz. Vergesellschaftet ist sie oft mit der **Zwittrigen Krähenbeere** *Empetrum hermaphroditum* (im Bild rechts), einem immergrünen Zwergstrauch mit nadelförmigen Blättern und schwarzglänzenden, kugeligen Steinfrüchten.

1
2
3
4
5

1 **Grauheide** Purpurlyng (N) Purpurljung (S) *Erica cinerea (Ericaceae)*

H 20–50 cm Juni–Aug.

Merkmale Aufrechter, immergrüner Zwergstrauch mit 4–6 mm langen, linealischen, dunkelgrünen, kahlen, zu dritt in einem Quirl stehenden Blättern, Blattrand umgerollt. Blüten in quirligen Trauben, violettrot, 1–7 cm lang.

Vorkommen In Westskandinavien, in Mooren und Heiden, kalkmeidend. Sonst in Westeuropa.

Wissenswertes Die Grauheide gedeiht an nährstoffarmen Standorten und bevorzugt, ähnlich wie die **Glockenheide** (s. u.), sommerkühles, aber wintermildes Klima. In Regionen mit vielen Frosttagen und abnehmender Ozeanität des Klimas kommt sie nicht vor.

2 **Glockenheide** Klokkelyng (N) Klockljung (S) *Erica tetralix (Ericaceae)*

H 15–35 cm Juli–Sept.

Merkmale Immergrüner Zwergstrauch, Blätter 3–5 mm lang, nadelförmig, steifhaarig bewimpert, zu drei bis vier quirlständig, mit stark nach unten gerollten Rändern. Blütenstand in kopfiger Dolde mit 5–15 roten Blüten.

Vorkommen In weiten Teilen Skandinaviens, insbesondere an der Westküste Norwegens. In Heiden und auf trockeneren Bulten in Mooren. Sonst in Westeuropa.

Wissenswertes Viele Arten aus der Familie der Ericaceen, insbesondere die Glockenheide, aber auch die **Besenheide** (s. u.), deren Knospen kaum verhüllt sind und die außerdem immergrüne Blätter haben, sind gegen Frosttrocknis sehr empfindlich. Sie gedeihen nur in schneereichen Lagen, wo eine isolierende Schneeauflage von 1–3 m sie vor der Kälte schützt, oder in wintermilden, atlantischen Küstengebieten.

3 **Blauheide** Blålyng (N) Lappljung (S) *Phyllodoce caerulea (Ericaceae)*

H 10–30 cm Juni–Juli

Merkmale Immergrüner Zwergstrauch. Blätter linealisch, wechselständig und dicht gedrängt, ledrig, 6–10 mm lang, unterseits behaart, Blattrand umgerollt. Flaschenförmige, rotblauviolette Blüten zu zwei bis sechs in einer lockeren Traube an dünnen, rötlichen, drüsenhaarigen Stielen.

Vorkommen In Skandinavien und Finnland, kalkmeidend, vom fjellnahen Tiefland bis auf die mittlere alpine Stufe. Isoliertes Vorkommen auch in den Pyrenäen.

Wissenswertes Sie akzeptiert nährstoffarme Bereiche und gedeiht nur auf Flächen, deren Schneedecke schon zeitig im Jahr abtaut. Wie die meisten Ericaceen kann sie die extrem mineralstoffarmen Standorte nur besiedeln, weil sie eine Lebensgemeinschaft mit Wurzelpilzen eingeht; diese bezeichnet man als endogener Mycorrhiza. Katechin-Gerbstoffe in den Wurzelzellen locken die Pilze an. Diese umspinnen mit ihrem Mycel die Wurzeln der Ericaceen und vergrößern so die Oberfläche, mit der die Pflanze Wasser und mineralische Nährstoffe aus dem Substrat aufnimmt.

4 **Besenheide** oder **Heidekraut** Røsslyng (N) Ljung (S) *Calluna vulgaris (Ericaceae)*

H 30–70 cm Aug.–Okt.

Merkmale Immergrüner Zwergstrauch **(4b)**, Blätter 1–4 mm lang, lineal-lanzettlich, vierzeilig und dachziegelartig angeordnet. Blüten **(4a)** nickend, in einseitswendigen, dichten, 5–10 cm langen Trauben.

Vorkommen In weiten Teilen Skandinaviens und Finnlands. In Heiden, auf trockeneren Bulten in Mooren und lichten Kiefernwäldern. Sonst in Europa.

Wissenswertes Die Besenheide besiedelt wie die **Glockenheide** (s. o.) extrem stickstoffarme, saure Standorte. Außerdem muß sie auf den Moorbulten mit Schwierigkeiten im Wasserhaushalt fertigwerden. Längere Trockenperioden übersteht die Besenheide schlecht, obwohl sie in der Lage ist, ihre Wasserabgabe einzuschränken. Die Besenheide benötigt sommerkühles Klima, die durchschnittliche Tagestemperatur muß aber rund 7,3 °C betragen, damit die Knospen aufbrechen und die Samen reifen können. Die immergrünen Triebe der Besenheide werden gerne von weidendem Vieh gefressen.

1

2

3

4a

4b

1 **Polarweide** oder **Arktische Weide** Polarvier (N) Islandvide (S) *Salix arctica (Salicaceae)*

H –50 cm Juli–Anfang Aug.

Merkmale Zwergstrauch, meist niederliegend. Blätter wechselständig, –8 cm lang, meist kleiner; elliptisch, graugrün und oberseits schwach behaart, unterseits stark pelzig behaart. Blüten an langen, endständigen Kätzchen, aufrecht stehend. Männliche **(1b)** und weibliche Blüten **(1a)** getrennt wachsend, die beiden Geschlechter gut unterscheidbar.

Vorkommen Nur in Nordnorwegen, in der Tundra, auf der Varanger- und auf der Porsanger-Halbinsel. Sonst in der Arktis zirkumpolar, auch in alpinen Hochlagen Europas.

Wissenswertes Die Arktische Weide wird heute vielfach in Steingärten angepflanzt, man trifft sie daher auch außerhalb der Arktis teilweise verwildert an. Am natürlichen Standort kann sie wegen der rauhen Klimabedingungen und der kurzen Vegetationszeit von meist bloß 6 Wochen nur extrem langsam wachsen, d. h. nur einige Millimeter pro Jahr.

2 **Krautige Weide** Musøyre (N) Dvärgvide (S) *Salix herbacea (Salicaceae)*

H wenige cm Juli–Aug.

Merkmale Zwergstrauch, Astsystem ausläuferartig, in die Erde verlagert. Blätter fingernagelgroß, nur zwei an jedem Trieb. Kätzchen kugelig, –6 mm lang, vier bis zwölf Blüten, männlich **(2b)** und weiblich **(2a)** getrennt.

Vorkommen In Skandinavien und Finnland. Oberhalb der Baumgrenze im Fjell. Sonst in der Arktis und in Gebirgen Europas.

Wissenswertes Die Krautige Weide ist eine hervorragend angepaßte Spezialistin der Schneeböden. Sie hat sich auf ein Leben an kühlen, feuchten, kalkhaltigen und lange schneebedeckten Standorten eingestellt. Laub- und Blütenentwicklung sowie Fruchtreife müssen sich sehr rasch vollziehen, denn im Extremfall liegt am Standort nur 2 Monate lang kein Schnee. Nur dieser kurze „Sommer“ bleibt für die Vermehrung.

3 **Netzweide** Rynkevier (N) Nätvide (S) *Salix reticulata (Salicaceae)*

H –30 cm Juli–Aug.

Merkmale Zwergstrauch, meist niederliegend; der Sproß liegt der Erde auf und bildet an vielen Stellen Wurzeln. Blätter länglich gestielt, breit-elliptisch, 1–4 cm lang, oberseits dunkelgrün, matt, unterseits grau-weißlich behaart, netzaderig (Name!). Kätzchen lang gestielt, dichtblütig, rosarot. Männliche **(3b)** und weibliche **(3a)** Blüten getrennt

Vorkommen In Skandinavien und Finnland. Oberhalb der Baumgrenze im Fjell. Sonst in der Arktis und in europäischen Gebirgen.

Wissenswertes Die Netzweide liebt feuchte Felshänge, Geröll und Schneetälchen; sie bevorzugt dabei kalkhaltigen Untergrund. Alle drei auf dieser Seite vorgestellten Weidenarten weisen Anpassungen an ihren jeweils extremen Standort auf. Gemeinsam ist ihnen der Verdunstungsschutz an den stark behaarten Blattunterseiten. Hier befinden sich die meisten Spaltöffnungen, durch die Sauerstoff und Wasserdampf abgegeben werden. Die starke Behaarung vermindert die Windgeschwindigkeit an der Blattoberfläche drastisch, so daß die Verdunstungsrate deutlich sinkt. Hätten die Pflanzen diesen sinnreichen Mechanismus nicht, dann könnten sie während des notwendigen Gasaustausches bei starken Winden austrocknen.

1a

1b

2a

2b

3a

3b

1 **Zwergbirke** Dvergbjørk (N) Dvärgbjörk (S) *Betula nana* *(Betulaceae)*

H 20–70 cm April–Juni

Merkmale Zwergstrauch. Blätter fast kreisrund, etwas breiter als lang, stumpf gekerbt, ungefähr 1 cm breit. Oberseite dunkel-, Unterseite hellgrün. Kätzchen aufrecht, –1cm lang.

Vorkommen In Skandinavien und Nordfinnland. Im Fjell, in der Tundra und in Moorgebieten. Sonst zirkumpolar. In den Gebirgen Europas als Eiszeitrelikt.

Wissenswertes Die Zwergbirke ist oft niederliegend und bedeckt umfangreiche Flächen im Fjell und in der Tundra. Sie bastardiert nicht selten mit ihren baumförmigen Verwandten; die Bastarde sind an ihren meist runden Blättern zu erkennen. Zwergbirken verfärben ihr Laub im Herbst intensiv rot. An ihrem natürlichen Standort kann sie mit keiner anderen Zwergstrauchart verwechselt werden.

2 **Moorbirke** Vanlig Bjørk (N) Glasbjörk (S) *Betula pubescens* *(Betulaceae)*

H –20 m April–Mai

Merkmale Baum. Rinde mattweiß, gelblich-weiß oder grauweiß, Äste eher waagerecht und nicht hängend wie bei der **Hängebirke** *(Betula pendula)*. Junge Zweige weich behaart. Blätter dreieckig-rautenförmig, kurz zugespitzt, weichhaarig. Blüten in Kätzchen, männliche 3–6 cm, weibliche 1,5–3 cm lang. Die Frucht ist eine geflügelte Nuß, Flügel kaum breiter als Nuß. Die endgültige Bestimmung ist wegen der häufigen Bastardbildung oft schwierig.

Vorkommen In ganz Skandinavien und Finnland. In feuchten Wäldern, Mooren und Sümpfen. Sonst Europa.

Wissenswertes Die Moorbirke wächst oft schon unten stark verzweigt und krüppelig. Das Holz wird beispielsweise als Papierholz verwendet. Aus der Rinde werden in Skandinavien auch Dächer hergestellt: Auf die Rinde legt man Moos- oder Grassoden und erhält ein dichtes, gut isolierendes Dach. Ein aromatisches Öl aus Stamm und Rinde spielt bei der Lederverarbeitung eine wichtige Rolle. Ähnlich ist die in ganz Europa verbreitete Hängebirke, die aber eher auf sandigen Böden wächst, z. B. auf Falsterbo. Im Fjell wird die Art durch eine wesentlich kälteresistentere Unterart, die **Fjellbirke** (s. u.), abgelöst.

3 **Fjellbirke** Fjellbjørk (N) Fjällbjörk (S) *Betula pubescens* var. *tortuosa* *(Betulaceae)*

H –7 m April–Mai/Juni

Merkmale Sehr ähnlich der nahe verwandten Moorbirke. Wuchsform jedoch noch kleiner und krüppeliger, jeweils abhängig vom Standort.

Vorkommen In ganz Skandinavien und Nordfinnland. In Fjellgebieten bis in die nördliche Tundra.

Wissenswertes Das Wachstum an diesen extremen Standorten verläuft entsprechend langsam. So können nur wenige Meter hohe Bäume mit vielleicht 10 cm dicken Stämmchen durchaus 100 Jahre alt sein. Mit der papierartig abstehenden weißen Rinde kann man – auch wenn sie naß ist – Feuer entfachen. Wegen des Zwergwuchses eignet sich das Holz eigentlich nur zum Verfeuern oder zur Ölgewinnung. Der Fjellbirkenwald bildet eine wichtige ökologische Zwischenstufe zwischen den Fichten-Bergwäldern und dem Kahlfjell (s. Tafel S. 46 f.), die beispielsweise in den europäischen Gebirgen statt von Birken von **Krüppelkiefern** *(Pinus sylvestris* var.*)*, **Zirbelkiefern** *(Pinus cembra)* oder **Latschenkiefern** *(Pinus mugo mugo)* gebildet wird.

1

2

3

1 **Eiche** Eik (N) Ek (S) *Quercus* spec. *(Fagaceae)*

H –40 m Mai

Merkmale Baum **(1b)** mit dunkelbrauner, rissiger Rinde und knorrigen Ästen. Blätter gestielt und gelappt. Männliche Blüten in lockeren, hängenden Ähren **(1a)**, je zwei bis fünf weibliche Blüten achselständig mit sechszähliger Blütenhülle.

Vorkommen In Südschweden und Südfinnland. In Laub- und Laubmischwäldern.

Wissenswertes Trauben- und Stieleiche ähneln sich stark. Die **Traubeneiche** *(Quercus petraea)* hat aber längere, –3 cm gestielte Blätter, ihre Frucht ist sitzend oder höchstens –1 cm gestielt, während die **Stieleiche** *(Quercus robur)* sehr kurz gestielte Blätter und 3–8 cm langgestielte Früchte besitzt. Die Stieleiche ist winterhärter als die Traubeneiche.

2 **Rotbuche** Bøk (N) Bok (S) *Fagus sylvatica (Fagaceae)*

H –30 m Mai

Merkmale Tiefwurzelnder Baum mit glatter, grünlich-grauer Rinde. Blätter eiförmig, –10 cm lang, ganzrandig, mit fünf bis sieben paarigen Nerven. Männliche Blüten in kugeligen, langgestielten, hängenden Kätzchen, weibliche Blüten einzeln oder zu zweit am Triebende, von einem weichstacheligen Fruchtbecher umgeben. Stachelige Frucht mit ein bis zwei 1,5 cm langen Bucheckern.

Vorkommen In Südskandinavien bis etwa südlich vom Vänern und Vättern.

Wissenswertes Da die Rotbuche ozeanische Gebiete mit hohen Niederschlägen und milden Wintern bevorzugt, erreicht sie in Südskandinavien ihre nördliche Verbreitungsgrenze. Da in Skandinavien die **Weißtanne** (s. S. 270) von Natur aus fehlt, gehen die Wälder an den Berghängen unter Bildung von Mischwald z. B. mit der seltenen **Bergulme** *(Ulmus glabra)* gleich in die Fichtenstufe über. Das Foto zeigt eine Form des Buchenwaldes ohne Unterwuchs, den „Buchenhallenwald".

3 **Hainbuche** Agnbøk (N) Avenbok (S) *Carpinus betulus (Corylaceae)*

H 7–20 m April–Mai

Merkmale Baum. Rinde glatt, grauweiß mit braunen Streifen und gedrehten Längswülsten. Blätter eiförmig, 5–8 cm lang, am Rand doppelt gesägt, hellgrün. Männliche Blütenkätzchen 3–5 cm lang, weibliche Blütenkätzchen unscheinbar. Fruchtkätzchen –8 cm lang.

Vorkommen In Südschweden, in Laubwäldern. Auch angepflanzt in Gärten und Parks.

Wissenswertes Die Blätter ähneln stark denen der Buche. Eindeutiges Merkmal ist die Streifung des Stamms. Hainbuchen bilden oft mit Eichen die Pflanzengesellschaft der wärmeliebenden „Eichen-Hainbuchen-Wälder".

4 **Schlehe** oder **Schwarzdorn** Slåpetorn (N) Slån (S) *Prunus spinosa (Rosaceae)*

H –4 m Mai

Merkmale Strauch, sparrig und stark dornig. Blätter ei-lanzettlich, 2–4 cm lang, dunkelgrün, fein gesägt. Blüten einzeln oder zu zweit, dicht gedrängt, 1,2 cm breit, rein weiß. Kugelige, blau bereifte Frucht.

Vorkommen In Südskandinavien, Gebüschgruppen im lichten Laubwald und an Waldrändern.

Wissenswertes Die im Herbst reifenden Früchte werden zur Herstellung von Schlehenschnaps oder -likör verwendet.

5 **Eberesche** Rogn (N) Rönn (S) *Sorbus aucuparia (Rosaceae)*

H 5–15 m Mai–Juni

Merkmale Strauch/Baum mit glänzend grünlich-graubrauner Rinde. Fiederblätter je 4–6 cm lang. Blüten in reichblütigen, doldenartigen Rispen, 10–15 cm breit. Frucht kugelig, rot, 8–10 mm lang.

Vorkommen Südskandinavien. Vereinzelt an norwegischen Fjorden.

Wissenswertes Die Früchte reifen im September. Die Eberesche wird auch Vogelbeere genannt, weil vor allem Drosselvögel die Beeren gerne fressen.

1a
1b
2
3
4
5

1 **Waldkiefer** Furu (N) Tall (S) *Pinus sylvestris (Pinaceae)*

H –40 m

Merkmale Baum. Rötlich-braune Rinde. Krone im Norden bei Baumhöhen –bis 15 m kegelförmig, nur im Süden später auch schirmförmig. Je zwei Nadeln an jedem Kurztrieb, gebüschelt. Grau- oder blaugrün, zugespitzt, 4–7 cm lang. Zapfen kugel- bis eiförmig, 3–7 cm lang, deutlich gestielt, hängend.

Vorkommen In ganz Skandinavien und Finnland bis zur natürlichen Waldgrenze.

Wissenswertes Die Waldkiefer wächst sowohl auf nassen Moorböden, als auch auf trockenen, sandigen Böden, also überall dort, wo anspruchsvollere Holzarten versagen. In den nördlicheren oder höhergelegenen Landesteilen gedeihen Kiefern in lockeren Beständen vergesellschaftet z. B. mit der **Rentierflechte** (*Cladonia* spec.), dem **Heidekraut** *(Calluna vulgaris)* und einzelnen eingestreuten **Birken** (*Betula* spec.).

2 **Kerzenfichte** *Picea abies* var. *arctica (Pinaceae)*

H –15 m

Merkmale Baum, Nadeln und Zapfen wie Fichte, Äste jedoch kürzer und herunterhängend.

Vorkommen Im Norden von Skandinavien und Finnland.

Wissenswertes Die nördliche Form der Fichte wird wegen ihrer charakteristischen Wuchsform als Kerzenfichte bezeichnet. An der nördlichen Verbreitungsgrenze überschneidet sich das Gebiet dieser Art mit dem Areal der sibirischen Art *(Picea obovata)*, die hier ihre westliche Grenze hat und mit der Fichte bastardiert. Dieser Hybrid wird auch als **Lapplandfichte** *(Picea fennica)* bezeichnet. Ihm ist ebenfalls die kerzenförmige Wuchsform eigen, Ausdruck einer ökologischen Anpassung. Die normale Wuchsform mit breit ausladenden Ästen würde unter der Schneelast zusammenbrechen; die kurzen, stark nach unten geneigten Äste verhindern jedoch, daß sich große Schneemengen auf den Bäumen sammeln. Als Beleg für diese Anpassung mag auch die amerikanische **Engelmannfichte** *(Picea engelmannii)* gelten, die ebenfalls kerzenförmig wächst.

3 **Fichte** Gran (N, S) *Picea abies (Pinaceae)*

H –50 m

Merkmale Baum **(3a)**. Rötliche Rinde. Spitze, vierkantige Nadeln. Zapfen **(3b)** hängend.

Vorkommen In Skandinavien und Finnland. Sonst in Sibirien und Europa.

Wissenswertes Die nördliche Verbreitungsgrenze der Fichte in Finnland verläuft mitten durch den Pallas-Ounastunturi-Nationalpark (s. S. 94). Die Fichte enthält weit weniger ätherische Öle als die Tanne. Wenn man die Nadeln zwischen den Fingern zerreibt, riecht man nur einen zarten Fichtenduft. Die Fichte ist der „Papierbaum" für Schwedens und Finnlands Wirtschaft; im Süden und den mittleren Landesteilen gibt es riesige Nadelwaldplantagen nur für Papier-, Bauholz- und Möbelindustrie.

4 **Weißtanne** Vanlig edelgan (N) Silvergran (S) *Abies alba (Pinaceae)*

H –50 m

Merkmale Baum. Helle Rinde. Nadeln unterseits mit zwei Wachsstreifen, flach, an der Spitze eingekerbt. Zapfen stehend.

Vorkommen Forstwirtschaftlich in Südschweden und -norwegen in Laubmischwäldern. Sonst im Gebirge in Mittel- und Südeuropa, in Sibirien *(Abies sibirica)* und weiten Teilen Nordamerikas *(Abies balsamica)*.

Wissenswertes Dieser typische Forstwirtschaftsbaum wird auch als Edeltanne bezeichnet. Zu den weiter hier genutzten Arten zählen: **Sitkafichte** *(Picea sitchensis)*, **Nordmannstanne** *(Abies nordmanniana)*, **Roteiche** (*Quercus rubra*, alle aus Amerika), **Schwarzkiefer** *(Pinus nigra)*, **Europäische Lärche** *(Larix decidua)* oder **Bergahorn** *(Acer pseudoplatanus)*. Der Betrachter muß sich selbst bei naturnah wirkenden Wäldern immer im klaren sein, daß seit mindestens drei Jahrhunderten der Mensch die skandinavischen Forsten beeinflußt und glaubt, für einen Standort eine bessere Art zu finden, als dort von Natur aus wächst.

1

2

3a

3b

4

Reiseinformationen von A bis Z

A

Alkohol
Alkoholische Getränke sind in allen drei Ländern sehr teuer. Abgesehen von Bier bekommt man in Supermärkten keinen Alkohol, sondern nur in staatlichen Läden (Vinmonopolet).

Angeln
Norwegen: Angeln im Meer und in den Fjorden ist meist kostenlos, Süßwasserangeln dagegen kostenpflichtig. Alle Angler über 16 Jahre, die auf Saibling, Lachs, Meerforelle oder andere Süßwasserfische angeln, müssen die staatliche Angellizenz bezahlen. Formulare für eine Wochenlizenz pro Person oder Familie oder eine Jahreslizenz gibt es auf Postämtern. Zusätzlich muß ein örtlicher Angelschein (nur für ein bestimmtes Gebiet gültig oder für bestimmte Arten wie den Lachs) gekauft werden, erhältlich in Hotels, Sportgeschäften oder in den Touristeninformationen. Der Preis ist regional unterschiedlich, Lachslizenzen sind sehr teuer.

Schweden: Für die meisten Gewässer benötigt man eine Angelkarte, die in Touristenbüros, Sportgeschäften, Lebensmittelgeschäften und manchmal an Tankstellen gekauft werden kann. An der gesamten schwedischen Küste und auf den großen Seen Vänern, Vättern, Mälaren, Hjälmaren und Storsjön darf meist ohne Angelschein geangelt werden, wenn dabei ein Sportangelgerät verwendet wird. Ausnahme: Für das Angeln auf Lachs und Forelle an Küsten, Fließgewässern und großen Seen gelten Sonderbestimmungen. Vor Ort erkundigen oder bei:
Fiskeriverket
Box 423
S-40126 Göteborg
Tel. (031) 7 43 03 00
Fax (031) 7 43 04 44

Finnland: Jeder Angler (ab 18 Jahren) muß einen vom Staat lizenzierten Angelschein vorlegen und das Einverständnis des Gewässereigentümers einholen. Der Angelschein ist in Postämtern, Büros der Forstämter und lokalen Tourismuszentren erhältlich. Manchmal gibt es auch Automaten, an denen Scheine gekauft werden können. Weitere Informationen unter Tel. (020) 34 41 22 oder in den Fremdenverkehrsämtern der Gemeinden.

Anreise
Flug
Es bestehen zahlreiche Flugverbindungen von Deutschland, Österreich und der Schweiz zu Städten in Norwegen, Schweden oder Finnland. Innerhalb der Länder ist das Flugverkehrsnetz sehr gut ausgebaut.

Fähre
Die meisten Besucher fahren mit dem Auto und per Fähre. In der Hauptreisezeit sollte man die Fähren vorbuchen. Viele Fährgesellschaften bieten montags bis donnerstags Sondertarife an.

Wichtigste Fährstrecken

Deutschland-Norwegen	
Kiel-Oslo	19,5 h
Deutschland-Dänemark	
Puttgarden-Rødby	ca. 1 h
Dänemark-Norwegen	
Hirtshals-Kristiansand	4,25 h
Hirtshals-Oslo	8,5 h
Frederikshavn-Oslo	8,5–12,5 h
Hirtshals-Larvik	5 h
Deutschland-Schweden	
Kiel-Göteborg	14 h
Lübeck-Malmö	12 h
Travemünde-Malmö	15 h
Travemünde-Trelleborg	7–9,5h
Rostock-Trelleborg	6 h
Saßnitz-Trelleborg	4 h
Dänemark-Schweden	
Frederikshavn-Göteborg	ca.3 h
Grenå-Varberg	4 h
Helsingør-Helsingborg	25 Min.
Deutschland-Finnland	
Travemünde-Helsinki	22–38 h
Lübeck-Helsinki	33–36 h
Schweden-Finnland	
Stockholm-Helsinki	15 h
Stockholm-Turku	12 h
Umeå-Vaasa	4–5,5 h

(Fahrtzeiten können je nach Tages- oder Jahreszeit, Hin- oder Rückfahrt oder Schiffsgesellschaft unterschiedlich sein.)

Fähren in Norwegen
Innerhalb Norwegens verknüpfen über 200 Autofähren das Straßennetz. Fahrkarten für innernorwegische Fähren erhält man am Anleger oder direkt auf der Fähre. Die meisten Fähren verkehren zwischen 6–7 Uhr und 22–24 Uhr.

Öresund-Brücke
Ab Sommer 2000 ist die 16 km lange Öresund-Brücke, die von Kopenhagen nach Malmö

führt, für den Auto- und Bahnverkehr geöffnet.

Auto

Neben den üblichen Papieren wird die grüne Versicherungskarte empfohlen. Autos müssen das Nationalitätenkennzeichen tragen. In allen größeren Städten und an Flughäfen können Autos gemietet werden.

Norwegen: Im gebirgigen Norwegen sind die Straßen sehr kurvenreich mit starken Steigungen und Gefällen. Man sollte daher die Entfernungen nicht unterschätzen.
Einige Straßen und Tunnel sind mautpflichtig (norwegisch Straßengebühr = bompenger). Ein Verzeichnis gibt es im Offiziellen Norwegenkatalog, erhältlich im Fremdenverkehrsbüro.
Manche Gebirgsstraßen sind im Winter gesperrt. Nähere Auskünfte bei:
Vegmeldingssentralen,
N-0250 Oslo,
Tel. 22 65 40 40.
Wohnwagen-Gespannfahrer sollten sich im Norwegischen Fremdenverkehrsbüro die Wohnwagenkarte besorgen, auf der alle Strecken verzeichnet sind, die sich nicht für Gespanne eignen.
Außerdem darf die Gespannlänge 18,75 m nicht überschreiten. Bei Gespannlänge über 12,40 m dürfen nicht alle Straßen befahren werden.
Informationen: Vegmeldingssentralen, N-0205 Oslo, Tel. 22 65 40 40.

B

Banken

Geldautomaten gibt's in fast allen Gemeinden.
Norwegen: geöffnet Mo-Fr 8.15–15 Uhr (im Winter bis 15.30 Uhr), Do 8.15–17 Uhr.
Schweden: geöffnet Mo–Fr 9.30–15 Uhr (Do bis 18 Uhr).
Finnland: In der Regel geöffnet Mo–Fr 9.30–16.30 Uhr.

Behinderte

Die Einrichtungen für Behinderte sind in allen drei Ländern vorbildlich. Viele Verkehrsmittel haben Sondereinrichtungen. Zahlreiche Hotels und Campingplätze bieten besonders ausgestattete Übernachtungsmöglichkeiten.

Bus & Bahn

Zu den Hauptstädten gibt es gute Bahnverbindungen. Der Zug fährt von Hamburg und Kopenhagen nach Helsingborg und benutzt die Fährschiffe der Vogelfluglinie, auf die Eisenbahnwagen verschifft werden. Vom schwedischen Helsingborg verläuft die Zugverbindung nach Norwegen über Göteborg nach Oslo. Das Streckennetz wird nach Norden dünner.
Der Scanrail-Paß (für 5 Tage innerhalb von 15 Tagen, 10 Tage innerhalb eines Monats oder 21 aufeinanderfolgende Tage) bietet Ermäßigungen nicht nur für die Bahn, sondern auch für Fähren und Busse; er ist an allen Verkaufsstellen der Deutschen Bahn (einschließlich DER-Reisebüros), der Schweizer und Österreichischen Bahngesellschaft sowie beim Österreichischen Verkehrsbüro erhältlich.
Beim Nordtourist-Ticket kann man für eine Pauschale 3 Wochen mit allen Zügen in Skandinavien reisen.
Fahrpläne und Fahrpreise (Norwegen):
Norges Statsbaner (NSB)
NSB Info-Tel. 81 50 08 88 und dann 4 für Auskunft wählen
www.nsb.no/persont/
Das Busliniennetz ist in Skandinavien gut ausgebaut.

Informationen für Norwegen:
Deutsche Touring GmbH
Adenauerallee 78
D-20097 Hamburg
Tel. (040) 24 98 18 oder

Nor-Way Bussekspress
Karl Johansgate 2
N-0154 Oslo
Tel. 23 00 24 40,
815 44 444
www.nor-way.no

Für Fahrpläne und Preise:
Tel. 22 17 52 90
Fax 22 17 59 22

Informationen für Schweden:
Swebus, Cityterminalen
Klarabergsviadukten 72
S-11664 Stockholm
Tel. (08) 6 55 00 90

Informationen für Finnland (in den Busbahnhöfen, auch über Ermäßigungen):
Oy Matkahuoloto Ab
Lauttasaarentie 8
FIN-00200 Helsinki
Tel. (0)9 68 27 01
www.matkahuolto.fi
Für Schweden und Finnland in Deutschland:
Deutsche Touring GmbH
Eurolines/Eurobus
Am Römerhof 17
D-60486 Frankfurt
Tel. (069) 7 90 32 81

C

Camping

In allen drei Ländern stehen zahlreiche Campingplätze in allen Kategorien und in herrlicher Lage zur Verfügung. Dort kann man oft auch Hütten mieten. Von Oktober bis Mai sind viele Plätze geschlossen.
Es empfiehlt sich die Benutzung der Campingkarte, die das Einchecken erleichert und Vergünstigungen bietet.
Die norwegische Campingkarte

gilt auch in Schweden, man benötigt aber noch die schwedische Jahresmarke. Die Campingkarte (Norsk oder Svenskt Campingkort) kann vor Reisebeginn besorgt werden oder beim ersten Einchecken.
Informationen:
Norges Automobil Forbund (NAF, s. Pannenhilfe),
Tel. 22 34 16 00

Sveriges Campingvärdars Riksförbund
Box 255
S-45117 Udevalla
Tel. (0522) 3 93 45

D

Diplomatische Vertretungen

Alle nordischen Botschaften in Deutschland sind jetzt in einem Gebäude untergebracht:
Rauchstr. 1
D-10787 Berlin

Norwegen
Königliche Norwegische Botschaft in Deutschland (s. o.)
Tel. (003) 50 50 50, Fax 50 50 55

Königliche Norwegische Botschaft für Österreich
Bayerngasse 3
A-1037 Wien
Tel. (0222) 7 15 66 92/93/94

Königliche Norwegische Botschaft in der Schweiz
Dufourstraße 29
CH-3005 Bern
Tel. (031) 44 46 76

Schweden
Schwedische Botschaft in Deutschland (s. o.)
Tel.(030) 50 50 60,
Fax 50 50 67 89

Schwedische Botschaft in Österreich
Postfach 18
A-1025 Wien
Tel. (0222) 2 14 77 01

Schwedische Botschaft in der Schweiz
Bundesgasse 26
Ch-3001 Bern
Tel. (031) 3 12 05 63

Finnland
Botschaft der Republik Finnland in Deutschland (s. o.)
Tel. (030) 5 05 00,
Fax 50 50 33 33

Botschaft der Republik Finnland in Österreich
Gonzagagasse 16
A-1010 Wien
Tel. (0222) 53 15 90

Botschaft der Republik Finnland in der Schweiz
Weltpoststraße 4
CH-3000 Bern
Tel. (031) 3 51 30 31

Diplomatische Vertretungen in Skandinavien

Norwegen
Botschaft Deutschlands
Oscarsgate 45
N-0258 Oslo
Tel. 22 55 20 10

Botschaft Österreichs
Thomas Heftyesgate 19–21
N-0244 Oslo
Tel. 22 55 23 48

Botschaft der Schweiz
Bygdøy Allé 78
N-0268 Oslo
Tel. 22 43 05 90

Schweden
Deutsche Botschaft
Skarpögatan 9
S-11527 Stockholm
Tel.(08) 6 70 15 00

Österreichische Botschaft
Kommendörsgatan 35
S-11458 Stockholm
Tel. (08) 6 65 17 70

Schweizerische Botschaft
Birger Jarlsgatan 64
S-11458 Stockholm
Tel. (08) 6 76 79 00

Finnland
Botschaft Deutschlands
Krogiuksentie 4
FIN-00340 Helsinki
Tel. (09) 4 58 23 55

Botschaft Österreichs
Keskuskatu 1 A
FIN-00100 Helsinki
Tel. (09) 17 13 22

Botschaft der Schweiz
Uudenmaankatu 16 A
FIN-00120 Helsinki
Tel. (09) 64 94 22

E

Einkaufen

In allen skandinavischen Ländern sind Lebensmittel meist teurer als in Deutschland.
Norwegen: geöffnet Mo-Fr 9–15/16 Uhr, Do 9–18/20 Uhr, Sa 9/10–13/14 Uhr. Viele Supermärkte haben abends bis 20 Uhr auf.
Schweden: Mo-Fr 9.30–18/20 Uhr, Sa 9.30–14/16 Uhr, So 12–16/17 Uhr (große Geschäfte).
Finnland: Mo-Fr 9–18 Uhr (zuweilen bis 21 Uhr), Sa 9–14 Uhr, Kaufhäuser und Einkaufszentren bis 18 Uhr.

Einreise

Für die Einreise ist für Besucher aus EU-Ländern ein gültiger Personalausweis oder Reisepaß erforderlich. Kinder bis 16 Jahre benötigen einen Kinderausweis (ab 10 Jahren mit Bild). Schweizer benötigen eine gültige Identitätskarte bzw. einen gültigen Reisepaß.

Essen & Trinken

Norwegen: Das Essen ist gut, wenn es auch nicht viele kuli-

narische Besonderheiten gibt. Die meisten Restaurants sind teuer. In Hotels und Pensionen werden die Hauptmahlzeiten am frühen Abend eingenommen, oft als Buffet. Besonderer Akzent liegt auf Fisch, insbesondere Lachs, und auf Rentierfleisch.
Die Preise für alkoholische Getränke sind nach mitteleuropäischem Maßstab sehr hoch.
Schweden: Mittagessen (Lunch) wird schon ab 11 Uhr serviert, Abendessen (Middag) gibt's häufig zwischen 17 und 18 Uhr. Preisgünstige Gerichte in Schweden: Viele Restaurants servieren Mo-Fr (11–14 Uhr) ein Tagesgericht „Dagens Lunch" (warmes Gericht, Salat, Getränk und Kaffee).
Finnland: Die üblichen Mahlzeiten sind: Frühstück 7–10 Uhr, Mittagessen 11–14 Uhr, Abendessen 16–19 Uhr und Nachtessen 19–24 Uhr. Meist ist die warme Küche aber durchgehend geöffnet. Preisgünstige Gerichte in Finnland bieten die „baari" oder „kahvila" (Selbstbedienungsrestaurants). In Landgasthöfen, Raststätten und kleineren Hotels gibt es Mahlzeiten zu günstigen Preisen, meist ein Buffet mit kalten und warmen Speisen.

F

Fernsehen & Radio

Kabel- und Satellitenfernsehen sind verbreitet. Es können deutsche und englische Programme empfangen werden. Die Deutsche Welle via Kurzwelle kann man überall empfangen, z. B. im 49-m-Band.
Norwegen: Deutschlandfunk ist je nach Lage auf Langwelle 153 kHz und auf Mittelwelle 1.269 kHz zu empfangen.
Schweden: Über Skandinavien berichtet der Deutschlandfunk täglich von 20.30–21 Uhr über MW 1179 und Kurzwelle. Auskunft über Frequenzen und Sendeplan:
Radio Schweden
S-10510 Stockholm
Tel. (08) 7 84 72 87
Finnland: Radio Suomi FM 94,00 MHz sendet zur Zeit im Sommer um 23.06 Uhr Nachrichten in Deutsch.

Feste & Feiertage

Feiertage sind Neujahr, Ostern, 1. Mai, Christi Himmelfahrt, Pfingstsonntag und Weihnachten. Außerdem gibt es folgende Feiertage und Feste:
Norwegen:
Nationalfeiertag: 17.Mai,
Pfingstmontag,
Anfang Juli: Jazzfestival in Kongsberg,
Mitte Juli: Sommerfest in Kristiansand,
Anfang August: Peer-Gynt-Fest in Vinstra, dann auch in Hol (Hallingdal) traditionelle Hochzeit mit Hardangerfiedel, Tanz und Umzügen.
Schweden:
Pfingstmontag.
Am 6. Juni zu Ehren der Thronbesteigung Gustav Wasas in Stockholm Paraden, ansonsten normaler Arbeitstag.
Überall wird das Mittsommerfest gefeiert an dem Wochenende, das dem 24.Juni am nächsten liegt. Mittsommerabend ist der Freitag, offizieller Feiertag ist der Samstag, der Mittsommertag.
Anfang Juli: traditionelle Feste in Gränna/Småland, Rättvik/ Dalarna und in Hälsingland.
Mitte Juli: großes Volksfest der Samen in Åsele/Lappland.
Mitte August: traditionelles Krebsessen mit viel Alkohol (Ende der Schonzeit für Krebse).
Finnland:
Mittsommerfest an dem Wochenende, das dem 24. Juni am nächsten liegt,
Unabhängigkeitstag: 6. Dezember.

G

Geld und Geldwechsel

In Norwegen ist die Währung die Norwegische Krone, in Schweden die Schwedische Krone, Finnland zählt zu den Euroländern.
Kreditkarten sind in Skandinavien allgemein üblich. Geldautomaten, die EC-Karten annehmen, gibt's fast überall. In Finnland kann man mit der EC-Karte bei den OTTO-Bankautomaten Geld abheben.

Gesundheitsvorsorge

Es sind keine Impfungen notwendig. Neuerdings werden Impfungen gegen Hirnhautentzündung durch Zeckenbisse empfohlen. Die ärztliche Versorgung ist in allen drei Ländern sehr gut.
Norwegen und Schweden:
Es gilt das Formular E 111 der deutschen Krankenkassen, eine Auslands-Krankenversicherung ist jedoch empfehlenswert. In Norwegen erhält man viele Arzneien nur auf Rezept eines norwegischen Arztes. Täglich benötigte Medikamente sollten mitgebracht werden. Ärztliche Telefonnummern findet man auf der zweiten Seite des norwegischen Telefonbuchs unter „legevakten".
Finnland:
Das deutsch-österreichisch-finnische Sozialversicherungsabkommen bietet die kostenlose ambulante Versorgung in den hier üblichen Gesundheitszentren (Terveyskeskus) und Polikliniken. In städtischen und regionalen Krankenhäusern wird gegen eine Gebühr behandelt. Behandlung beim Privatarzt und zahnärztliche Behandlung sind teuer, es empfiehlt sich

eine Auslands-Krankenversicherung.

I

Informationen
Norwegisches Fremdenverkehrsamt
Postfach 76 08 20
D-22058 Hamburg
Tel. (0180) 5 00 15 48

Schweden-Werbung
Lilienstraße 19
D-20095 Hamburg
Tel. (040) 32 55 13 55
Finnische Zentrale für Tourismus
Lessingstraße 5
D-60076 Frankfurt
Tel. (069) 7 19 19 80

Informationen vor Ort
Norges Informasjonssenter
Brynjulf Bulls plass 1
(gegenüber dem Rathaus)
N-0250 Oslo
Tel. 22 92 52 70
Fax 22 83 81 50

Schweden House
Hamngatan 27
S-10393 Stockholm
Tel. (08) 89 24 95

Touristenzentrale
Eteläesplanadi 4
FIN-00130 Helsinki
Tel. (09) 41 76 93 00.

Internetadressen
Norwegen:
www.oslopro.no

Bestellfunktion für Informationsmaterial:
www.norwegeninfo.com

Offizielle Internetseite der norwegischen Tourismuszentrale:
www.tourist.no
Informationen zu Angeln, Urlaub auf dem Land u. a.:
www.aktiv-urlaub.com

Schweden:
Bestellfunktion für Informationsmaterial:
www.sweden.gvg.org

Informationen zu den schwedischen Nationalparks:
www.environ.se

Stockholm-Informationsservice für Prospekte, Veranstaltungen, Buchungen von Hotel usw.:
www.stoinfo.se

Nordfinnland:
Seite der Finnischen Zentrale für Tourismus: www.mek.fi

www.lapplandfinland.com

www.rovaniemi.fi

www.lapplandsafari.com

Für Bücher und Karten aller drei Länder: www.nordis.com/buch

J

Jedermannsrecht
Dieses uralte, nirgendwo schriftlich festgehaltene Gesetz regelt Aufenthalt und Fortbewegung in freier Natur. Man darf sich im Prinzip frei bewegen – ohne jedoch Menschen, Tiere und Natur zu beeinträchtigen. Pilze und Beeren, bis auf die Moltebeere (s. S. 72), dürfen überall gesammelt werden. Der wachsende Tourismus führt in Norwegen mittlerweile zu Einschränkungen. Zelte, Wohnwagen und Wohnmobile dürfen nicht auf öffentlichen Rastplätzen aufgestellt werden.

K

Karten
Da besonders in Norwegen und Schweden viele Straßen in den letzten Jahren umbenannt oder neu gebaut worden sind, empfehlen sich möglichst neue Straßenkarten. Bezugsquellen:

Norwegen:
NORTRABOOKS
Postboks 2893 Solli
Drammensveien 40
N-0230 Oslo
Tel. 22 92 52 70

Nordis Buch- und Landkartenhandel GmbH
Postfach 100 343
D-40767 Monheim
Tel. (02173) 95 37 12

Schweden:
Svenska Turistföreningen (für schwedische Wanderkarten)
Box 25
S-10120 Stockholm
Tel. (08) 4 63 21 00

Finnland:
Karttakeskus (Kartenzentrum)
Unioninkatu 32
FIN-00170 Helsinki

L

Literaturhinweise
Glässer, E. (Hrsg.): Nordeuropa. Norwegen, Schweden, Finnland, Dänemark, Island
Harenberg, Dortmund, 1994

Dey, R. und Wendland. J.: Nationalparks in Skandinavien. Wanderungen in Norwegen, Schweden und Finnland
Leopold Stocker, Graz, 1991

Norwegen
Banck, C.: Lofoten und Vesterålen
DuMont, Köln, 1992
Bojer, J.: Die Lofotfischer
München, o. J. (vergriffen, nur in Bibliotheken)

Norwegisches Fremdenverkehrsamt und Nortravel Marke-

ting (Hg.): Norwegen. Das offizielle Reisehandbuch 1999
Hamburg, 1999

Schweden
Winter, G. und Sittig, H. J.: Schweden. Wasser, Wälder, Weite
Bechtermünz, Augsburg, 1993

Lagerlöf, S.: Wunderbare Reise des kleinen Nils Holgersson mit den Wildgänsen (1906/07)

von Linné, C.: Lappländische Reise

Tucholsky, K.: Schloß Gripsholm. Eine Sommergeschichte (1931)

Finnland:
Trobitzsch, R & J.: Finnland. Welt der Seen und Wälder
Bechtermünz, Augsburg, 1993

M

Maße, Gewichte und Strom

Es gilt das dezimale System. Die Stromspannung beträgt in allen drei Ländern 220 Volt. Für in Mitteleuropa übliche Elektrogeräte sind keine Adapter erforderlich.

Mitternachtssonne

Im Hochsommer steht die Sonne nördlich des Polarkreises ständig über dem Horizont. Während der Nachtstunden herrscht lediglich Abenddämmerung, die recht bald in die Morgendämmerung übergeht.

Sichtbarkeit der Mittsommersonne

Norwegen

Bodø	4. Juni bis 8. Juli
Lofoten/ Svolvær	28. Mai bis 14. Juli
Tromsø	20. Mai bis 22.Juli
Nordkap	14. Mai bis 29. Juli

Schweden

Porjus	9. Juni bis 4. Juli
Kiruna	31. Mai bis 11. Juli
Abisco	12. Juni bis 14. Juli

Finnland

Rovaniemi	7.Juni bis 7.Juli
Ivalo	23. Mai bis 22.Juli
Utsjoki	17.Mai bis 28.Juli

Die Daten können von Jahr zu Jahr um einen Tag variieren.

Mücken

Besonders in der norwegischen Finnmarksvidda, in Nordschweden und Nordfinnland treten im Hochsommer in feuchten und windstillen Gebieten viele Mücken auf. Mückenschutz ist angeraten. Erprobte Mittel sind vor Ort in Drogerien und Apotheken erhältlich.

N

Notruf & Polizei

Norwegen und Schweden:
Seit 1994 gelten einheitliche Notrufnummern für

Feuerwehr	110
Polizei	112
Krankenwagen	113

Finnland:
Polizei, Krankenwagen, Arzt und Feuerwehr unter 112

P

Pannenhilfe

Es helfen die Automobilclubs:
Norwegen:
Norges Automobil-Forbund (NAF)
Storgate 2
N-0105 Oslo 1
Tel. 22 34 14 00
Wichtig: Die gerufene Abschleppfirma muß im Auftrag des NAF tätig werden.

Notrufzentrale für AIT (Alliance Internationale de Tourisme)-Club-Mitglieder: Tel. 81 00 05 05.

Wenn man nicht Mitglied beim AIT ist, kann man sich im Schadensfall wenden an:
Viking Redningstjeneste
Tel. 22 08 60 00
Notrufzentrale: 80 03 29 00
oder
Falken Redningskorps
Tel. 22 95 00 00
Notrufzentrale: 80 03 38 80

Schweden
Motormännens Riksförbund (M)
Box 5855
S-10248 Stockholm
Tel.(08) 7 82 38 99
Pannenhilfe außerdem: Tel. (020) 91 00 40 (Larmtjänst)

Finnland
Unfälle sollten unverzüglich dem Büro der finnischen Kfz-Versicherer gemeldet werden. Dort werden Schadensfälle mit ausländischen Autos abgewickelt:
Lllkennevakuutuskeskus Bulevardi 28
Fin-00120 Helsinki
Tel. (09) 68 04 01

Post

Norwegen: Die Öffnungszeiten können recht unterschiedlich sein, meist Mo-Fr 8/8.30–16/17 Uhr und Sa 8–13 Uhr.
Schweden: geöffnet Mo–Fr in der Regel 9–18 Uhr, Sa 9–12 Uhr.
Finnland: geöffnet Mo–Fr 9–18 Uhr.

R

Rauchverbote

In allen öffentlichen Gebäuden und Verkehrsmitteln ist das Rauchen untersagt. Restaurants, Cafés, Bars usw. müssen separate Räume für Nichtraucher anbieten.

S

Sehenswürdigkeiten

Die Öffnungszeiten sind in allen drei nordischen Ländern sehr unterschiedlich, variieren in den einzelnen Monaten und können sich von Jahr zu Jahr ändern. Daher sollte man sich vorher in den Touristenbüros erkundigen. Museen sind oft montags geschlossen.

T

Tanken

Es gibt ein gut ausgebautes Tankstellennetz. Beim Tanken von Dieselkraftstoff muß man den versteuerten, teureren Diesel tanken. Im Norden sollte man die weiten Entfernungen einkalkulieren und rechtzeitig tanken.
In Schweden liegen die meisten Tankstellen (insbesondere für Diesel) an den großen Ausfahrtstraßen; hier kann man mit den meisten Kreditkarten bezahlen.
In Finnland gibt es Benzin für Autos mit Katalysator an Zapfsäulen mit grünem Schlauch.

Taxis

An den Flughäfen und in den größeren Städten gibt es Taxizentralen. Taxifahren ist in allen drei Ländern teuer.

Telefonieren

Norwegen: Alle Nummern sind seit 1993 achtstellig. Die Ortsvorwahl ist in die Anschlußnummer integriert, die 0 der Ortsvorwahl gibt es nicht mehr! In fast allen Telefonzellen kann man sich anrufen lassen. Auf dem Land gibt es gekennzeichnete Privathäuser, in denen man telefonieren kann. Die Vorwahl von Deutschland, Österreich und der Schweiz nach Norwegen ist 0047, es folgt der achtstellige Anschluß.
Vorwahl aus Norwegen nach:

Deutschland	0049
Österreich	0043
Schweiz	0041

Schweden: Es gibt fast nur noch Kartentelefone. Telefonkarten kann man in Geschäften der schwedischen Telefongesellschaft oder an Kiosken kaufen. Man kann auch mit der Kreditkarte telefonieren.
Die Vorwahl von Deutschland, Österreich und der Schweiz nach Schweden ist 0046.
Vorwahl aus Schweden nach:

Deutschland	00949
Österrreich	00943
Schweiz	00941

Finnland: Die Vorwahl von Deutschland, Österreich und der Schweiz nach Finnland ist 00 358. Die Ortskennzahl ohne 0 und die Rufnummer wählen. Von Finnland ins Ausland muß man bei den verschiedenen Telefongesellschaften zunächst 990 (Tele), 999 (Finnet International) oder 994 (Telivo) wählen und danach folgende Landeskennzahlen:

für Deutschland	49
für Österreich	43
für die Schweiz	41

Trinkgeld

Grundsätzlich ist Bedienungsgeld im Hotel- und Restaurantpreis inbegriffen. Man sollte sich aber für guten Service mit einem Trinkgeld bedanken.

U

Unterkunft

Es gibt Hotels, Ferienhäuser, Hütten, Jugendherbergen und Campingplätze.

Hotels

Sie bieten einen guten Standard. Im Sommer und an den Wochenenden werden Sondertarife oder Preisnachlässe angeboten (s. auch die Rabatt-Tips bei den großen Städten). Große Hotelketten bieten eigene Rabattsysteme (Informationen in den Zentralen für Tourismus, s. o.). Eine weitere Sparmöglichkeit sind Hotelschecks oder Hotelpässe (Informationen in großen Reisebüros).

Ferienhäuser

Es gibt eine große Anzahl an Ferienhäusern und Hütten mit unterschiedlichem Standard. Auskünfte erteilen die Reisebüros und

Norwegen:
Fjordhytter (Ferienhäuser am Fjord) und Norsk Hytteferie (Rorbuer-Hütten), Katalogbestellung in Deutschland unter Tel.(0431) 97 04 94 (www.hytte.com)

Norway Apartments
Eugeniesgate 23
N-0168 Oslo
Tel. 22 60 36 66

Schweden:
Die typische schwedische „stuga“ ist ein kleines rotes Holzhaus. Katalog-Informationen bei Schweden-Werbung in Hamburg, Tel. (040) 32 55 13-50.

Jugendherbergen

In den Jugendherbergen besteht keine Altersgrenze. Es werden auch Familien aufgenommen. Wanderer und Radfahrer können bei Bettenknappheit den Autofahrern vorgezogen werden. Mitglieder von Jugendherbergsverbänden erhalten eine Ermäßigung. In der Hauptreisezeit ist meist Voranmeldung erforderlich.
Norske Vandrerhjem
Dronningensgate 26
N-0154 Oslo

Tel. 22 42 14 10
Fax 23 13 93 50
www.vandrerhjem.no

Schwedischer Touristenverein
Box 25
S-10120 Stockholm
Tel. (08) 4 63 21 00
Fax (08) 6 78 19 38
www.stfturist.se

Finnland:
Ein Verzeichnis aller „Finnhostels" enthält die Broschüre „Günstig reisen", erhältlich in der Finnischen Zentrale für Tourismus (s. o.).

V

Verkehrsregeln

Es muß auch tagsüber mit Abblendlicht gefahren werden (sonst Bußgeld).
In Finnland gilt grundsätzlich rechts vor links.
Vorsicht bei Wildwechsel: Besonders in der Dämmerung auf Elche und Rentiere achten. Rund die Hälfte aller Verkehrsunfälle in Schweden ist auf Kollisionen mit Wild zurückzuführen!
Höchstgeschwindigkeiten und Promillegrenzen:
Schon geringes Überschreiten der Höchstgeschwindigkeiten oder Alkohol am Steuer wird mit hohem Bußgeld bis Führerscheinentzug und Haftstrafen geahndet. Verkehrskontrollen sind häufig.
In geschlossenen Ortschaften gilt Tempo 50 km/h, in Wohngebieten meist Tempo 30 km/h, außerhalb geschlossener Ortschaften Tempo 80 km/h. Anhängergespanne mit ungebremstem Anhänger (Gewicht über 300 kg) dürfen in Norwegen nicht schneller als 60 km/h fahren, in Schweden gelten besondere Geschwindigkeitsbegrenzungen. Nur auf ausgeschilderten Schnellstraßen gilt Tempo 90 km/h, für Busse, Wohnmobile und Fahrzeuge mit Anhänger nur Tempo 80 km/h. In Finnland beträgt die Höchstgeschwindigkeit auf Landstraßen 100 km/h. Auf Autobahnen in Schweden 90–110 km/h, in Finnland im Sommer 120 km/h. Die Promillegrenzen betragen derzeit in Norwegen 0,5 Promille, in Schweden 0,2 Promille und in Finnland 0,5 Promille (Stand: 1999).
Tunnel:
In Norwegen gibt es viele Tunnel, die oft gebührenpflichtig sind. Für Radfahrer stellen sie ernste Hindernisse dar, da sie nicht beleuchtet sind. Häufig existiert allerdings noch die alte Straße als Ausweichmöglichkeit.

W

Wandern

Man muß auch im Sommer bei Berg- und Fjellwanderungen mit allen Wetterverhältnissen rechnen. Daher sollte man immer auch warme Sachen, guten Regenschutz, gute Bergschuhe oder Gummistiefel mit Profil im sumpfigen Gelände, Kompaß, gutes Kartenmaterial (vor Ort kaufen) und Mückenschutzmittel mitnehmen.
Informationen:
Norwegischer Gebirgswanderverein (DNT)
Storgaten 3
Postboks 7 Sentrum
N-0101 Oslo
Tel. 22 82 28 22

Für schwedische Wanderwege im Fjäll:
Svenka Turistföreningen (STF)
Box 25
S-10120 Stockholm
Tel. (08) 4 63 22 70
Fax (08) 6 78 19 58

Z

Zeit

In Norwegen und Schweden gilt die Sommerzeit wie in Mitteleuropa. In Finnland gilt die Osteuropäische Zeit. 12 Uhr in Berlin ist 13 Uhr in Helsinki.

Zeitungen & Zeitschriften

Deutschsprachige Zeitungen und Zeitschriften gibt es in großen Warenhäusern, Bahnhöfen und Kiosken:
in Norwegen an allen NARVESEN-Kiosken,
in Schweden an Pressbyrån-Kiosken,
in Finnland an R-Kiosken oder an Bahnhofskiosken. Im Sommer veröffentlichen viele finnische Zeitungen einige Nachrichtenspalten in Deutsch.

Zoll

Norwegen: Personen ab 18 Jahren dürfen 2 l Bier und 2 l Wein (bis 22%) einführen, ab 20 Jahren statt 2 l Wein auch 1 l Wein und 1 l Spirituosen.
Die Einfuhr folgender Waren ist verboten: Pflanzen, Eier, Kartoffeln, Medikamente, Rauschgift, Giftstoffe, Waffen, Munition und Sprengstoffe, Angelnetze und Ausrüstung für Krebsfang.
Schweden: Reisende ab 20 Jahren dürfen 1 l Spirituosen (über 22%) oder 3 l (2 l für Nicht-EU-Bürger) Starkwein (über 15%) sowie 5 l (bzw. 2 l) Wein und 15 l Bier einführen.
Finnland: Personen über 20 Jahre dürfen 1 l Spirituosen mit über 22% Alkohol, 3 l (2 l für Nicht-EU-Bürger) Aperitif- und Schaumweine (unter 22%), 5 l (bzw. 2 l) sonstige Weine und 15 l Bier einführen. Personen von 18 bis 20 Jahren ist die Einfuhr von Spirituosen mit über 22% Alkohol nicht gestattet. Für Alkoholika über 60% gilt generelles Einfuhrverbot.

Register

Die fett gedruckten Zahlen verweisen auf Abbildungen im Reiseteil.

Å (N) 64 ff.
Abies alba 270
Abisco-Nationalpark (S) 96 f.
Aconitum septentrionale 232
Adam och Eva 228
Adlerfarn 216
Ährenlilie 222
Älg 156
Älggräs 242
Ängsnycklar 228
Ängspiplärka 192
Ærfugl 168
Ästiger Igelkolben 218
Agnbøk 268
Akeleie 232
Åkergroda 208
Akleja 232
Alca torda 186
Alces alces 156
Alchemilla alpina 240
Ålesund (N) 57 f.
Alfågel 168
Alke 186
Allium ursinum 222
Alpen-Bärentraube 260
Alpenfrauenmantel 240
Alpenhornkraut 246
Alpenpechnelke 246
Alpensäuerling 246
Alpenschneehuhn 174
Alpenstrandläufer 178
Alta (N) 81
Altaelv (N) 81 f.
Amanita muscaria 212
Anas acuta 166
Anas clypeata 166
Anas crecca 166
Anas penelope 166
Andenes (N) 64 ff., 73
Anemone nemorosa 232
Angelica sylvestris 244
Anguis fragilis 206
Anøya (N) 71 f.
Anser anser 164
Anser erythropus 164
Anser fabalis 164
Antennaria dioica 258
Anthus cervinus 192
Anthus pratensis 192
Anthus trivialis 192
Aquila chrysaetos 172
Aquilegia vulgaris 232
Arctostaphylos alpina 260
Arctostaphylos uva-ursi 260
Ardea cinerea 162
Arendal (N) 29, **29**
Arktische Weide 264
Arktischer Mohn 234
Armeria maritima 250
Arnica montana 258
Arnika 258
Arum maculatum 220
Asio otus 188
Åsnen (S) 107
Auerhuhn 174
Austernfischer 176
Austvågøy (N) 66 f.
Avenbok 268
Avosett 176
Aythya ferina 168
Aythya fuligula 168

Bachnelkenwurz 240
Backsippa 232
Backtimjan 254
Bärlauch 222
Bäver 148
Bakkesøte 252
Ballblom 230
Bartflechten 214
Bartkauz 188
Bartmeise 200
Baßtölpel 160
Baummarder 154
Baumpieper 192
Beinbrech 222
Bekassine 176
Bergeidechse 206
Bergen (N) 49 ff., **49**
Bergfink 46
Bergfrue 238
Berghänfling 204
Bergirisk 204
Berglemming 88
Bergskrabba 256
Berguv 188
Bergwohlverleih 258
Besenheide 262
Betula nana 266
Betula pubescens 266
Betula p. var. *tortuosa* 266
Beutelmeise 200
Bever 148
Biber 148
Birkenpilz 212
Birkenzeisig 46
Birkhuhn 174
Bitterbergknapp 236
Björksoppen 212
Bläsand 166
Blå jungfrusländа 210
Blåhake 198
Blåklocka 256
Blåklokke 256
Blålyng 262
Blåsippa 234
Blåstrupe 198
Blåsymre 234
Blauflügel-Prachtlibelle 210
Blauheide 262
Blåvinget vann-nymfe 210
Blindschleiche 206
Blokkebær 260
Bok, Bøk 268
Boletus scaber 212
Boletus testaceo-scabrum 212
Bombycilla garrulus 194
Bonasa bonasia 174
Børgefjell-Nationalpark (N) 76 f.
Botaurus stellaris 162
Botrychium lunaria 216
Brandente 166
Brandgans 166
Brandknabenkraut 226
Brandseeschwalbe 184
Branta canadensis 164
Braunbär 139, **139**, 143, 152
Braunkehlchen 46
Bredkaveldun 218
Brei dunkjevle 218
Breitblättriger Rohrkolben 218
Breitblättriges Knabenkraut 228
Briksdalsbreen (N) 54 f.
Brunand 168
Brunbjörn 152
Brunbjørn 152
Brunnakke 166
Brunskrubb 212
Brushane 178
Bubo bubo 188
Bucephala clangula 168
Bufo bufo 208
Bufo calamita 208
Bukkeblad 252
Buntspecht 190
Buorm 206
Buschwindröschen 232
Byrum (S) 113

C*alidris alpina* 178
Calluna vulgaris 262
Caltha palustris 230
Calypso bulbosa 226
Campanula rotundifolia 256
Canis lupus 150
Capreolus capreolus 156
Carduelis chloris 202
Carduelis flavirostris 204
Carduelis spinus 202
Carpinus betulus 268
Castor fiber 148
Catharacta skua 180
Cepphus grylle 186
Cerambyx cerdo 210
Cerastium alpinum 246
Cervus elaphus 156
Cetraria islandica 214
Chlidonias niger 184
Cinclus cinclus 194
Cladonia rangiferina 214
Clangula hyemalis 168
Coccothraustes coccothraustes 204
Coleopteryx virgo 210
Cornus suecica 244
Corvus corax 196
Corvus corone cornix 196
Corvus monedula 196
Corydalis bulbosa 236
Cygnus cygnus 162
Cygnus olor 162
Cynanchum vincetoxicum 252
Cypripedium calceolus 224

D*actylorhiza incarnata* 228
Dactylorhiza majalis 228
Dactylorhiza sambucina 228
Dalälven (S) 139
Dalarna (S) 139 ff.
Dalby-Söderskog-Nationalpark (S) 102

Dalripa 174
Daphne mezereum 242
Dendrocopos leucotos 190
Dendrocopos major 190
Dianthus superbus 248
Digitalis purpurea 256
Dikesoldogg 236
Diomedea spec. 160
Dohle 196
Domherre 204
Dompap 204
Dompfaff 204
Dorsch 68, **68**
Dovrefjell (N) 35 ff., **36**
Drammen (N) 28
Dreizehenmöwe 182
Dreizehenspecht 190
Drosera intermedia 236
Drosera rotundifolia 236
Dryas octopetala 242
Dryocopus martius 190
Dryopteris filix-mas 216
Dvärgbjörk 266
Dvärgvide 264
Dvergbjørk 266
Dvergdykker 158
Dverggås 164
Dvergterne 184

Eberesche 268
Echte Bärentraube 260
Echte Sumpfwurz 224
Echtes Lungenkraut 254
Echtes Mädesüß 242
Eiche 268
Eichhörnchen 148
Eiderente 168
Eik 268
Eikebukk 210
Eikehjort 210
Einstape 216
Eisente 168
Eisfuchs 150
Eissturmvogel 160
Ejder 168
Ek 268
Ekhoorn 148
Ekorre 148
Ekoxe 210
Elch 19, **19**, 156
Elg 156
Empetrum hermaphroditum 260
Empetrum nigrum 260
Englehumleblom 240
Engmarihand 228
Enkelbeckasin 176
Enletbekkasin 176
Epilobium angustifolium 244
Epipactis palustris 224
Erdkröte 208
Erdmaus 88
Erica cinerea 262
Erica tetralix 262
Erinaceus europaeus 148
Eriophorum spec. 218
Erithacus rubecula 198
Erlenzeisig 202
Europäische Trollblume 230
Europäischer Siebenstern 250

Fältgentiana 252
Fagus sylvatica 268
Falkenraubmöwe 180
Falsterbo (S) 105, **105**
Falun (S) 141
Feldenzian 252
Femundsee (N) 37
Fetthenne 236
Fetthennen-Steinbrech 238
Fichte 270
Fichtenkreuzschnabel 204
Fieberklee 252
Filipendula ulmaria 242
Fingerborgsblomma 256
Finnmarksvidda (N) 81 ff., **83**
Firfirsle 206
Firflekklibelle 210
Fischadler 172
Fischotter 152
Fiskemåke 182
Fiskeørn 172
Fiskgjuse 172
Fiskmås 182
Fitis 46
Fjällabb 180
Fjällarv 246
Fjällbjörk 266
Fjällbrud 238
Fjällgås 164
Fjällgentiana 252
Fjällglim 248
Fjällkåpa 240
Fjällnejlika 246
Fjällripa 174
Fjällsippa 242
Fjällspira 254
Fjällsyra 246
Fjällvallmo 234
Fjellarve 246
Fjellbirke 266
Fjellbjørk 266
Fjelljo 180
Fjellmarikåpe 240
Fjellrype 174
Fjellsmelle 248
Fjellsyre 246
Fjelltjæreblom 246
Fjellvalmue 234
Fjørekoll 250
Fläckig lungört 254
Fläckig munkhätta 220
Flaggspett 190
Flakstadøy (N) 66 f.
Flaschen-Stäubling 212
Fleischrotes Knabenkraut 228
Flekkmunkehette 220
Fliegenpilz 212
Fliegenragwurz 226
Flueblom 226
Flugblomster 226
Fokstumyra (N) 35
Forsärla 194
Fossekall 194
Fratercula arctica 186
Frauenschuh 224
Frittilaria meleagris 220
Frühlings-Fingerkraut 242
Fryken (S) 137 f.
Fuglereir 224
Fulmarus glacialis 160
Fulufjället Naturreservat (S) 141
Furu 270
Fyrfläckad trollslända 210

Gänsesäger 170
Gagea lutea 222
Gallinago gallinago 176
Gartenrotschwanz 198
Gavia arctica 158
Gavia stellata 158
Gebirgsstelze 194
Gefleckter Aronstab 220
Gegenblättriger Steinbrech 238
Geirangerfjord (N) **12**, 57 f.
Geitrams 244
Gelbe Schwertlilie 220
Gelbe Teichrose 230
Gemeine Moosbeere 260
Gemeine Pestwurz 258
Gemeiner Wurmfarn 216
Gemeines Fettkraut 256
Gentiana campestris 252
Gentiana nivalis 252
Gerfalke 46
Geum rivale 240
Gewimperter Steinbrech 238
Gewöhnliche Akelei 232
Gewöhnliche Grasnelke 250
Gewöhnliche Küchenschelle 232
Gewöhnliche Pestwurz 258
Gewöhnliche Teichbinse 218
Gewöhnlicher Thymian 254
Gewöhnlicher Tüpfelfarn 216
Gimpel 204
Glasbjörk 266
Gletscherhahnenfuß 234
Globularia elongata 256
Glockenheide 262
Göknycklar 226
Göta älv (S) 116
Götakanal (S) 123 f.
Göteborg (S) 116 ff.
Goldregenpfeifer 46
Goodyera repens 224
Gotland (S) 110
Grågås 164
Gråhäger 162
Gråhegre 162
Gran 270
Grankorsnebb 204
Granmeis 200
Gråsäl 154
Grasfrosch 208
Gråsparv 202
Gråspurv 202
Graugans 164
Grauheide 262
Graupe 154
Graureiher 162
Graurötelmaus 88
Gravand 166
Grönfink 202
Grönklitt (S) 139
Grönsiska 202
Grønnfink 202
Grønsisik 202
Großbrachvogel 178
Große Raubmöwe 180

Große Rohrdommel 162
Großer Eichenbockkäfer 210
Großes Zweiblatt 228
Grünling 202
Grus grus 176
Grylleiste 186
Guckusko 224
Gudbrandsdal (N) 32
Gul fetknopp 236
Gul näckros 230
Gul nøkkerose 230
Gulärla 194
Gulerk 194
Gullbräcka 238
Gulo gulo 154
Gulsildre 238

Habicht 46
Habichtskauz 188
Hadseløya (N) 71 f.
Haematopus ostralegus 176
Härjedalen (S) 142 ff.
Hästhov 258
Hainbuche 268
Haliaeetus albicilla 172
Halichoerus grypus 154
Halmstad (S) 101
Hålnunneört 236
Haltiatunturi (F) 91
Hammerfest (N) 82 f.
Hamningberg (N) 87 f.
Hamra-Nationalpark (S) 142 f., **142**
Haparanda (F) 92, 94
Hardangerfjord (N) 44 ff.
Hardangervidda-Nationalpark (N) 45, 48, **48**
Hare 148
Harerug 246
Haselhuhn 174
Haselmaus 150
Hasselmus 150
Haubenmeise 200
Haussperling 202
Havelle 168
Havert 154
Havhest 160
Havørn 172
Havsörn 172
Havssula 160
Havstrut 182
Havsule 160
Heidekraut 262
Heidelbeere 260
Heide-Rotkappe 212
Heipiplerke 192
Helmknabenkraut 226
Helsingborg (S) 100 f., **100**
Hepatica nobilis 234
Hestehov 258
Hettemåke 182
Hinnøya (N) 71 f.
Hirschkäfer 210
Hjemmeluft (N) 81
Hjort 156
Hjortron 240
Höckerschwan 162
Hönsbär 244
Hoggorm 206
Hohler Lerchensporn 236
Hollerkespore 236
Holunderknabenkraut 228
Horndykker 158
Hornuggla 188
Hornugle 188
Hubro 188
Huflattich 258
Huggorm 206
Humleblomster 240
Hurtigrute (N) 52
Hvitryggspett 190

Igel 148
Igelkott 148
Inari (F) 91 ff., **91**
Inarijärvi (F) 91
Iris pseudacorus 220
Iris sibirica 220
Islandmoos 214
Islandvide 264
Isranunkel 234
Issoleie 234
Ivalo (F) 91

Jåblom 238
Jämtland (S) 142 ff.
Järv 154
Jerv 154
Jönköping (S) 123
Johannesnøklar 226
Johannesnycklar 226
Jostedalsbreen-Nationalpark (N) 53 ff.
Jutunheimen (N) 53 ff.

Kabbleka 230
Kärrknipprot 224
Kärrsnäppa 178
Kaie 196
Kaja 196
Kalmar (S) 110
Kampfläufer 178
Kanadagans 164
Kanadagås 164
Karasjok (N) 85
Karlskrona (S) 106
Karlstad (S) 136 f.
Karlszepter 254
Kattefot 258
Kattfot 258
Katzenpfötchen 258
Kebnekaise (S) 95
Kegelrobbe 154
Kentsk tärna 184
Kernbeißer 204
Kerzenfichte 270
Kirkenes (N) 85
Kiruna (S) 95
Kjempe-piggknopp 218
Kjernebiter 204
Kleiber 202
Kleines Knabenkraut 226
Kleines Wintergrün 250
Klockljung 262
Klokkelyng 262
Klotpyrola 250
Knärot 224
Knerot 224
Knipa 168
Knöllchenknöterich 246
Knöllchensteinbrech 238
Knölsvan 162
Knoppsvane 162
Knutt 46
Kolkrabe 196
Kongeørn 172
Kongsmarihand 228
Kongsspir 254
Kormoran 160
Kornweihe 88
Korp 196
Krähenscharbe 160
Kråka 196
Kråke 196
Kråkklöver 240
Kranich 176
Krautige Weide 264
Kreuzkröte 208
Kreuzotter 206
Kricka 166
Krickente 166
Kriechstendel 224
Krikkand 166
Kristiansand (N) 29
Kristianstad (S) 106
Kronhjort 156
Krustenflechten 214
Krutbrännare 226
Krutbrennar 226
Krykkje 182
Kubjølle 232
Küstenseeschwalbe 184
Kugelblume 256
Kuleblom 256
Kung Karls spira 254
Kungsängslilja 220
Kungsörn 172
Kvinand 168
Kvit nøkkerose 230
Kvitsymre 232

Labb 180
Lacerta agilis 206
Lacerta vivipara 206
Lachmöwe 182
Lækjepestrot 258
Lækjevintergrøn 250
Lågen (N) 32
Lagopus lagopus 174
Lagopus mutus 174
Laholm (S) 101
Laksand 170
Langøya (N) 71 f.
Lanius collurio 192
Lappfiskand 170
Lappiplerke 192
Lapplandmeise 200
Lappljung 262
Lappmeis 200
Lappmes 200
Lappuggla 188
Lappugle 188
Larus canus 182
Larus marinus 182
Larus ridibundus 182
Låsbräken 216
Låtefoss (N) 44
Leberblümchen 234
Lemmenjoki-Nationalpark (F) 92

Lepus capensis 148
Libellula quadrimaculata 210
Lichenes 214
Lidjöping (S) 120
Lillehammer (N) 34
Lingon 260
Linné, Carl von 133, **133**
Lirype 174
Listera ovata 228
Ljung 262
Lodjur 154
Lodnemyrklegg 254
Löffelente 166
Lofoten (N) 62 ff., **67**
Lomvi 186
Loxia curvirostra 204
Lucanus cervus 210
Luchs 154
Luleå (S) 95
Lund (S) 102
Lunde 186
Lungeurt 254
Lunnefågel 186
Luscinia svecica svecica 198
Lutra lutra 152
Lycoperdon perlatum 212
Lynx lynx 154
Lyrurus tetrix 174

Mälaren (S) 119 ff.
Mäusebussard 88
Majnycklar 228
Malmö (S) 102 f.
Mandelblomma 238
Mantelmöwe 182
Mår 154
Mård 154
Marinøkkel 216
Marisko 224
Markfirfirsle 206
Martes martes 154
Mauswiesel 152
Meerstrandläufer 46
Melandrium rubrum 248
Melbær 260
Menyanthes trifoliata 252
Mergus albellus 170
Mergus merganser 170
Mergus serrator 170
Merlin 46
Mindre korsnäbb 204
Mink 152
Mittelsäger 170
Mittlerer Sonnentau 236
Mjødurt 242
Mjölkört 244
Mjölon 260
Mjøsa-See (N) 34
Molde (N) 58
Molte 240
Moltebeere 71 f., **71**, 240
Mondraute 216
Moorbirke 266
Moorfrosch 208
Moorschneehuhn 174
Mora (S) 140
Mornellregenpfeifer 46
Moschusochse 36 f., 156
Motacilla cinerea 194
Motacilla flava 194
Muddus-Nationalpark (S) 95 f., **96**
Mure 242
Muscardinus avellanarius 150
Muskox 156
Musøyre 264
Mustela nivalis 152
Mustela vison 152
Myrflangre 224
Myrhatt 240
Myrlilja 222
Myrsnipe 178
Myskoxe 156

Nästrot 224
Nätvide 264
Narrmarihand 226
Narthecium ossifragum 222
Narvik (S) 97
Natrix natrix 206
Nattfiol 224
Nattviol 224
Nebelkrähe 196
Neottia nidus-avis 224
Nerz 152
Netzweide 264
Neuntöter 192
Nigardsbreen (N) 54, **54**
Nötkråka 196
Nötväcka 202
Nordamerikanischer Mink 152
Nordischer Eisenhut 232
Nordisk stormhatt 232
Nordkap (N) 82 f., **82**
Norna 226
Norne 226
Norra-Kvill-Nationalpark (S) 109
Nøttekråke 196
Nucifraga caryocatactes 196
Numenius arquata 178
Nuphar lutea 230
Nymphaea alba 230
Nymphalis antiopa 210
Nyresildre 238

Odinshühnchen 180
Odon 260
Ödla 206
Öland (S) 111
Örnbräken 216
Östersund (S) 144
Ohrenlerche 46
Ohrentaucher 158
Ophrys insectifera 226
Orchis militaris 226
Orchis morio 226
Orchis ustulata 226
Ormetelg 216
Ormrot 246
Ormslå 206
Orre 174
Orrfugl 174
Oskarshamn (S) 110
Oslo (N) 24 ff.
Oslofjord (N) 27 f., **28**
Ostschermaus 88
Oter 152
Otra (N) 31, **31**
Ottenby (S) 112
Otter 152
Ovibos moschatus 156
Øvre-Anarjokka-Nationalpark (N) 85
Oxycoccus palustris 260
Oxyria digyna 246
Øyeren (N) 28

Padde 208
Padjelanta-Nationalpark (S) 96
Pallas-Ounastunturi-Nationalpark (F) 94
Pandion haliaetus 172
Panurus biarmicus 200
Papageitaucher 186
Papageitaucher 59
Papaver radicatum 234
Parnassia palustris 238
Parus cinctus 200
Parus cristatus 200
Parus montanus 200
Passer domesticus 202
Pedicularis hirsuta 254
Pedicularis sceptrum-carolinum 254
Perlevintergrøn 250
Pestskråp 258
Petasites hybridus 258
Pfeifente 166
Pfeilkraut 218
Phalacrocorax aristoteles 160
Phalacrocorax carbo 160
Phalaropus lobatus 180
Philomachus pugnax 178
Phoca vitulina 154
Phoenicurus phoenicurus 198
Phyllodoce caerulea 262
Picea abies 270
Picea abies var. *arctica* 270
Picoides tridactylus 190
Pieljekaise-Nationalpark (S) 95
Pilblad 218
Pinguicula vulgaris 256
Pinnsvin 148
Pinus sylvestris 270
Plathanthera bifolia 224
Podiceps auritus 158
Podiceps ruficollis 158
Polarfuchs 150
Polarkreis 20, 93, **93**
Polarvier 264
Polarweide 264
Polygonatum multiflorum 222
Polygonum viviparum 246
Polypodium vulgare 216
Potentilla palustris 240
Potentilla verna 242
Prachtnelke 248
Prachttaucher 158
Praktnejlika 248
Preiselbeere 260
Prekestolen (N) 43, **43**
Prunus spinosa 268
Pteridium aquilium 216
Pulmonaria officinalis 254
Pulsatilla vulgaris 232
Pungmeis 200
Pungmes 200
Purpurbräcka 238
Purpurljung 262
Purpurlyng 262
Pyrola minor 250

Pyrola rotundifolia 250
Pyrrhula pyrrhula 204

Q*uercus* spec. 268

Rådjur 156
Rådyr 156
Rago-Nationalpark (N) 78
Ramslauk 222
Ramslök 222
Rana arvalis 208
Rana temporaria 208
Rangifer tarandus 156
Ranunculus ficaria 234
Ranunculus glacialis 234
Rauhfußbussard 88
Rauhfußkauz 88
Rauhhaariges Läusekraut 254
Rauschbeere 260
Ravn 196
Recurvirostra avosetta 176
Reh 156
Reiherente 168
Rein 156
Reinrose 242
Remiz pendulinus 200
Ren 156
Rentierflechten 214
Revebjølle 256
Ringdrossel 198
Ringelnatter 206
Ringrost 198
Ringtrast 198
Ripbär 260
Rissa tridactyla 182
Rød fluesopp 212
Rød jonsokblom 248
Röda flugsvampen 212
Rödbena 178
Rödblära 248
Rödhake 198
Rödräv 150
Rödrom 162
Rödstjart 198
Rödstrupig piplärka 192
Rönn 268
Rötelmaus 88
Rødnebbterne 184
Rodrev 150
Rødsildre 238
Rødskrubb 212
Rødstilk 178
Rødstjert 198
Rødstrupe 198
Rogn 268
Rome 222
Rondane (N) 35
Rondane-Nationalpark (N) 33 ff., **35**
Rørdrum 162
Røros (N) 60
Rosenrot 236
Rosenwurz 236
Røsslyng 262
Rotbuche 268
Rotdrossel 46
Rote Lichtnelke 248
Roter Fingerhut 256
Roter Steinbrech 238
Rotfuchs 150
Rothirsch 156
Rotkehlchen 198
Rotkehlpieper 192
Rotschenkel 178
Rotsterniges Blaukehlchen 198
Rovaniemi (F) 92
Rubus chamaemorus 240
Rundblättrige Glockenblume 256
Rundblättriger Sonnentau 236
Rundblättriges Wintergrün 250
Runde (N) 58 f., **59**
Rundsileshår 236
Rundsoldogg 236
Rutelilje 220
Rynkevier 264
Rypebær 260

Saatgans 164
Säbelschnäbler 176
Sädgås 164
Sædgås 164
Särna (S) 140
Säv 218
Sagittaria sagittifolia 218
Salix arctica 264
Salix herbacea 264
Salix reticulata 264
Salskrake 170
Saltfjellet-Svartisen-Nationalpark (N) 76 f.
Samen 15, **15**, 84, **84**
Sandödla 206
Sånfjället-Nationalpark (S) 143, **143**
Sångsvan 162
Sangsvane 162
Sarek-Nationalpark (S) 96 f.
Saxifraga aizoides 238
Saxifraga cotyledon 238
Saxifraga granulata 238
Saxifraga oppositifolia 238
Schachblume 220
Schafstelze 194
Scharbockskraut 234
Scharfer Mauerpfeffer 236
Schellente 168
Schlehe 268
Schmalblättriges Weidenröschen 244
Schmarotzerraubmöwe 180
Schneeammer 46
Schnee-Enzian 252
Schnee-Eule 88
Schneehase 148
Schoenoplectus lacustris 218
Schwarzdorn 268
Schwarze Krähenbeere 260
Schwarzspecht 190
Schwedischer Hartriegel 244
Sciurus vulgaris 148
Sedum acre 236
Sedum rosea 236
Seeadler 172
Seehund 154
Seidelbast 242
Seidenschwanz 194
Senja (N) 80
Setesdalen (N) 30 f.
Sibiriris 220
Sibirische Schwertlilie 220
Sidensvans 194
Siland 170
Silberwurz 242
Silene acaulis 248
Silene dioica 248
Siljan-See (S) 139 ff.
Silkenellik 248
Sillgrissla 186
Silvergran 270
Silvertärna 184
Singschwan 162
Sisselrot 216
Sitta europaea 202
Sjøsivaks 218
Skäggmes 200
Skärfläcka 176
Skanden (F) 91 ff.
Skåne (S) 104
Skedand 166
Skellefteå (S) 95
Skjeand 166
Skjeggmeis 200
Skogshare 148
Skogsstjärna 250
Skogstjerne 250
Skrattmås 182
Skrubbær 244
Skua 180
Skuleskogen-Nationalpark (S) 145
Slaguggla 188
Slagugle 188
Slån 268
Slåpetorn 268
Slåtterblomma 238
Slåttergubbe 258
Sløke 244
Smådopping 158
Småfingerört 242
Småland (S) 107 ff.
Smalnäbbad simsnäppa 180
Smålom 158
Småsileshår 236
Småskrake 170
Småtärna 184
Smörbollar 230
Snomus 152
Snøsøte 252
Sognefjord (N) 41, **41**, 53 ff.
Solblom 258
Soleihov 230
Somateria molissima 168
Sorbus aucuparia 268
Sørgekåpe 210
Sorgmantel 210
Søstermarihand 228
Sparganium erectum 218
Sperber 46
Sperbereule 88
Sperlingskauz 88
Spettmeis 202
Sphagnum spec. 108, 214
Spießente 166
Spillkråka 190
Spissnutefrosk 208
Splitterne 184
Spornammer 46
Stabbursdalen-Nationalpark (N) 83 ff.
Stabkirchen 32, **32**, 53
Stålorm 206
Stavanger (N) 42 f.

Steinadler 172
Steinschmätzer 46
Steinwälzer 46
Stengelloses Leimkraut 248
Stenknäck 204
Stenshuvud-Nationalpark (S) 104 f.
Stensöta 216
Stercorarius longicaudus 180
Stercorarius parasiticus 180
Sterna albifrons 184
Sterna paradisaea 184
Sterntaucher 158
Stinkpadda 208
Stjärtand 166
Stjertand 166
Stockholm (S) 126 ff., **128**
Större 190
Större ekbock 210
Stor igelknopp 218
Stora-Sjöfallet-Nationalpark (S) 96 f., **97**
Storfugl 174
Storjo 180
Storkonvall 222
Storlabb 180
Storlom 158
Stormfågel 160
Storrams 222
Storre-Mosse-Nationalpark (S) 108
Storskarv 160
Storskrake 170
Storspov 178
Storspove 178
Stortveblad 228
Strätta 244
Strandiris 220
Strandpadde 208
Strandskata 176
Strandtrift 250
Strauchflechten 214
Straußsteinbrech 238
Strix nebulosa 188
Strix uralensis 188
Strömstare 194
Sturmmöwe 182
Sula bassana 160
Sumpfblutauge 240
Sumpfdotterblume 230
Sumpfherzblatt 238
Sumpfohreule 88
Sunndalsfjord (N) 57 f.
Svärdslilja 220
Svalerot 252
Svalört 234
Svartbak 182
Svarthakedopping 158
Svartspett 190
Svarttärna 184
Svartterne 184
Sverdlilje 220
Svømmesnipe 180

T*adorna tadorna* 166
Tätört 256
Tafelente 168
Taffeland 168
Tall 270
Talltita 200
Tannenhäher 196
Tegelsopp 212
Teist 186
Tetrao tetrix 174
Tetrao urogallus 174
Tettegras 256
Thalasseus sandvicensis 184
Thymus serpyllum 254
Tibast 242
Timian 254
Tiveden-Nationalpark (S) 122 f.
Tjäder 174
Tjeld 176
Tobisgrissla 186
Törnskata 192
Tofsmes 200
Toppand 168
Toppmeis 200
Toppskarv 160
Tordalk 186
Tordmule 186
Torfmoos 108, 214
Tornskate 192
Trädpiplärka 192
Träjon 216
Trana 176
Tranbär 260
Trane 176
Tranebær 260
Trauermantel 210
Trauerseeschwalbe 184
Trelleborg (S) 104 ff.
Trepiplerke 192
Tretåig hackspett 190
Tretåig mas 182
Tretåspett 190
Trientalis europaea 250
Tringa totanus 178
Trollfjord (N) 66
Trollius europaeus 230
Trollstigveien (N) 58, **58**
Tromsø (N) 79 f.
Trondheim (N) 60 ff.
Trottellumme 186
Tulkört 252
Turdus torquatus 198
Turmfalke 88
Tussilago farfara 258
Tvåblad 228
Typha latifolia 218
Tyrbast 242
Tyrihjelm 232
Tyttebær 260
Tyvjo 180

Uhu 188
Ull 218
Ulv 150
Umeå (S) 95
Uppsala (S) 131 ff.
Urho-Kekkonen-Nationalpark (F) 93
Uria aalge 186
Ursus arctos 152
Utter 152

V*accinium myrtillus* 260
Vaccinium uliginosum 260
Vaccinium vitis-idaea 260
Vadsø (N) 87
Vänern (S) 119 ff., **119**
Värmland (S) 136 ff.
Vättern (S) 119 ff.
Växjö (S) 107
Vålådalen Naturreservat (S) 145
Vanleg frosk 208
Vanlig Bjørk 266
Vanlig edelgran 270
Vanlig groda 208
Vanlig gullstjerne 222
Vanligpadda 208
Vanligsnok 206
Varanger-Halbinsel (N) 86 ff.
Vardø (N) 87
Varg 150
Vårkål 234
Vårlök 222
Vårtig röksvamp 212
Vattenklöver 252
Vessla 152
Vesterålen (N) 62 ff.
Vestvågøy (N) 66 f.
Vielblütige Weißwurz 222
Vielfraß 154
Vierfleck 210
Vigg 168
Vimmerby (S) 109
Vintererle 194
Vinterhämpling 204
Vipera berus 206
Viscaria alpina 246
Vit näckros 230
Vitpyrola 250
Vitryggig hackspett 190
Vitsippa 232
Vogelnestwurz 224
Vorterøyksopp 212
Vulpes vulpes 150

Wacholderdrossel 46
Waldeidechse 206
Waldengelwurz 244
Waldgelbstern 222
Waldkauz 88
Waldkiefer 270
Waldlemming 88
Waldohreule 188
Waldspitzmaus 88
Wanderfalke 46
Wanderratte 88
Wasseramsel 194
Weidenmeise 200
Weiße Schwalbenwurz 252
Weiße Seerose 230
Weißrückenspecht 190
Weißtanne 270
Wiesenpieper 192
Wolf 150
Wollgras 218

Ystad (S) 104

Zauneidechse 206
Zweiblättrige Waldhyazinthe 224
Zwergbirke 266
Zwerggans 164
Zwergsäger 170
Zwergseeschwalbe 184
Zwergtaucher 158
Zwittrige Krähenbeere 260

Bildnachweis

Angermayer 173/1b, **Arndt, H.** 255/3, **Arndt, S.-E.** 165/4, **Becker/Silvestris** 205/1, **Bellmann** 211/3, **Bildarchiv Preussischer Kulturbesitz bpk** 133, **Brehm/Silvestris** 181/2, **Danegger** 189/1, **Danegger/Silvestris** 149/2b, **Diedrich** 161/4a, 165/2, 167/1, 177/4, **Essler/Silvestris** 173/1a, **Fischer/Silvestris** 209/1b, **Galán/Silvestris** 241/3, **Gross/Silvestris** 195/2, 211/5, **Haag** 261/4, **Hecker** 151/2, 157/2, 167/4, 167/5, 169/1, 169/4, 169/5, 181/3a, 193/1, 195/3, 205/3, 269/5, **Heintzenberg** 189/4, **Jacobi/Silvestris** 231/1, 235/3, 239/3, 253/4, **Jung** 61, 82, **König** 207/3, 209/1a, 209/2, **Kostrzewa** 1, 2 u. 3, 11, 15, 19, 20, 22 u. 23, 28, 29, 31, 32, 35, 36, 38 u. 39, 41, 43, 45, 48, 49, 54, 54, 56, 58, 59 beide, 62 u. 63, 64, 67, 68, 71, 72, 74 u. 75, 79, 81, 83, 86, 87, 91, 93, 94, 96, 97, 98 u. 99, 100, 103, 105, 107, 108, 112, 113, 114 u. 115, 119, 121, 122, 124 u. 125, 128, 130, 137, 139, 141, 142, 143, 144, 149/1, 155/3, 155/4, 157/3, 161/1, 161/2, 161/3, 161/4b, 163/1, 165/1, 167/2, 167/3, 169/2, 171/1a, 179/1, 179/3, 181/1, 181/3b, 183/1, 183/3, 183/4, 185/2, 187/1, 187/2, 187/3, 187/4, 193/3, 197/1, 197/3, 199/2, 209/3, 211/1, 213/1, 213/2, 213/3, 213/4, 215/1, 215/2, 215/3, 215/4, 217/2, 217/3, 219/1, 219/2, 219/3, 219/4, 219/5, 221/1, 221/4, 223/1, 223/2, 223/3, 223/4, 225/1, 225/2, 225/3, 225/4, 225/5, 227/2, 227/3, 227/4, 227/5, 229/1, 229/2, 229/3, 229/4, 231/3, 233/1, 233/2, 233/3, 233/4, 235/1, 235/2, 235/4, 237/1a, 237/1b, 237/2, 237/3, 237/5, 239/1, 239/2, 239/4, 241/1, 243/1, 243/2, 243/3, 243/4, 245/1, 245/2, 245/3a, 245/3b, 247/2, 247/3, 247/4, 249/1, 249/3, 251/2, 251/3, 251/4, 253/1, 253/2a, 253/2b, 255/1, 257/2, 257/3, 259/1, 259/4, 261/1, 261/2, 261/3, 261/5, 263/2, 263/3, 263/4a, 263/4b, 265/1a, 265/1b, 265/2a, 265/2b, 267/1, 267/2, 267/3, 269/1b, 269/2, 269/3, 269/4, 271/1, 271/2, 271/3a, **Küpker** 134 u. 135, **Layer** 227/1, **Limbrunner** 151/1, 151/3, 171/3a, 173/1a, 203/2, 211/2, 255/2, **Meyers/Silvestris** 149/3, 153/1, **Migos** 257/1, **Moosrainer/Silvestris** 255/4, **Nill/Silvestris** 205/4, **Nowak** 4 u. 5, **Partsch/Silvestris** 201/2, 231/4, 237/4, 253/3, **Pforr** 193/4, 207/2, 221/3b, 231/2, 239/5, 269/1a, **Pott** 84, 155/2, 157/4, 165/3, 169/3, 173/2a, 183/2, 197/4, 221/2, 241/2, 247/1, 265/3a, **Pum** 146 u. 147, 157/1, 163/2, 175/2, 175/3, 179/2, 191/2, 195/1, 199/1, 201/4, 201/5, **Reinhard** 153/2, 153/3, 217/4, **Reinhard/Angermayer** 149/4, **Schmidt/Silvestris** 155/1, **Schulte/Silvestris** 177/1, **Schulz/Silvestris** 159/3, **Singer u. Kurz** 175/1, **Skibbe/Silvestris** 209/4, 211/4, **Synatzschke** 191/4, **Thielscher/Juniors** 177/2, **Trummer** 12, 24, **Wernicke** 159/1, 159/2, 163/3, 163/4, 171/2a, 181/3c, 181/4, 185/1, 185/3, 185/4, **Wernicke/Silvestris** 179/4, **Willemeit/Juniors** 203/1, **Willner** 153/4, 189/3, 221/3a, 259/3, **Wilmshurst/Silvestris** 199/4, **Wisniewski** 171/2b, 173/3b, 175/4a, 175/4b, 177/3, 193/2, 257/4, 263/1, 265/3b, **Wothe** 151/4, 157/5, 171/1b, 191/1, 197/2, 201/1, 207/1, 249/2, 251/1, 259/2, 271/3b, 271/4, **Wothe/Silvestris** 171/3b, 173/2b, **Zeiniger** 149/2a, 159/4, 191/3, 195/4, 199/3, 201/3, 203/3, 203/4, 205/2, 207/5, 217/1, 241/4, **Zeiniger/Wendl** 189/2, **Zepf** 207/4.

Mit zwei Farbtafeln und einer Zeichnung (S. 272 ff.) von Marianne Golte-Bechtle.

356 Farbfotos, 39 Farbzeichnungen und 22 Karten

Umschlaggestaltung von Atelier Reichert, Stuttgart, und Friedhelm Steinen-Broo, eStudio Calamar, unter Verwendung von sieben Aufnahmen von Kostrzewa: Stora-Sjöfallet-Nationalpark, Schwedisch-Lappland (Titelbild), Papageitaucher (kl. Bild oben), Nowak: Rondane-Nationalpark, Norwegen (kl. Bild ru), Vestvågøy, Lofoten, Norwegen (Klappe), Siepmann: rotes Haus in Blekinge, Schweden (kl. Bild ro), Trummer: Riddarholmen in Stockholm, Schweden (Umschlagrückseite unten), Wisniewski: Moltebeeren (Umschlagrückseite oben).

Die Deutsche Bibliothek –
CIP-Einheitsaufnahme

Ein Titelsatz für diese Publikation ist bei der Deutschen Bibliothek erhältlich

ISBN 3-440-07925-2
Grundlayout: Atelier Reichert, Stuttgart
Friedhelm Steinen-Broo,
eStudio Calamar
Seitenlayout: Guido Schlaich, München
Kartographie: Jochen Fischer, Fürstenfeldbruck
Lektorat: Angelika Holdau, Ulrich Gohl, Stefanie Tommes
Herstellung: Markus Schärtlein
Printed in Germany / Imprimé en Allemagne
Satz: Typomedia Satztechnik GmbH, Ostfildern
Druck und Buchbinder: Westermann Druck Zwickau GmbH, Zwickau

Legenden zu den doppelseitigen Abbildungen:
S. 2/3 Nigardsbreen, Norwegen
S. 4/5 Kjønesfjord, Norwegen
S. 22/23 Numedalen, Norwegen
S. 38/39 Hardangervidda, Norwegen
S. 62/63 Lofoten bei Bremnes, Norwegen
S. 74/75 Mitternachtssonne bei Vardø, Norwegen
S. 98/99 Öland, Südostschweden
S. 114/115 Mälarsee, Mittelschweden
S. 134/135 Jämtland, Nordschweden
S. 146/147 Moschusochsen im Dovrefjell, Norwegen

Verwendete Abkürzungen:

F	Finnland
N	norwegisch (im Bestimmungsteil) bzw. Norwegen (im Register)
S	schwedisch (im Bestimmungsteil) bzw. Schweden (im Register)
G	Gewicht
H	Höhe
KR	Kopf-Rumpf-Länge
L	Länge
Sp	Spannweite

Die Zeichnungen auf den Farbtafeln entsprechen nicht den exakten Größenverhältnissen, wie sie in der Natur vorzufinden sind.